ZHONGXUE WENYANWEN
JIAOXUE SANLUN

# 中学文言文教学散论

陈　涛　著

U0845211

语文出版社
·北京·

**图书在版编目（CIP）数据**

中学文言文教学散论 / 陈涛著. -- 北京 ： 语文出版社，2020.1

ISBN 978-7-5187-1021-8

Ⅰ. ①中… Ⅱ. ①陈… Ⅲ. ①文言文－教学研究－中学 Ⅳ. ①G633.302

中国版本图书馆CIP数据核字(2019)第281303号

---

| | |
|---|---|
| **责任编辑** | 张双亭 |
| **装帧设计** | 刘姗姗 |
| **出　　版** | 语文出版社 |
| **地　　址** | 北京市东城区朝阳门内南小街51号　100010 |
| **电子信箱** | ywcbsywp@163.com |
| **排　　版** | 北京大有艺彩图文设计有限公司 |
| **印刷装订** | 北京市科星印刷有限责任公司 |
| **发　　行** | 语文出版社　新华书店经销 |
| **规　　格** | 890mm × 1240mm |
| **开　　本** | A5 |
| **印　　张** | 9.5 |
| **字　　数** | 220千字 |
| **版　　次** | 2020年1月第1版 |
| **印　　次** | 2020年1月第1次印刷 |
| **印　　数** | 1- 2,000 |
| **定　　价** | 23.00元 |

---

010-65253954（咨询） 010-65251033（购书） 010-65250075（印装质量）

# 前　言

笔者于20世纪60年代末从北京大学中文系古典文献专业毕业后，被分配到师范院校中文系任教；改革开放以后，开始从事古代汉语、现代汉语、文字学、训诂学等的教学工作。当时的师范院校中文系，培养的对象主要是未来的中学语文教师，而中学语文教学的重点和难点，无疑是教材中的文言文。因此，笔者在教学中一直比较关注中学语文教材。由于历史的原因，教材对古诗文的注释存在这样那样的问题。笔者陆续在学报和语文教学等刊物上发表了一些辨析文章，后来汇编成《中学教材文言词语辨析》，由语文出版社于1985年出版。后来修订的中学语文教材，拙作提出的注释问题，大多予以改正。然而无论是词汇、语法，还是注音、句读等方面，教材仍然存在可商讨之处。

笔者对此陆续分别写成论证、辨析文章；为了加深知识层面和拓展视野，又就文字学、音韵学、语法学等相关知识，联系文言文教学实际，撰写了一些阐释文章。这些文章，分别发表在有关报刊上。

收录在这个小册子中的，绝大多数是笔者从四十余年来发表的八十余篇文章以及拙著相关章节中选取的。虽自嘲为鸡肋，亦敝帚自珍，考虑到拙文对文言文的教与学，对古文爱好者读古书，或许有些参考价值，故不揣谫陋，编录成册。为保持原貌，除一些误排的字词、标点以及引文篇名等予以改正外，其余一仍其旧；文章原来刊载的报刊，附于每篇之后；文章的排列，以发表的先后为序。学识所限，疏漏在所难免，恳请读者及方家是正。

陈涛 2018 年 9 月 30 日于津门

# 目　录

# 谈古汉语里的“是”

在现代汉语中，“是”主要作判断词，用在表示判断关系的句子中。这种用法，是从古代汉语发展来的。不过，古汉语里的“是”，用法和现代汉语很不相同，多数情况下，不能用现代汉语的“是”去对译。古汉语的“是”，主要有两种用法：一是作指示代词，一是作判断词。

先说作指示代词。在先秦语言中，“是”一般不作判断词，而作指示代词。两汉以后，由于人们写文章总是以先秦为楷模，所以在历代的文言中，“是”主要仍作指示代词。指示代词“是”，又有如下两种情况：

一、指代人或事物，意义和“此”差不多。如：

当是时，项羽兵四十万，在新丰鸿门。(《鸿门宴》)

岂若吾乡邻之旦旦有是哉？(柳宗元《捕蛇者说》)

今汝背恩如是，则并父子亦无矣。(马中锡《中山狼传》)

二、复指上文已经出现的情况，起承接作用，一般用于因果或条件关系的句子中。如：

叶公见之，弃而还走，失其魂魄，五色无主。是叶公非好龙也，好夫似龙而非龙者也。(《叶公好龙》)

调集兵食，非半年不可，是我起兵已首尾期月矣。（方勺《方腊起义》）

古汉语中的指示代词“是”，有两种情况最容易引起误解。一是某些判断句中位于主语位置或谓语位置的“是”，很容易被误解成判断词。如：

楚人有涉江者，其剑自舟中坠于水，遽契其舟曰：“是吾剑之所从坠。”（《刻舟求剑》）

今背本而趋末，食者甚众，是天下之大残也；淫侈之俗，日日以长，是天下之大贼也。（贾谊《论积贮疏》）

上举诸例中的“是”作主语，仍是指示代词，复指前面已经出现的人或事物。因为它出现在表示判断关系的句子中，译成现代汉语须在指示代词“此（这）”后加上“是”字，似乎也有了判断词的性质了。

若士必怒，伏尸二人，流血五步，天下缟素，今日是也。（《唐雎不辱使命》）

例中的“是”作谓语，仍是指示代词。因为它用于判断句中，译成现代汉语须在指示代词“此（这样）”前加上“是”或“就是”，因此好像也有了判断词的性质。

上述用法的“是”，很值得重视。“是”后来用作判断词，正是由这种用法的“是”发展而成的。

二是宾语提前的句子中出现的“是”，常被认为“标志”。如：

将虢是灭，何爱于虞？（《左传·僖公五年》）

唯余马首是瞻。（《左传·襄公十四年》）

二三子其佐我明扬仄陋，唯才是举，吾得而用之。（曹操《求

贤令》)

上举诸例中，“虢”“马首”“才”分别是动词“灭”“瞻”“举”的前置宾语，前置宾语和动词之间加个“是”字。有人认为，这种“是”是宾语前置的标志。其实大可不必另立这种名目。词汇的意义，本有其自身的系统和规律，我们应该运用语言材料去探索这种系统和规律，而不宜简单地用“标志”之类去加以解释。实际上，上举诸例中的“是”仍然是指示代词，只不过它用在宾语前置的句子中，显得特殊一点罢了。我们知道，宾语之所以前置，目的是为了突出它、强调它；再用指示代词“是”复指该宾语，突出、强调的意味就更浓了（类似用法的尚有一个“之”字，如《左传·隐公元年》:“姜氏何厌之有？”韩愈《送李愿归盘谷序》:“起居无时，惟适之安。”这种“之”同样是复指前置宾语的）。“是”的这种用法，在现代汉语的一些成语中，被保留下来了，如“唯命是从”“唯利是图”等。

这里附带谈一下与指示代词“是”有关的凝固形式“是以”“是故”。

“是以”可以分析成指示代词“是”和介词“以”，指示代词“是”提到了介词“以”的前面。它们经常连用，于是成为凝固形式，起连词的作用，通常用于表结果的句子前，可译为“因此”。如:

今在骨髓，臣是以无请也。(《扁鹊见蔡桓公》)

是以圣人不期修古，不法常可，论世之事，因为之备。(《韩非子·五蠹》)

“是故”是“以是之故”的紧缩，其中的“是”是指示代词，“故”是名词，成为凝固形式，具有连词的作用，“因此”之意。如:

粟米布帛……一日弗得而饥寒至。是故明君贵五谷而贱金玉。（晁错《论贵粟疏》）

是故无贵无贱，无长无少，道之所存，师之所存也。（韩愈《师说》）

再说作判断词。

“是”作判断词，虽然在先秦古籍中就已出现，且后世也多有沿用，但情况比较复杂。首先，“是”极少用于纯判断句。下面是用于纯判断句的例子：

此是何种也？（《韩非子·外储说左上》）

襄子至桥，马惊，襄子曰：“此必是豫让也。”（《史记·刺客列传》）

遍身罗绮者，不是养蚕人。（张俞《蚕妇》）

巨是凡人，偏在远郡，行将为人所并。（《赤壁之战》）

这种判断句中的“是”，一般都含有强调或申辩的语气。

其次，古汉语中的判断词“是”，很多并不用在真正的判断句中，构成判断关系的，实际并不是独立的句子，它只是作为句子的某种成分出现的。如：

同行十二年，不知木兰是女郎。（《木兰诗》）

问今是何世，乃不知有汉，无论魏、晋。（陶潜《桃花源记》）

上举诸例，“木兰是女郎”“今是何世”都不是独立的句子，它们分别充当“知”“问”的宾语。整个句子，并不是判断句。

综上所述，可以看出，古汉语里的“是”，经常的用法是作指示代词；用作判断词，是由指示代词发展来的，但并不多见，一般限于某些比较接近口语的作品中，其用法与现在的判断词“是”也不尽相同。

（原载于烟台师专《语文教学》1980年第1期）

# 《马说》的两条注释

①“食马者，不知其能千里而食也。”句中的“食（sì）”字，教材注为：“同‘饲’，喂。”把“食”当成“饲”的通假字，是不妥当的。因为“饲”一般只用于喂养动物的意义，而“食（sì）”不但可以用于喂养动物，而且可以用于“让人吃”的意义。例如：“左右以君贱之也，食以草具。”（《战国策·齐策四》）“以恶食食项王使者。”（《史记·项羽本纪》）其实，这里的“食”应看作动词“食（shí）”的使动用法，“使……吃”之义。为了从读音上与当“吃”讲的“食”区别，于使动意义的“食”则变读作sì。

②“且欲与常马等不可得，安求其能千里也？”句中的“且”字，教材注为：“则，承接连词。”注释值得商榷。按这里的“且”是连词，但其作用不是承接上文的，而是用在递进关系的句子中，解作“尚且”，表示退一步说或进一层的意思。类似用法的例子如：“兽相食，且人恶之。为民父母行政，不免于率兽而食人，恶在其为民父母也？”（《孟子·梁惠王上》）“臣死且不避，卮酒安足辞？”（《鸿门宴》）“且人恶之”应理解为“人且恶之”。“且欲与常马等不可得”同样应理解为“欲与常马等且不可得”。

（原载于烟台师专《语文教学》1980年第3期）

# 漫谈古汉语的复音词

古汉语特别是上古汉语的词汇，单音词占绝对优势，复音词的数量很少。复音词数量虽少，有些却容易产生歧义，引起误解，成为阅读文言文的障碍。因此，了解古汉语复音词的一些特点，对阅读和教学文言文，有着重要的意义。

古汉语的复音词，多数是双音节词。三个音节以上的复音词，主要是少数官职名，如“上将军”“太史令”“监察御史”“同中书门下平章事”等。这种三音节以上的复音词，数量极少，也容易辨识，不会成为阅读古书的障碍。因此，我们只来谈古汉语的双音词。

古汉语的双音词可分为两类：一类是单纯双音词，一类是合成双音词。

## 一、单纯双音词

单纯双音词主要是所谓“联绵词（字）”，构成双音词的两个字是连在一起的，不能拆开，拆开了，各自都不能表示独立的意思。“联绵词”包括如下几种形式：

1. 双声。构成双音词的两个字声母相同，如：

①一之日觱发，二之日栗烈。(《诗经·豳风·七月》，“觱发”，

两个字的声母古代都是双唇音。)

② 参差荇菜，左右流之。(《诗经·周南·关雎》)

其他如“忸怩”“流离”“仿佛”“惆怅”“犹豫”等，都是双声联绵词。

2. 叠韵。构成双音词的两个字韵相同，如：

① 火爁炎而不灭。(《女娲补天》)

② 吾尝终日而思矣，不如须臾之所学也。(《劝学》)

③ 于是焉河伯始旋其面目，望洋向若而叹。(《庄子·秋水》)

其他如“泛滥”“抖擞”“窈窕”“徘徊”“披靡”“逍遥”等，都是叠韵联绵词。

3. 双声兼叠韵。如：

悠哉悠哉，辗转反侧。(《诗经·周南·关雎》)

4. 叠字。构成双音节词的两个字相同。如：

① 坎坎伐檀兮，寘之河之干兮。(《诗经·魏风·伐檀》)

② 吾恂恂而起，视其缶，而吾蛇尚存，则弛然而卧。(柳宗元《捕蛇者说》)

其他如“关关”“悠悠”“赳赳”“赫赫”“绰绰”“熙熙”“惴惴”等，都是叠字联绵词。

这些联绵词，一般是用来模拟声状的，旧注多以“……貌”“……声”诠释。如“参差”注：“长短不齐之貌。”“悄悄”注：“忧貌。”“关关”注：“雎雄相应之和声也。”“坎坎”注：“用力之声。”(上引注文均见朱熹《诗集传》)

除联绵词外，古汉语中还有一类特殊的单纯双音词：构成双音节词的两个字原来都有独立的意义，但双音词的意义并不就是二者意义的结合，其意义是从组成它的两个字的意义概括、归纳、引申出来的。如：

①天下、国家，本同一理。（方勺《方腊起义》）

②将军身被坚执锐，伐无道，诛暴秦，复立楚国之社稷，功宜为王。（《陈涉世家》）

③足下事皆成，有功。（《陈涉世家》）

④群臣吏民，能面刺寡人之过者，受上赏。（《邹忌讽齐王纳谏》）

上引诸例中，“天下”不能理解为“天的下面”，它本指天子统辖的范围（古代于天子统治的范围叫“天下”，诸侯统治的范围叫“国”，卿大夫的采地食邑叫“家”），这个意义正是从“溥天之下，莫非王土”发展来的。“社”本指土神，“稷”本指谷神，但“社稷”不能解作“土神和谷神”。我国古代以农立国，立国者必立社稷，国君按时祭祀以祈求丰年，所以后来就用“社稷”称代国家，而这个意义正是从“社”和“稷”的意义归纳、总括出来的。“足下”不是“脚的下边”，而是古代对人的尊称（为了对人表示尊敬，不直称对方，而指其近旁），其意义相当于现代汉语的“您”。“寡人”本是“寡德之人”之省，但不能解释成“缺德的人”。它是古代王侯的谦称，其意义相当于第一人称代词。

其他如“天子”“夫子”“君子”“小人”“陛下”等，都属于这类特殊的单纯双音词。

## 二、合成双音词

古汉语中的合成双音词是由两个词素结合而成的。它大体上可以分为以下两类：

1. 偏义双音词

这种双音词是由两个同（近）义词或反义词作词素构成的，其中只有一个词素的意义作了双音词的意义，另一个词素只是作为陪衬，于其义则无所取。如：

① 今有一人，入人园圃，窃其桃李，众闻则非之。（《墨子·非攻上》）

② 大夫种勇而善谋，将还玩吴国于股掌之上。（《国语·吴语》）

③ 多人，不能无生得失。（《史记·刺客列传》）

④ 宫中府中，俱为一体，陟罚臧否，不宜异同。（诸葛亮《出师表》）

上举诸例中，“园”（种树的地方）和“圃”（种菜的地方）是近义词，它们组成的双音词，只取“园”的意义，“圃”字只是陪衬，无义。“股”（大腿）和“掌”（手掌）是近义词，它们组成的双音词，只取“掌”的意义，“股”字无义。“得”和“失”是反义词，它们组成的双音词，偏指“失”，“得”无义。“异”和“同”是反义词，它们组成的双音词，偏指“异”，“同”无义。

其他如“缓急”“利害”“长短”等，也属于这类偏义双音词。

2. 联合双音词

这类双音词是由两个同（近）义词作词素构成的，其中的每一个词都有独立的意义，它们联合在一起组成的双音词表示的正是与它们有关的意义。如：

① 与朋友交，言而有信。（《论语·学而》）

② 而商贾大者积贮倍息，小者坐列贩卖。（晁错《论贵粟疏》）

③ 阡陌交通，鸡犬相闻。（陶潜《桃花源记》）

上举诸例中，“朋”和“友”是同义词，它们都有独立的意义：

同门（受业于同一师门）为朋，同志（志向相同）为友，组成双音词，泛指一般朋友。“商”指行商，即转徙贩卖者，“贾”指坐贾，即居于固定店铺贩卖者，它们是同义词，组成双音词，泛指商人。“阡”是田间的南北小路，“陌”是东西小路，它们是同义词，组成双音词，泛指田间小路。

其他如“仓廪”“宫室”“恐惧”“恭敬”等，都是联合双音词。

需要指出的是，这类由两个同义词作词素联合而成的双音词，在古汉语特别是上古汉语中，彼此之间的组合是不牢固的，因此经常出现可分可合、分合不定的情况。如“朋友”是双音词，但在“有朋自远方来，不亦乐乎”（《论语·学而》）和“我，子瑜友也”（《赤壁之战》）中，“朋”和“友”又可分开用，意义与“朋友”同。又如“商贾”是双音词，但在“商旅不行”（范仲淹《岳阳楼记》）和“因而贾利之”（《冯谖客孟尝君》）中，“商”和“贾”又分开用，意义与“商贾”同。这表明，这种联合双音词开始大都经历了临时组合的过程，最后才固定成双音词的。最后，有一点特别应该引起注意，即古汉语中某些相邻近的两个字，实际上是两个词，它们各自都有自己的意义。到了现代汉语中，却成了与原来的两个词意义有关或毫不相干的一个双音词。遇到这种情况，决不能用现代的双音词去加以解释。如：

①橘生淮南则为橘，生于淮北则为枳，叶徒相似，其实味不同。（《晏子使楚》）

②璧有瑕，请指示王。（《廉颇蔺相如列传》）

③阡陌交通，鸡犬相闻。（陶潜《桃花源记》）

④妻子冻馁，求一日饱食不可得。（方勺《方腊起义》）

上举例句中，“其实”即“它们的果实”，“指示”是“指给……

看”的意思，“交通”是“交错相通”的意思，“妻子”指“妻和孩子”。这些，如果照着现代汉语的双音词去理解，要么失去原意，要么解释不通。从这里，我们可以得出一个原则：从分不从合。即古汉语中的这类词，可以分开讲的，就不要当成双音词来讲。当然，这只是一般原则，究竟是两个单音词，还是一个双音词，要结合具体上下文仔细揣摩。如“可以”，在“忠之属也，可以一战”（《曹刿论战》）中，是两个词，“可”是助动词，“可以”之义；“以”是介词，表凭借，其后省略了宾语“之”。之所以这样分析，是因为上文有“何以战”的问话。而在“受时与治世同，而殃祸与治世异，不可以怨天，其道然也”（《荀子·天论》）中，“可以”就是一个双音词了。因为根据文意，已经不能分开来讲了。又如“以为”，在“虎见之，庞然大物也，以为神”（柳宗元《黔之驴》）中，“以”是动词，“认为”之义，其后的宾语“之”省略了；“为”表判断。“以为”即“认为……是……”的意思。而在“臣以为布衣之交尚不相欺，况大国乎”（《廉颇蔺相如列传》）中，“以为”则应视为一个双音词，“认为”的意思。如果分开来讲，就讲不通了。

（原载于内蒙古师院《语言文学》1980 年第 4 期）

# “三二京，四三都”解

丁根生同志的《对〈《世说新语》中的称数法〉一文的两点补充》(《中国语文》1980年第5期，以下简称《两点补充》) 一文指出：把“可三二京，四三都”中的“三二”和“四三”说成“连用相近的数词”，是“把这个句子的意思理解错了”。这个意见是对的。不过《两点补充》把这句话理解为“它的成就可三倍于《二京赋》，四倍于《三都赋》”，却值得商榷。

诚如《两点补充》所说，句中“三”“四”用作动词。但表示的不是倍数，而是“并列为三”“并列为四”的意思。张衡的《二京赋》由《西京赋》《东京赋》组成，左思的《三都赋》包括《蜀都赋》《吴都赋》《魏都赋》。《二京赋》《三都赋》都是当时颇有影响的名作。庾仲初作《扬都赋》，庾亮“大为其名价”，说“可三‘二京’，四‘三都’”。这并非言其成就可三倍于《二京赋》，四倍于《三都赋》(如言“三倍”“四倍”，那么倍数的多少又根据什么来确定)，而是说，《扬都赋》可与《二京赋》(《西京赋》《东京赋》) 并列而为三，可与《三都赋》(《蜀都赋》《吴都赋》《魏都赋》) 并列而为四。

《两点补充》所举《秦政记》“借令秦皇长世……虽四三皇、

六五帝，曾不足与比隆也”一句，“四三皇、六五帝”的结构与“三二京，四三都”同，意思不是“四倍于三皇、六倍于五帝”，而是与三皇并列而成为四皇，与五帝并列而成为六帝。

作为证明，《两点补充》举了如下例句：

左太冲（左思）作《三都赋》初成，时人互有讥訾，思意不惬，后示张公。张曰："此《二京》可三。"（《世说新语·文学》）

“此《二京》可三”，也并非“此赋可三倍于《二京赋》”之意，而是说，此赋可与《二京赋》相提并论，只是其数量比《二京赋》多出一赋罢了。

数词用作动词，表示“成为该数”的意思，上古汉语即有此用法。如：

此三子者，皆布衣之士也，怀怒未发，休祲降于天，与臣而将四矣。（《战国策·魏策四》）

例中的“四”，正是“成为四个人”的意思。“三二京，四三都”中的“三”“四”，用法与此同，因此，亦应作同样解释。

（原载于《中国语文》1981 年第 1 期）

# 课本中有关文言文法的两个问题

中学语文课本在《文言词的一些用法》中，把下面句子里的词看作形容词的使动用法：

大王必欲急臣，臣头今与璧俱碎于柱矣！(《廉颇蔺相如列传》，“急臣”就是“使臣急”。)

这种看法值得讨论。把“急”看成形容词的使动用法，把“急臣”理解为“使臣急”，很难准确地表示出该句的意思来。联系上下文，蔺相如对秦王讲这句话的意思是：你秦王如若一定要逼迫我（献出璧），那么我的头和璧将一同撞碎在柱子上！因此，这里的“急”不宜看作使动用法，而应看作形容词用如一般动词（既非使动，亦非意动），它表示的是与原形容词“急”的意义有关的动作或行为，在这里是“逼迫”的意思。形容词活用作一般动词的例子如：

① 卒使上官大夫短屈原于顷襄王。(《屈原列传》)

② 复前行，欲穷其林。(陶潜《桃花源记》)

③ 敌人远吾，欲以火器困吾也。(徐珂《冯婉贞》)

例中的“短”“穷”“远”原本都是形容词，在句子中，它们都带有宾语，显然是活用作动词了。不过既不是使动，也不是意动，而是用作一般动词，表示的是与原形容词的意义有关的动作或行为。“短”是“说短处、说坏话”的意思，“穷”是“穷究、走尽”的意思，“远”是“远离”的意思。比较一下，“大王必欲急臣”的“急”，也应该是这种用法。

课本在《文言句法的一些特点》中，谈了“见”字表被动的用法之后，说：“必须注意，‘见’字还有另一种用法。‘冀君实或见恕也’，‘见’用在别人（君实）的行为（恕）前面，只起表示客气的作用，这就不是被动的用法。”这样解释“见”的用法，是不妥当的。其实，例中的“见”，并不是“起表示客气的作用”，它与表示被动的“见”，也并非不相关的。

古汉语中表示被动的“见”，过去叫“自彼加己之词”（孔颖达《毛诗·褰裳序》疏）或“加于我之辞”（刘淇《助字辨略》）。《廉颇蔺相如列传》中“见欺于王”“徒见欺”中的“见”，就是这种用法。由这种“加于我之辞”再发展，“见”用在动词前，表示该动作或行为是对自己发生的，即对自己如何。这种用法的“见”，实际上具有第一人称代词的作用，可译为“我”。“冀君实或见恕也”里的“见”，正是这种用法。相同用法的例子如：

① 乃今日见教。（司马迁《报任安书》）

② 自陈卓几见杀之状。（《后汉书·吕布传》）

③ 生孩六月，慈父见背。（李密《陈情表》）

所谓“见恕”，等于说“恕我”；“见教”，等于说“教我”；“见杀”，等于说“杀我”；“见背”，等于说“背我”（离开了我）。这些“见”，远非“表示客气”所能解释得通的。现代汉语书面语“见教”“见谅”“见告”等说法，就是“见”的这种意义的沿用。

（原载于浙江师院《教学与研究》1981 年第 1 期）

# 中学语文注释中有关假借字的一些问题

假借字是阅读文言文时经常遇到的问题。这里所说的假借字，是对本字而言的，即所谓有本字的假借字（实际上多是古人所写的别字），不包括无本字的假借字（如“我”本是兵器，借作人称代词；“其”本是簸箕，借作人称代词），也不包括古本字（如“益”本指水满流出来，后造“溢”字表示这个意义；“莫”本是傍晚日落之时，后造“暮”字表示这个意义。“益”“莫”与“溢”“暮”是初文和后起字的关系，即古本字与后起本字的关系）。古人写文章，有时不写本字，而用一个音同或音近的字来代替，后者就是前者的假借字。它们之间只有声音上的关系，意义上一般没有联系。

注释文言文时，遇到假借字，应该正确地指明假借关系，以本字为训，而不能望文生训。在这方面，中学语文课本的注释中存在一些问题：某些指为假借字的，其实并不是；某些本应看成假借字的，又没有指出来；某些应视为甲字的假借字，却指为乙字的假借字。下面分别举例加以讨论。

## 一

“余不佞，独持迂论，以为能相通者什九，不者什一。”（《甘薯疏序》）句中的“不者”，课本注：“这里指不能相通者。不，同‘否’。‘不（否）者’古文里常用。”把“不”说成“否”的假借字，似乎不妥。这里的“不者”，《中华活页文选》认为是“‘不能相通者’的省词”。联系上文“能相通者”的话，看成承上省略是比较恰当的。课本解作“这里指不能相通者”，本来是确切的；接着却又把“不”说成“否”的假借字，实属不必。又说“不（否）者”古文里常用，也缺少依据。按“不”用作“否”的假借字，古书里的确常见。如：

① 秦王以十五城请易寡人之璧，可予不？（《廉颇蔺相如列传》）

② 公卿有可以防其未然救其已然者不？（《汉书·于定国传》）

③ 司监若此，可谓称不？（《汉书·王莽传中》）

④ 使君谢罗敷：宁可共载不？（汉乐府《陌上桑》）

上举诸例中的“不”，都是“否”的假借字。它们有一个共同特点，即一般用于疑问句句末。

“把椎锁绳缨”（王充《订鬼》）中的“椎”，课本注：“通‘锤’。”把“椎”当作“锤”的假借字，欠妥。

按“椎”字本义，据《说文》是“击也”。古书中多用作“击物器具”义。例如：

① 为铁椎重一百二十斤。（《史记·留侯世家》）

② 朱亥袖四十斤铁椎，椎杀晋鄙。（《史记·魏公子列传》）

“椎”也用作动词，“用椎击”之义。如：

③ 朱亥……椎杀晋鄙。（《史记·魏公子列传》）

④ 众心既归，乃椎牛酾酒，召恶少之尤者百余人会饮。（方勺《方腊起义》）

可见，“击物器具”的意义本是“椎”字固有的，而且，这个意义至今仍保留着。《新华字典》“椎”下说：“敲打东西的器具。”因此，“把椎锁绳缨”中的“椎”，用的是“椎”的基本义，而不能说成“锤”的假借字。

## 二

“及敌枪再击，寨中人又鹜伏矣。”（徐珂《冯婉贞》）句中的“鹜伏”，课本注：“像鸭子那样伏着。鹜，鸭子。”把“鹜”径解作“鸭子”，认为在句子中充当状语，表示比喻，似乎不妥。诚然，名词作状语，表示比喻关系，文言文中是不乏其例的。不过，拿来作比喻的，总要取人所共知的特点。如本文下面的“猱进鸷击”，“猱”和“鸷”分别作“进”和“击”的状语，表示比喻。猿猴的动作是敏捷的，鸷鸟是很勇猛的。句子正是取其特点来打比方的：像猿猴那样敏捷、像鸷鸟那样勇猛地进击敌人。依照这个原则来看“寨中人又鹜伏矣”这句话，把“鹜”当作表示比喻的状语，显然是不恰当的，因为趴伏并非鸭子的特点。

我们觉得，这里的“鹜”如果看成“骛”的假借字，似乎更恰当些。骛，《说文》云：“乱驰也。”即纵横奔跑的意思。引申则有“急速”义。此处用的当是这个引申义。“鹜伏”即“骛伏”，意思是“赶快趴下”。“鹜”假借作“骛”，用为“速、疾”义的例子，古书中是有的。如《穆天子传》卷一：“天子西征，鹜行，至于阳纡之山。”《南齐书·幼主纪》：“自晋阳东巡，单马驰鹜。”旧《辞源》列“鹜”的一个义项为：“与骛通，疾也。”

“夜篝火”（《陈涉世家》）里的“篝火”，课本解释为：“用笼罩着火。这里的意思是用篝火装作鬼火。篝，笼。”把“篝”径解作“笼”，似不妥。

从上下文的意思看，陈胜让吴广夜间去神庙中“篝火”，乃是为了假鬼神以威众。在神庙中装鬼火，只需点火即可，何必用笼罩火？用笼罩火，很容易让人看出是人为的，怎么还会像鬼火？这岂不要露出破绽？因此，课本的解释是很难说通的。

我们认为，这里的“篝”当是“构”的假借字。所谓“篝火”，即“构火”，即堆起柴草点火的意思。《汉书·陈胜传》正作“构火”。《汉书》多用古字、本字，可证“篝”乃是“构”的假借字。古书中多有“篝火”“篝灯”的说法。下面是从《聊斋志异》中选来的例子：

① 强者忍冻裸行，篝火索刀。（《云翠仙》）

② 方将篝灯，适友人招饮。（《董生》）

③ 主人夜归，篝灯夜坐。（《小二》）

④ 急起篝灯，振衣冥索。（《胭脂》）

上举诸例的“篝”，都应看作“构”的假借字。“篝火”即“点着火”，“篝灯”即“点着灯”。这些“篝”，都不能解作“笼”的。现代汉语中的双音词“篝火”指架起木柴、树枝燃烧的火堆。

“先生伏踬就地，匍匐以进”（马中锡《中山狼传》）中的“伏踬”，课本解作“趴下”，似可商榷。分开来看，“伏”是“趴下”，“踬”本指“绊倒”。不过，“伏踬”连用，却不能解作“趴下”。因为古书中很难找出相同用法的例子。

其实，这里的“踬”，应该视为“锧”的假借字。锧，古代杀人时垫的砧板。古书中常“斧锧”（也作“斧质”）连用。例如：

① 君不如肉袒伏斧质请罪，则幸得脱矣。（《廉颇蔺相如列传》，此句中的“斧质”，课本注曰：“古代一种斩腰的刑具。质，同‘锧’，铁砧。”注释是正确的。）

② 点污芳巾，得免斧锧，幸矣。(《聊斋志异·西湖主》)

③ 今来加斧锧耶？(《聊斋志异·陆判》)

④ 若不急加斧锧之诛，势必酿成操、莽之祸。(《聊斋志异·续黄粱》)

⑤ 请仍从东灵受斧锧。(《聊斋志异·酒狂》)

“伏斧质（锧）”又可说成“伏质（锧）”“伏踬”，即趴伏在砧板上，意思是受诛伐，后常用来表示甘受诛伐或请罪的意思。例如：

⑥ 苍当斩，解衣伏质。(《汉书·张苍传》)

⑦ 欲斩之，䜣解衣伏踬。(《汉书·昭帝纪》)

“先生伏踬就地”中的“伏踬”，与例⑥⑦中的“伏质”“伏踬”意义相同。所谓“伏踬就地”，意思是“趴在地上请罪”。

## 三

“木直中绳，𫐓以为轮”(《劝学》)中的“𫐓”，课本注：“同‘揉’，使……弯曲。”《古汉语常用字字典》“𫐓”下也说：“通‘揉’。使木弯曲以造车轮等物。”并举“𫐓以为轮”为例。该字典认为“揉”的本义（或基本义）是“使木弯曲以造车轮等物”，并举《管子·七法》“朝揉轮而夕欲乘车”为例。旧《辞海》列“揉”的一个义项为“屈木也”，举《易·系辞》“揉木为耒”为例。

我们认为，把当“屈木”讲的“揉”看作“煣”的假借字，似乎更恰当些。

“煣”字见于《说文》，本义正是“屈申木”。字从“火”，当是以火烤木使弯曲。上引“揉木为耒”，《汉书·食货志》作“煣木为耒”。《汉书》多用古字、本字，可证“煣”是本字，“揉”是假借字。

根据以上分析，我们认为，“輮以为轮”的“輮”，不应看作“揉”的假借字，而应看作“煣”的假借字。王力先生主编的《古代汉语》，正是这样注释的：“通‘煣’，用火熨木使弯曲。”

（原载于廊坊师专《语文教学之友》1981 年第 1 期）

# 释“之”

在文言中，“之”是使用非常广泛的词，其意义和语法功能都比较复杂。本文仅就“之”的常用意义及其语法功能，结合教学中遇到的问题，试作分析说明。

一、动词。从字形分析，“之”最初当是动词。甲骨文“之”是个表意字：上面像脚的形状，下面代表地面，结合在一起，表示脚离开原地向前进。《说文解字》根据已经讹变了的小篆形体解释说：“出也，象草过屮枝茎益大有所之，一者地也。”说解显然错了。按“之”的本义是“往”，即“到……去”。例如：

① 至之市而忘操之。(《郑人买履》)

② 辍耕之垄上。(《陈涉世家》)

动词“之”在两汉以后用得渐渐少了，因此，“之”的本义反而不易为人所了解了。上海《语文学习》1979 年第 6 期《“之”字的用法》一文认为：“‘之’字作‘到’、‘往’讲，应该是从‘出’的意义引申来的。”拘泥于《说文》的错误说解，所以会把本义误认为引申义。

二、代词。“之”作代词，当是动词的假借用法，因为二者之间看不出有任何意义上的联系。动词“之”借作指示代词，意义和

“此”差不多。它只用来充当定语，或与所指代的对象组成偏正词组，共同充当句子的主语或宾语；它一般不单独充当句子的主语或宾语。例如：

① 之子于归，宜其室家。（《诗经·周南·桃夭》）

“之子”作主语。

② 均之二策，宁许以负秦曲。（《廉颇蔺相如列传》）

“之二策”作宾语。

指示代词“之”有时用在宾语提前的句子中，复指前置宾语。我们知道，宾语所以要提前，主要是为了突出它、强调它；再用指示代词“之”复指该宾语，突出、强调的意思就更明显了。例如：

③ 宋何罪之有？（《公输》）

④ 父母唯其疾之忧。（《论语·为政》）

例③的“罪”是“有”的前置宾语，“之”是复指前置宾语“罪”的。例④可作同样分析。

有人把这种用法的“之”看成助词，认为是宾语前置的标志。我们不采用这种说法。其实，任何语言现象，包括词的运用，都有其自身的发展规律，我们应该去分析、研讨这些规律，而不好用“标志”之类去解释的。类似用法的尚有一个“是”字，如《左传·襄公十四年》：“唯余马首是瞻。”这种“是”同样应看作指示代词，其作用是复指前置宾语的。

人称代词“之”，当是由指示代词“之”发展来的。当被指代的人或事物需要更明确地表示出来时，“之”就取得了人称代词的性质。在古汉语中，“之”一般用作第三人称代词。例如：

① 吾视其辙乱，望其旗靡，故逐之。（《曹刿论战》）

② 陈胜佐之，并杀两尉。（《陈涉世家》）

“之”作为第三人称代词，其语法功能是不完备的。这主要表现在：首先，“之”不能充当独立句子的主语；其次，在一定的语言环境中，主要是在对话中，“之”可以灵活运用，或代说话人自己，或代听话的对方，具有第一、第二人称代词的作用，这表明它的职能是不完全固定的。例如：

①蒋氏大戚，汪然出涕曰：“君将哀而生之乎？”（柳宗元《捕蛇者说》）

②荆轲曰：“微太子言，臣愿谒之。”（《史记·刺客列传》）

例①的“之”，代说话人自己；例②的“之”，代听话的对方。

在所谓兼语式的句子中，人称代词“之”可以充当兼语。例如《礼记·檀弓下》：“闻之死，请往。”“闻之死”是兼语式的句子，“之”作“闻”的宾语，同时又可看成“死”的主语。这样的“之”，就是所谓兼语。

三、助词。助词“之”当是由代词“之”虚化而成的。在古代汉语中，助词“之”主要有如下三种用法：

1. 用在定语和中心语之间，表示领属关系或一般修饰关系，其作用大体上相当于现代汉语的结构助词“的”。例如“永州之野”“鄙贱之人”“古之学者”等。

有人把“魁父之丘”（《愚公移山》）里的“之”解为指示代词“此”，句意“魁父这座小山”（见中学语文课本注释）。从翻译的角度看，是通顺的；不过仔细分析，这个“之”字不宜解作指示代词。试看如下例句：

①尧治天下之民，平海内之政，往见四子藐姑射之山，汾水之阳。（《庄子·逍遥游》）

②合于桑林之舞，乃中经首之会。（《庖丁解牛》）

这种“之”，有一个共同特点，即用于小名与大名（专名与共名）之间，小名在前，大名在后。“魁父”“藐姑射”是小名，“桑林”是具体事物的专名；“丘”“山”“舞”是大名，是一类事物的共名。中间以“之”相连，使小名与大名发生联系。所谓“魁父之丘”，即等于“魁父丘”，而不是“魁父这丘”。“之”应是助词，在句子中有协调音节和语气的作用。

这种“之”，与表示领属关系的助词“之”，作用虽不尽相同，但仍有相通之处。上举例①例②很富启发性。“藐姑射之山”即“藐姑射山”，其中的“之”用于小名与大名之间；“汾水之阳”即“汾水之北”，其中的“之”表示领属关系。这是从意思上进行分析。如果从形式上看，“藐姑射之山”与“汾水之阳”是两个并列的、具有相同结构的短语，两个“之”在短语中所处的地位完全相同，这足可证明它们的用法是具有相通之处的。

这类句式中的“之”为助词，还可以有如下佐证，即古人姓名中间可加助词“之”，如“介之推”“尹公之他”等。它们属于同样的语言现象。

2. 用在主语和谓语中间，取消句子的独立性。例如：“吾妻之美我者，私我也。”（《邹忌讽齐王纳谏》）有时，“之”用在主、谓之间，使之成为主谓结构，这样的主谓结构再来充当句子的主语或宾语。例如：“甚矣，汝之不惠！”（《愚公移山》）主谓结构“汝之不惠”作主语；“愿伯具言臣之不敢倍德也。”（《鸿门宴》）主谓结构“臣之不敢倍德”作宾语。

3. 用在某些单音节词之后，或者用在某些奇数字的句子后、句子中，没有什么语法效能，只是为了求得音节的和谐、形式的整齐。例如：“谁之永号”“怅恨久之”“顷之”等。中学语文课本注释

"谁之永号"(《诗经·魏风·硕鼠》)中的"之"为"尚,还",是明显的错误。

(原载于烟台师专《语文教学》1981 年第 3 期)

# 关于《郑人买履》的一条注释

《郑人买履》中的那个郑人，在回答别人“何不试之以足”的问话时，说了这样的话：“宁信度，无自信也。”对这句话，中学语文课本是这样注释的：“宁可相信尺码，不要相信自己（的脚）。……无，不要。”把“无”当成表禁止之词，解作“不要”，误。与此类似的误注尚有《廉颇蔺相如列传》里“赵王畏秦，欲毋行”的“欲毋行”：“想要不去，毋，不要。”两处误注，根子其实是一个，所以下面一并加以讨论。

按“毋”本是表禁止之副词，意思和现在的“别、不要”差不多。“毋”的这个意义，又可借“勿”“无”表示。这种表禁止的副词，有一个特点，即用于祈使性的句子中。例如：

① 距关，毋内诸侯。（《鸿门宴》）

② 三保戒团众装药实弹，毋妄发。（徐珂《冯婉贞》）

③ 小女子毋多谈！（徐珂《冯婉贞》）

（以上用“毋”）

④ 祭祀必祝之，祝曰：“必勿使反！”（《触龙说赵太后》）

⑤ 急击勿失！（《鸿门宴》）

（以上用“勿”）

⑥ 硕鼠硕鼠，无食我黍。（《诗经·魏风·硕鼠》）

⑦ 使天下无以古非今。（《史记·李斯列传》）

⑧ 苟富贵，无相忘。（《陈涉世家》）

（以上用“无”）

此外，“毋”“勿”“无”还可用于非祈使句中。它们用于非祈使性的句子里，就不再表示禁止了，而只是表示一般的否定，解作“不”。例如：

① 藉第令毋斩，而戍死者固十六七。（《陈涉世家》）

② 虽欲毋亡，不可得也。（《史记·张仪列传》）

③ 燕赵城可毋战而降也。（《史记·张耳陈余列传》）

④ 爱之，能勿劳乎？忠焉，能勿诲乎？（《论语·宪问》）

⑤ 欲予秦，秦城恐不可得，徒见欺；欲勿予，即患秦兵之来。（《廉颇蔺相如列传》）

⑥ 以好往，数人足矣；以武往，二千人无足以为也。（《史记·南越列传》）

⑦ 此时当已大定，无足虑也。（方勺《方腊起义》）

⑧ 迁客骚人，多会于此，览物之情，得无异乎！（范仲淹《岳阳楼记》）

“宁信度，无自信也”与“赵王畏秦，欲毋行”并不是祈使句，句中的“无”“毋”也不是表禁止之词，它们与例①至例⑧中的“毋”“勿”“无”用法相同，表示一般的否定，意义相当于现在的“不”。这两句应译为：“宁可相信（量脚得到的）尺码，（也）不相信自己（的脚）。”“赵王畏惧秦国，想不去。”

其实，关于“毋”“勿”“无”不作禁止之词的问题，吕叔湘先生在《论毋与勿》（见《汉语语法论文集》）中早就论述清楚了。

该文专用一个章节论证“毋、勿不尽为禁戒之辞”。吕先生分门别类列举大量实际语言材料，得出了这些例句中的毋、勿“不复可以禁止之辞释之”的结论。在“不复可以禁止之辞释之”的条目下，有两项是“较比之辞亦用毋，有如‘宁甲毋乙’”“愿欲之辞之出以第三身者，无约束之义，多表将有所为而未发”。上举中学语文课本中的两例，正好对号入座。那么，在一个具体句子中，“毋”“勿”“无”到底是一般的否定，还是表禁止呢？吕先生说，它们的区别“为直陈式与非直陈式之别”。诚为精确之论。

（原载于烟台师专《语文教学》1981 年第 6 期）

# 文言词语辨析

## 略无、略不

“略无阙处”（《三峡》）语文课本解作“没有一点儿中断的地方”。

“略无异彼土”（《甘薯疏序》）课本解“略”为“大致，大略”。照此，该句就该译为“（这里生长的甘薯）与闽、越那里大致相同”。

两句中的“略无”用法相同，意义也当相同，而课本解释却各异，到底孰是孰非，何所适从？

这里的关键在于，“略”应解作“一点儿”，还是应解作“大致”？《也评几条注释》（载《语文教学》1981年第3期）认为，“略无阙处”的“略”“不能讲成‘一点儿’”，而应讲成“基本上、大致（体）上、差不多、几乎”，把“略”解释成“约略”义。与“略无异彼土”课本注同。

按“略”字义项，本有“大致、大略”与“丝毫、一点儿”之分（见《古汉语常用字字典》）。古书中，前一义项的“略”，一般不与表否定的词“无”或“不”连用；与“无”或“不”连用的“略”，只能解作“丝毫、一点儿”。这样，“略无”“略不”就形成比较凝固的词组，意思是“丝毫（一点儿）没有”或“丝毫（一点儿）不”。

试看如下例句：

① 王室不肯微，凶徒略无惮。（杜甫《舟中苦热遣怀》）

② 王略无疑贰。（《聊斋志异·鸦头》）

③ 持归，历试砖石，略无隔阂。（《聊斋志异·青娥》）

（以上“略无”）

④ 人物略不相睹。（周密《观潮》）

⑤ 而旗尾略不沾湿。（周密《观潮》）

⑥ 暗中鬼影幢幢，略不瞻顾。（《聊斋志异·小谢》）

（以上“略不”）

上举诸例，“略无”“略不”之“略”，若以“约略”义解释，则句意扞格难通。

王力先生认为，古代汉语里的“略不”，意义和现代汉语的“一点儿也不”相当。（见《古代汉语常识》25 页）王先生的看法是正确的。

因此，我们认为，对“略无阙处”，课本的解释是正确的；对“略无异彼土”，课本的解释就不够准确了，“略”当改从“丝毫”义。该句译成现代汉语，即：“（这里生长的甘薯）与（闽、越）那里没有丝毫不同。”

## 唾手、垂手

“简子唾手登车”（《中山狼传》）句中的“唾手”，文字有歧异。《东田文集》作“垂手”，黄文旸《曲海总目提要》作“唾手”。依据不同，解释互异。笔者认为，“垂手”似不如“唾手”妥帖。

作“垂手”解释的，可以朱东润先生主编的《中国历代文学作品选》为代表：“垂手登车，从容上车。垂手，手下垂，形容安闲从容。”这样解释倒是能表现赵简子的“风度”，惜乎于事理不甚相合。试问：从容登车何必手下垂？手下垂如何能登车？因此，是说难以令人信服。古人一般以“垂手”表示恭敬。也表示容易，如“垂手可得”。

中学语文课本作“唾手”，但未加诠释。那么，“唾手”应作何解释?《中学课本古代诗文译注》(天津人民出版社)注“唾手登车”:“很从容地登上车。唾手，比喻办事极易。”修订本《辞源》于“唾手”条下解释说:“把口液吐在手上。极言其易。”引《后汉书·公孙瓒传》“天下指麾可定”注引《九州春秋》:“始天下兵起，我谓唾手而决”为证。合订本《辞海》“唾手”条下云:“亦言唾掌，喻极易也。”

按“唾手”或“唾掌”，古代确有喻办事极易的，除《辞源》所引例，他如《魏书·路思令传》:“得其人也，六合唾掌可清；失其人也，三河方为战地。”不过，这样解释《中山狼传》的“唾手”，终嫌牵强。平天下兵，清六合，本极难事，却说“唾手而决”，“唾掌可清”，以喻其易，正好显示本领之大；而“登车”本非难事，一般人都能“从容上车”，何须以“唾手”喻其易？所以，是说也难令人信服。

“唾手”或“唾掌”，指在手掌上吐唾沫，乃是将用力做某事时的一种举动，今人多有此动作，古人亦然。这是一个迅速的举动，故可喻办事迅疾、容易。《中山狼传》的“唾手”，是“用力做某事”义：赵简子“唾手”，正是表示要用力开弓射箭的举动。下文有“一发饮羽”的话，可见用力之大。

（原载于江西师院《语文教学》1981年第8期）

# “不齿”怎样解？

《师说》“巫医乐师百工之人，君子不齿”中的“不齿”，课本注：“不屑一提，意思是看不起。”这样随文意译，既不准确，又不能让人明了其所以然。

按“齿”本指排列在口腔前边的门齿（与“牙”有别，“牙”指口腔后边的大牙，即后槽牙），成语“唇亡齿寒”的“齿”正用本义。引申则有列、排列义。“君子不齿”，意思是“君子不肯与之同列”，“齿”用的正是这个引申义。这个意义的“齿”，古书中常见。下面是《聊斋志异》中的用例：

① 甲虽复生，而目能自顾其背，不复齿人数矣。（《梦狼》）

② 见者皆憎其顽，不以人齿。（《贾儿》）

③ 愿临民者，以驴为戒，而求齿于狐，则德日进矣。（《潍水狐》）

④ 君如齿妾在琴瑟之数，必不听自为生活。（《连琐》）

⑤ 由此乡人皆不齿万石。（《马介甫》）

⑥ 女批颊而叱去之，益厌弃不以人齿。（《江城》）

（原载于江西师院《语文教学》1982 年第 1 期）

# 初中双册文言文注释商榷

康肃忿然曰……（欧阳修《卖油翁》）

句中的“忿然”，课本注：“气愤愤地。然，作形容词或者副词的词尾，相当于‘的’或‘地’。”把词尾“然”说成“相当于‘的’或‘地’”，严格说来，是不够恰当的。

古代汉语中，带有词尾“然”的，现在一般称之为状态形容词。它们大都是用来表示某种性质或状态的。古代注家对“……然”，多以“……貌”释之。如《荀子·修身》：“见善，修然必以自存也；见不善，愀然必以自省也。”王先谦集解：“修然，整饬貌。”“愀然，忧伤貌。”所谓“……貌”，相当于“……的样子”。由此可见，这种作词尾的“然”，实际上相当于“……的样子”。译成现代汉语，有时虽可译为“的”或“地”，那只是为了求通畅，不能在“然”与“的”或“地”之间画等号。

会宾客大宴，于厅事之东北角，施八尺屏障。（林嗣环《口技》）

句中的“厅事”，课本注：“大厅，客厅。”注释过于简略，使人不能明了大厅、客厅何以叫“厅事”。

按“厅事”本作“听事”，指古代官吏治事之所。因为官吏治事听讼于是处，故名“听事”。如《世说新语·政事》：“后正会，值积雪始晴，听事前除，雪后犹湿。”（前除，指厅堂前的台阶。）《北史·长孙俭传》：“（使）至荆州，俭于听事列军仪，具戎服，以宾主礼见使。”例中的“听事”，都指官吏治事之所。“听事”又可写作“厅事”。如《旧唐书·卢怀慎传》：“玄宗幸京师，次陕城顿，审其能政，于厅事题赞而去。”这里的“厅事”，即“听事”。一般人家的厅堂也袭用“厅事”之称。如《魏书·夏侯夬传》：“梦见征虏将军房事宝来至其家，直上厅事，与其父屏人密言。”《口技》中的“厅事”，即属此种用法，故应注明：“厅事，原作‘听事’，官吏听讼治事之所。这里指一般人家的中厅、客厅。”

从弟子女十人所。（《西门豹治邺》）

句中的“所”，课本注者认为“同‘许’，表示大约的意思”。说“所”表示大约的意思，是对的；但把“所”当成“许”的通假字，就错了。

按“所”与“许”古代读音虽然相近（古音同属“鱼”部），但古人并不作为通假字使用，古代注家也不认为是通假字。王引之谓“‘许’‘所’声近而义同”，是从声训的角度讲二字“义同”，而不是说可以通假。

“所”与“许”尽管“声近而义同”，但它们在上古汉语中的用法却有很大差异。“所”字表示约数，一般用在数词与量词（多借名词充当）之后。例如：

① 父去里所，复还。（《史记·留侯世家》，例中的“里”，即一里，数词“一”省去。）

② 未到匈奴陈二里所，止。（《史记·李将军列传》）

③ 十八日所而病愈。（《史记·扁鹊仓公列传》）

④ 天雨血一顷所。（《汉书·五行志》）

而“许”字表示约数，一般插在数词与量词之间。例如：

⑤ 赴河死者五万许人。(《后汉书·皇甫嵩传》)

⑥ 帝尝幸其府，留饮十许日。(《后汉书·冯鲂传》)

⑦ 转入巴蜀，往来二十许年。(《后汉书·申屠刚传》)

可见，即使作为同义词，它们的用法也是不尽相同的。

或者，课本注者的意思是要说“所”的意义与“许”同。如果是这样，那就不该说“所”“同‘许’”。因为“同”(又作“通”)是目前注释中使用的专门术语，它是专门用来破通假字的。课本注者在其他地方正是这样使用这个术语的。如同篇文章中的“娉取”，课本注曰：“娉同‘聘’。”

总之，我们认为，在表示约数这一点上，“所”与“许”是同义词，而不是通假字。同义词与通假字，是有根本区别的。讲通假关系，用“同”(或“通”)，而要说某字与某字意义相同，却不能用“同”(或“通”)这一术语。

豹曰：“……今父老子弟虽患苦我，然百岁后期令父老子孙思我言。”(《西门豹治邺》)

上引文中的“期”，课本注为“必”，似可商榷。按“期”虽有“必”的义项(见《辞海》)，但这里训“必”却未必恰当。因为原话乃是西门豹对自己死后情况的预言，既是预言，语气自不会那样肯定，而只能是一种希冀。所以，这里的“期”以训“期望，希望”较妥。“期”作“希冀”讲的例子古书中很多。如《韩非子·五蠹》：“不期修古，不法常可。”方苞《狱中杂记》：“期有得耳。”后一例中的“期”，课本注为“希望”，是。

若业为吾所有，必高束焉，庋藏焉，曰“姑俟异日观”云尔。(袁枚《黄生借书说》)

句末的“尔”，课本注：“而已。”把“尔”解作“而已”，似不妥。

诚然，“尔”用作句末语气词，有些的确有“而已”即“罢了”的意思。例如：

① 布衣之怒，亦免冠徒跣，以头抢地尔。（《唐雎不辱使命》）

② 我亦无他，惟手熟尔。（欧阳修《卖油翁》）

从上举例句可以看出，“尔”只有用在表限止的句子里，才有“而已”即“罢了”的意思。而上引文中的“云尔”之“尔”，并非用于表限止的句子，因此，不能以“而已”释之。

我们知道，在古汉语中，“尔”字有“如此”的意义。例如：

① 同是被逼迫，君尔妾亦然。（《孔雀东南飞》）

② 问君何能尔，心远地自偏。（陶潜《饮酒》之五）

值得注意的是，古人写文章，于引语或引述传说之后，常以“云”或“云尔”结句。这种用法的“云”或“云尔”，含有“如此说”“据说如此”等意思。这种用法的“云”或“云尔”是语气词，而“云尔”所表示的“如此说”等意思，当是由“尔”的“如此”义发展而来的。例如：

① 民人俗语曰“即不为河伯娶妇，水来漂没，溺其人民”云。（《西门豹治邺》）

② 汉末建安中，庐江府小吏焦仲卿妻刘氏，为仲卿母所遣，自誓不嫁。其家逼之，乃投水而死。仲卿闻之，亦自缢于庭树。时人伤之，为诗云尔。（《〈孔雀东南飞〉序》）

“曰‘姑俟异日观’云尔”中的“云尔”，与例②中的“云尔”用法相同，因此应作同样解释，即用于引语之后结句，含有“如此说”的意思。

公输盘服。子墨子曰："然，胡不已乎？"（《公输》）

句中的"然"，课本注："这里表示近于'那么'的语气。"说"然"表示近于"那么"的语气，只是随文而释，其实并不妥当。

句中的"然"，实际上是指示代词，"这样"的意思。其作用是承接并指代上文已经出现的情况。墨子这句话中的"然"，正是指代上文"公输盘服"这件事的。全句应译为："（既然）这样，为什么不停止（攻宋）呢？""然"字承接并指代上文已经出现的情况，古书中用例很多。如：

① 王曰："善哉！虽然，公输盘为我为云梯，必取宋。"（《公输》）

这里的"虽然"是两个词："虽"相当于现在的"虽然"，"然"相当于现在的"这样"。

② 是进亦忧，退亦忧，然则何时而乐耶？（范仲淹《岳阳楼记》）

这里的"然则"是两个词："然"是指示代词，指代上文说到的情况，相当于现在的"这样"；"则"相当于现在的"那么"。

③ 故君子之于学也，藏焉，修焉，息焉，游焉。夫然，故安其学而亲其师，乐其友而信其道。（《礼记·学记》）

"夫"是发语词，"然"是"这样"的意思。

④ 人人皆以我为好士，然，故士至。（《荀子·尧问》）

"然"指代"人人皆以我为好士"这种情况。

然侍卫之臣不懈于内，忠志之士忘身于外者，盖追先帝之殊遇，欲报之于陛下也。（诸葛亮《出师表》）

句中的"殊遇"，课本注为"特别厚待"，既不通畅，又没有照顾到原词语的结构。"殊遇"是定中关系，"殊"是"遇"的定语，"遇"是中心词，这个中心词在全句中作"追"的宾语。"殊遇"，即

“特殊的待遇”。“追先帝之殊遇”，即“追念先帝的特殊的待遇”。这样解释，既通畅，又与原词语的结构形式对应起来了。

**岸芷汀兰，郁郁青青。**（范仲淹《岳阳楼记》）

句中的“岸芷汀兰”，课本注：“岸上的小草，小洲上的兰花。”这样理解，未免有些刻板。难道小草只能长在岸上，而不能长在小洲上？兰花只能长在小洲上，而不能长在岸上？这样似乎太绝对了。我们认为，“岸芷汀兰”应该看成“互文”，即一般所说的“互文见义”。分析这种“互文”的句子，不应把前后两部分割裂开来，就字面孤立地进行分析；而应把它们视为一个统一的整体。“互文”在形式上是两部分，但前者包含有后者的意思在内，或者亦包含有前者的意思在内，前后结合，互相补充，形成一个完整的意思。“互文”的手法，除了使形式显得整齐外，还能用简省的文字表达丰富的内容。“互文”的例子古书中多见。如“秦时明月汉时关，万里长征人未还。”（王昌龄《出塞》）“主人下马客在船，举酒欲饮无管弦。”（白居易《琵琶行》）所谓“秦时明月汉时关”，应理解为“秦汉时明月秦汉时关”。“主人下马客在船”，应理解为“主人客人俱下马在船”。据此，我们认为，“岸芷汀兰”也应理解为“岸之兰芷与汀之兰芷”，即“岸上、小洲上的小草与兰花”。

**“微斯人，吾谁与归？”**（范仲淹《岳阳楼记》）

这句话，课本注：“没有这种人，我同谁一道呢？微，无，没有。”

把这种用法的“微”解作“无、没有”，是传统的解释。如《诗经·邶风·式微》：“微君之故，胡为乎中露？”毛传：“微，无也。”《国语·吴语》：“微我，晋不战矣。”韦昭注：“微，无也。”《论语·宪问》：“微管仲，吾其被发左衽矣。”马融注：“微，无也。”一些专讲虚词的书如《助字辨略》《经传释词》《词诠》等，也都把这种用法的“微”解作“无也”。这样解释似乎已成定论，但我们觉得却很有商讨的必要。

古代汉语中，“微”的确有当“无”讲的。例如：

① 一朝辞汉，曾微恋旧之情。(《晋书·列女传》)

② 积水曾微增冰之凛。(萧统《文选序》)

但是，这种可解作“无”的“微”，只出现在一般的否定的句子中，上举二例即其证。这种句子，与前面所举例句句型显然有别。前面所举诸例，都是含有假设语气的否定句。“微”用于假设的否定句中，似不宜以“无、没有”解释。因为如果那样解释，就难以看出是假设的句子了。因此，我们认为，如果把这种句式中的“微”解作“假如没有”，似乎更恰当些。这种用法的“微”还可以举出一些例子来：

① 微二子者，楚不国矣。(《左传·哀公十六年》)

② 吴王曰：“微子之言，吾亦疑之。”(《史记·伍子胥列传》)

③ 二世喜曰：“微赵君，几为丞相所卖。”(《史记·李斯列传》)

④ 且垓下之会，微彭王，项氏不亡。(《史记·栾布列传》)

“微斯人，吾谁与归”与上举诸例句型完全相同，所以，句中的“微”也应解作“假如没有”。《古汉语常用字字典》列“微”的一个义项为“如果不是，如果没有”，书证是《论语·宪问》的“微管仲，吾其被发左衽矣”。解释是很恰当的。

（原载于锦州师院《语文教学与研究》1982 年第 2 期）

# 学点训诂学

我国传统的汉语语言学包括三个方面的内容，即文字、音韵、训诂。三者既互相联系，而又有所区别。就训诂学来说，它是研究古代汉语的语义以及解释语义的方法的一门学科。从今天的观点看，训诂的意思近于“注释”“注解”。学习古代汉语，教学文言文，有必要懂点训诂学的知识，因为训诂学是专为阅读、讲解古代书面语言服务的一门学科。在文言文的教学中，一词一句的解释，篇章大意的分析，语法现象的说明，典章制度的介绍等，无一不是训诂学的具体应用。懂点训诂学与不懂训诂学，讲解文言文的效果是大不一样的。前者解释字词语句的办法较多，分析问题比较细致、准确；后者则往往失之笼统，或只知其然而不知其所以然，甚至出现不应有的谬误。训诂学与文言文教学的关系既如上述，那么，训诂学的具体内容有哪些呢？概括起来，主要有以下几点。

## 一、解释词义

解释词义是训诂学的重点所在。由于词的特点不同，解释的方法亦因之而异。古代注家通常采用下面几种方法来解释词义。

1. 义训　即对词的意义加以解释。常用的方法有：

① 互训　指两个同义词之间互相解释。许慎的《说文解字》，互训的例子很多。同部互训之例，如“言”部：“讽，诵也。”“诵，讽也。”“谀，谄也。”“谄，谀也。”“木”部：“桥，水梁也。”“梁，水桥也。”异部互训之例，如“言”部“讯，问也”与“口”部“问，讯也”。“言”部“谨，慎也”与“心”部“慎，谨也”。互训的目的在于通过比较的方法解释、说明词义。

② 同训　指对两个或两个以上的词作出同样的解释。同训可分为两类：一是把一些同义词用一个通行易晓的词加以解释。如《尔雅·释诂》：“初、哉、首、基、肇、祖、元、胎、俶落、权与，始也。”这表明，就“始”义这一点说，这些词是同义词。《说文》同训之例，如：“恙，忧也。”“愁，忧也。”“悴，忧也。”“忡，忧也。”“患，忧也。”这些词都训“忧”，说明它们是同义词。二是以共名释专名。如《说文》：“璐，玉也。”“球，玉也。”“琼，亦玉也。”同训的目的，主要在于用一个通俗易懂的词解释那些比较生僻的词。

③ 反训　指对某一个词作出与常用义相反的解释。如“乱”的常用义为纷乱、祸乱。但其本义为“治”。《尔雅·释诂》：“乱，治也。”《说文》：“乱，治也。”《尚书·泰誓中》：“予有乱臣十人，同心同德。”孔安国传：“我治理之臣虽少，而心德同。”这里的所谓“乱臣”，即“治臣”，能治理国家之臣，与“孔子成《春秋》而乱臣贼子惧”（《孟子·滕文公下》）之“乱臣”意义正相反对。《楚辞》某些篇结尾处常有“乱曰”的说法，“乱”，旧谓音乐的末章，实则全篇结语，含有总括的意思，亦“治”之义。再如“仅”，常用作表限止副词，指少。又可指多，“达到”的意思。韩愈《与李翱书》：

“仆之家本穷空，重遇攻劫，衣服无所得，养生之具无所有，家累仅三十口，携此将安所归托乎？”例中“仅”即“达到”之义，与表限止义正相反。又如“望”，常用义为盼望。反训而有“怨”义。司马迁《报任安书》：“若望仆不相师。”《史记·魏其武安侯列传》：“魏其大望。”例中“望”皆训“怨”，与常用义正相反。

④ 义界　指对词义的界限加以概括。又可分为两种情况：一是对那些不常出现的事物用几个常见的词连在一起予以解释。如《尔雅·释亲》：“曾孙之子为玄孙，玄孙之子为来孙。”“玄孙”“来孙”不是经常使用的概念，就用“曾孙之子”“玄孙之子”来说明。二是对某些词的含义加以准确、简洁的概括。如《尔雅·释亲》：“妇称夫之父曰舅，称夫之母曰姑。”

2. 声训　指根据词的声音线索，推求词义的特点及其命名的缘由。用来训释的词与被训释的词，都有声音上的关系：或同音，或双声，或叠韵。声训的例子很多，兹以《说文》为例加以说明。“天，颠也。”以“颠”（额）训“天”（本义是“头”），是推求“天”字得名得声之由来。“门，闻也。”谓有门则叩而能闻。“户，护也。”谓“户”（本义是单扇门）能护卫。“羊，祥也。”羊性驯良，古人认为是吉祥之物。“尾，微也。”谓尾乃体之细微部分。“火，毁也。”谓火能焚毁物。“衣，依也。”谓衣为人体所依凭。“水，准也。”（水、准古双声）古人以水面为标准取平。“田，陈也。”（田、陈古双声）谓田为禾谷陈列之所。“日，实也。”谓日之光实。“月，阙也。”言月之光盈满则缺。“木，冒也。”言树木冒地而生。

声训的目的，在于从声音的线索推求词得义得声的根源，亦即追究词义的语源。

## 二、解释句意

对一句或几句话进行串解，讲清句意或隐含的意思，是训诂的另一个重要内容。如《孟子·梁惠王下》“庄暴见孟子”章：“曰：‘独乐乐，与人乐乐，孰乐？’”赵岐《孟子章句》串解道：“孟子复问王：独自作乐乐邪，与人共听乐乐也？”这样，既讲清了句意，又把句中相连的两个“乐”字的解释包括在其中了。再如《孟子·梁惠王上》“孟子见梁惠王”章：“孟子对曰：‘王何必曰利？亦有仁义而已矣。’”两句的内在关系不很显豁，赵岐《孟子章句》串解说：“孟子知王欲以富国强兵为利，故曰王何必以利为名乎？亦惟有仁义之道者可以为名。以利为名，则有不利之患矣。”这样，句子隐含的意思便昭然易晓了。

## 三、通释全章大意

对一章或一篇的大意做扼要的说明，以帮助人们理解文意，是训诂的又一内容。如《诗经·魏风·硕鼠》第一章：“硕鼠硕鼠，无食我黍。三岁贯女，莫我肯顾。逝将去女，适彼乐土。乐土乐土，爰得我所。”朱熹《诗集传》通释说：“民困于贪残之政，故托言大鼠害己而去之也。”既揭示了全章大意，又指明了诗歌的比兴手法。再如赵岐《孟子章句》于每章后都有“章指”，意在概括全篇大意。如“庄暴见孟子”章后“章指”曰：“人君田猎以时，钟鼓有节，发政行仁，民乐其事，则王道之阶在于此矣。故曰：天时不如地利，地利不如人和矣。”

## 四、说明语法关系

对句子的某些语法现象加以说明，也是训诂的一个内容。古今语法有些差别，在今天看来，古汉语某些所谓特殊的语法结构，在古代却是正常的。对古今有差别的语法结构予以说明，可以防止以今例古，做出错误的解释。《马氏文通》问世以前，语法并未形成一门独立的学科。古代注家的语法观念不强，注释中并不单独阐明语法关系，只是把对语法关系的理解贯穿于注释或串解中。如《诗经·魏风·硕鼠》中的“三岁贯女，莫我肯顾”，郑玄串解说：“我事女三岁矣，曾无教令恩德来顾眷我。”用“曾无教令恩德来顾眷我”串解“莫我肯顾”，这等于告诉读者，“我”是“顾”的前置宾语。再如《诗经·小雅·常棣》：“原隰裒矣，兄弟求矣。”毛传谓：“求矣，言求兄弟也。”这就等于告诉人们，“兄弟”是“求”的前置宾语。随着语法研究的深入，现代注家在注释中时时涉及对语法关系的说明。如王力先生主编的《古代汉语》，对《齐桓公伐楚》中“岂不谷是为，先君之好是继”的解释：“……两个‘是’字都是代词，复指提前的宾语。”对语法结构的解释非常明确，这对人们正确理解古汉语的语法，无疑是有很大帮助的。

（原载于廊坊师专《语文教学之友》1982年第2期）

# 文言文注释异议（五则）

**则与斗卮酒。（《鸿门宴》）**

句中的“斗”，课本解作“大的酒器”，误。按“斗”原来确是古代酒器的名称，如下文：“我持白璧一双，欲献项王；玉斗一双，欲与亚父。”所谓“玉斗”，即玉制的酒器。但“则与斗卮酒”中的“斗”，却不能以“酒器”释之，而应看作量词，即借用量器名称充当的量词。古代汉语中，借度量衡的名称来充当量词，是比较普遍的现象；在表示物量时，如果量词前面的数词是“一”，这个“一”往往省去。上面句子中的“斗卮酒”，实际上是一斗酒的意思。相同的例子如：“金樽清酒斗十千，玉盘珍羞直万钱。”（李白《行路难》）“陈王昔时宴平乐，斗酒十千恣欢谑。”（李白《将进酒》）例中的“斗”，都是量词，其前的数词“一”都省去了。

**不者，若属皆且为所虏。（《鸿门宴》）**

句中的“不”，课本特意注明应读为 fǒu 。显然是把“不”当成“否”的假借字了，这却值得讨论。

按“不”古代的确可用作“否”的假借字，但这里的“不”似不可视为“否”的假借字。让我们具体分析一下这个句子。这是一个假设复句，句中的“者”是助词，它用于假设句的前一个分句后，兼有提顿和假设的语气。“者”字这样的用例多见，如《论语·公冶长》：“子谓子贱，‘君子哉若人！鲁无君子者，斯焉取斯？’”《史记·李斯列传》：“微二子者，楚不国矣。”《史记·楚世家》：“伍奢有二子，不杀者，为楚国患。”《鸿门宴》中的“不者”，意思是“如果不杀的话”。下面接着讲明在这假设的条件下产生的结果：“若属皆且为所虏。”联系上文“若入，前为寿……因击沛公于坐，杀之”的话，显而易见，这里的“不者”应看成“不杀者”之省。我们这样理解“不者”，上举“不杀者，为楚国患”可以作为有利的佐证。试比较两句的“不者”和“不杀者”，它们所表示的意思和语气都是相同的。如果照课本注者认为的那样，把“不者”读为“否者”，那又如何对待“不杀者”呢？读为“否杀者”，显然不成话。所以，把“不者”的“不”看成“否”的假借字，是不妥当的。

故予与同社诸君子，哀斯墓之徒有其石也而为之记，亦以明死生之大，匹夫之有重于社稷也。（张溥《五人墓碑记》）

上引文的“匹夫之有重于社稷也”，课本解释道：“意思是说，匹夫一死，关系国家兴亡，非常重大。”对文言词语的解释，必要时，采用意译的办法是可以的。不过这里的意译，却与原文意思大相径庭。原句实际上是化用了《孟子·尽心下》“民为贵，社稷次之，君为轻”的话，借以歌颂五人之死的重大意义，从而说明，民之有正义感，比国家更为重要。这既表现了作者可贵的“民本”思想，也流露出作者对明末国家黑暗统治的不满情绪。所以，这句话应译为：“老百姓比国家更为重要啊！”从句子结构上看，这样译也比较恰当。句中的“于”是介词，其作用是引进比较的对象。所谓“重于社稷”，即“比社稷重要”，就是“比国家重要”。

既而胡即放宁夏知府，旋升宁夏道。（梁启超《谭嗣同》）

句中的“放”，课本解作“被委任，被委派”，不确。按“放”的本义为放逐（《说文》：“放，逐也”），由本义引申，特指官吏被贬谪或京官外任。胡景桂原任御史，是京官，派他到宁夏去当知府，是离开了京城到外地做官，故曰“放”。课本以“被委任，被委派”释“放”，失之笼统；因为如果“被委任，被委派”为京官，是不能叫作“放”的。

然秦以区区之地，致万乘之势，序八州而朝同列，百有余年矣。（贾谊《过秦论》）

句中的“万乘”，课本解释道：“周制，天子地方千里，出兵车万乘；诸侯地方百里，出兵车千乘。后世就称天子为‘万乘’。”注者之意，显然认为句中的“万乘”是指称天子的。

按“万乘”确实可以指称天子，但把这里的“万乘”说成指称天子，却不妥当。因为这样解释与史实不符。看下文，有“百有余年”的话。我们知道，秦嬴政二十六年（公元前221年）灭六国，称始皇，至二世而亡国（公元前207年），其间只有十五年。即使加上嬴政继位至统一六国的那二十六年，也只有四十余年。这样，如果把句中的“万乘”看成天子的代称，而秦嬴政继位至统一六国只有四十余年，这与下文的“百有余年”相差太多。因此，课本注者的解释很难讲通。

我们认为，这里的“万乘”当指拥有万辆兵车的大国。古代实行车战，常以拥有的兵车数量作为衡量国之大小强弱的标准。如《孟子·梁惠王上》：“万乘之国，弑其君者必千乘之家；千乘之国，弑其君者必百乘之家。”这里所谓“万乘之国”“千乘之国”，都是用拥有的兵车数量来表示国家的大小强弱的（赵岐《孟子章句》说这里的“万乘”是“谓天子也”，不可信）。《过秦论》中的“万乘”，也是指拥有万辆兵车的强国。请看史实：秦孝公任用商鞅变法，国富兵强，成为战国七雄之一。自那时至秦亡，其为时恰好“百有余年”。这样解释句中的“万乘”，与下文的“百有余年”正相吻合。

（原载于武汉师院《中学语文》1982 年第 3 期）

# 用归纳类比法解释文言虚词

古人云："经传中实字易训，虚词难释。"（《经传释词》阮元序）正确地进行归纳类比，是解释文言虚词的关键。清代学者王引之撰《经传释词》，对文言虚词的用法进行专门研究，其方法是"比例而知，触类长之"（《经传释词》自序），即通过比较相同的用例，解释虚词的意义和用法；通过已知的虚词用例，引申到同类用法的其他虚词。这实际上就是归纳与演绎相结合的方法。由于方法的科学，所以王氏能驳正汉唐旧说，创建新解，对虚词的解释远远超过了前人。现行中学语文课本对文言虚词的诠解，随文而释、注释失当的情况，偶有出现。兹举数例：

淫侈之俗日日以长。（贾谊《论积贮疏》）

课本注"以"说："这里用法较特殊，属于助词性质，没有实在意义。"这样解释，在该句似乎勉强说得过去。不过，"以"作如是解，古书中再难找出其他用例，孤证不足为训。其实，只需比较一番，就不难发现，句中的"以"用法并不特殊。它是连词，其用法与"而"同，是用来连接状语和中心词的。相同的用例如："樊哙侧其盾以撞。"（《鸿门宴》）"先生伏踬就地，匍匐以进。"（马中锡《中山狼传》）"轲自知事不就，倚柱而笑，箕踞以骂。"（《史记·刺客列传》）最后一例很有启发性：句中“而”“以”并用，它们处于相同句式的相同地位，具有相同的作用，足证“而”“以”用法相同，都是连接状语和中心词的。

**先王之法，经乎上世而来者也。（《吕氏春秋·察今》）**

课本注“乎”为“句中的虚词”，失之笼统。

**王变乎色。（《庄暴见孟子》）**

课本注“乎”为“助词”，误。

按两句中的“乎”都是介词，其作用与介词“于”相同。相同的用例如：“臣之所好者，道也，进乎技矣。”（《庖丁解牛》）“依乎天理。”（同上）“宁赴常流，而葬乎江鱼腹中耳。”（《屈原列传》）“悍吏之来吾乡，叫嚣乎东西，隳突乎南北。”（柳宗元《捕蛇者说》）“生乎吾前，其闻道也，固先乎吾，吾从而师之；生乎吾后，其闻道也，亦先乎吾，吾从而师之。”（韩愈《师说》）最后一例中的“乎”，课本注：“相当于‘于’。”确甚。“经乎上世”“王变乎色”的“乎”，亦应作同样解释。

**虎因喜，计之曰……（柳宗元《黔之驴》）**

句中的“之”，课本注：“这，指上文所说驴生了气只能踢的情况。”认为这里的“之”是指示代词，不妥。诚然，在古代汉语中，“之”可用作指示代词；不过，“‘之’字用于指示的时候，是用作定语的。”（王力《汉语史稿》中册，279页）它一般不单独用来充当句子的宾语。例如：“之子于归，宜其室家。”（《诗经·周南·桃夭》）“均之二策，宁许以负秦曲。”（《廉颇蔺相如列传》）后一例的“之”作“二策”的定语，组成偏正词组，充当“均”的宾语。可见，指示代词“之”并不单独充当句子的宾语。单独充当句子宾语的“之”，是人称代词，可以代人、代事、代物。例如：“陈胜佐之，并杀两尉。”（《陈涉世家》）“操蛇之神闻之，惧其不已也，告之于帝。”（《愚公移山》）“郑人有且置履者，先自度其足而置之其坐。”（《郑人买履》）依照这种归类，我们再看“虎因喜，计之曰……”中的“之”，显而易见，这个“之”不是指示代词，而是第三人称代词，在句子中单独充当“计”的宾语，代上文已经说过的“驴不胜怒，踢之”的情况。

某一虚词的某一用法，在浩如烟海的古籍中，出现的次数是难以数计的。进行归纳类比，是确定虚词用法的关键。注释文言文的虚词，讲解文言文的虚词，都应该充分利用这种归纳类比的方法。

（原载于烟台师专《语文教学》1983年第1期）

# 如何运用训诂学知识搞好语文教学

由古代汉语发展到现代汉语，语音、词汇、语法都发生了变化，这就给阅读古书带来了很大的困难。一些比较重要的古代典籍，历代注家大都做过注释，这些故训一般是比较可靠的；现在刊行的文言读物，现代注家大多用现代汉语加以注释，阅读起来就更方便了。但是，无论是故训，还是现代人的注释，对某些词语的解释时有分歧，甚至有明显的错误。遇到这种情况，就有一个权衡取舍、辨识误注的问题。而要做到这一点，学点训诂学知识就很有必要了。本文仅就文言文教学中运用训诂学知识问题，谈一些粗浅的看法。

## 一、根据字形解释本义，说明引申义

汉字是属于意音体系的文字，字形与字义密切相关。汉代许慎的《说文解字》，就是靠了分析字形解释字的本义的。清代朱骏声的《说文通训定声》，除解释字的本义外，还分析了字的诸多引申义。从分析字形入手，解释字的本义，并进而说明其引申义，是训诂中最常用的方法，也是可靠的方法。甲骨文、金文的发现，更为这种方法提供了珍贵的资料。现在的一些文言读物，有不顾字形、不明字的本义及引申义而注释失当的。如“军”字，现在一般都把动词义（驻扎）说成是名词义（军队）的活用，这是不妥当的。按“军”字金文字形，外像人曲身形，取环绕义；里面是“车”。《说文》解作：“圜围也。四千人为军。从‘包’省，从‘车’，‘车’，兵车也。”说解亦不甚确切。古代实行车战，驻扎时即以战车环绕为营。“车”字形体正表示了以战车环绕为营之意。这是有古代文献用例可以证明的。《左传·宣公十二年》：“晋之余师不能军。”杜预注：“不能成营屯。”《吕氏春秋·权勋》：“达子又帅其余卒，以军于秦周。”高诱注：“军，屯也。”因此，动词“驻扎”才是“军”的本义，而名词“军队”则是引申义。把动词义说成名词义的活用，那是本末倒置了。

## 二、结合声韵说明通假字，诠释联绵词

通假字是阅读古书的一大障碍。清代训诂学之所以超越前代，根本原因就在于古音学的发展。王引之《经义述闻》自序云：“诂训之旨，存乎声音，字之声同声近者，经传往往假借。学者以声求义，破其假借之字，而读以本字，则涣然冰释。”“声近义通”“因声求义”规律的发现，确实解决了古书中许多疑难问题，这是清儒的一大功绩。

现在的一些注释，不明通假的情况时有所见。不明通假，结果往往是望文生训。

“因声求义”的流弊是滥用通假。《诗经·魏风·硕鼠》：“三岁贯女，莫我肯顾。”张世禄先生的《古代汉语》谓“贯”为“豢”之通假字。按“贯”“豢”上古虽同韵部，但声母相去甚远，难以通假；且古书中再难找出如此通假的用例，孤证不足为训。

联绵词一般都有双声或叠韵的关系。弄清双声或叠韵关系，把联绵词作为一个复音词来解释，就可以避免分训的错误。古代注家分训联绵词的情况是有的，这势必造成牵强附会的曲解。如“窈窕”本是叠韵联绵词（毛传：“幽闲也”），但《方言》却说：“美状为窕，美心为窈。”今人对联绵词也有误解的。如中学语文课本《游黄山记》中有“五色纷披”的话，“纷披”本是联绵词，古无轻唇音，两个字古代是双声。课本注为“众多纷乱的样子”，本来是正确的，但接着又说：“披，散开，分散。”这就犯了分训联绵词的错误。

## 三、严格区分单音词和复音词

古代汉语中，单音词占绝对优势，这同现代汉语的情况大不相同。古代注家对此是清楚的，把两个单音词误认为一个双音词的情况很少。现代人却往往把两个相连的单音词误认为一个双音词。试以中学语文课本的注释为例。徐珂《冯婉贞》：“彼此错杂，纷纭拿斗。”课本注“拿斗”为“搏斗”，显然认为是一个双音词了。按“拿”原作“拏”（现在作为“拿”的异体字取消了），义为“牵引”（见《说文》）。王筠《说文释例》谓“此纷拏之拏也”。拏，互相牵扯之义。该句的“拿”，正用拉扯义。“斗”才是搏斗。“拿斗”应视为两个词，“拉扯搏斗”的意思。再如《〈梦溪笔谈〉二则》：“立土动及百尺。”课本注“动及”为“动不动”，误。“动及”是两个词。“动”是“动不动”的意思。《赤壁之战》：“曹公，豺虎也，挟天子以征四方，动以朝廷为辞。”所谓“动以朝廷为辞”，意思是“动不动就拿朝廷的名义说话”。成语“动辄得咎”的“动”，也是这个意义。“及”是“到、达到”的意思。“动及百尺”，意思是“动不动就达到百尺的高度”。

## 四、正确说明语法关系

在语言的诸要素中，语法虽然比较稳固，但古今语法仍有不同。弄清古汉语的一些语法现象，就可以防止以今例古，避免对古汉语语法作出错误的解释。古人语法观念不强，因而注释中屡有谬误。如《左传·昭公七年》:“及正考父佐戴、武、宣，三命兹益共，故其鼎铭云:‘一命而偻，再命而伛，三命而俯，循墙而走，亦莫余敢侮。’”黄扶孟（生）《义府》云:“循墙而走，指小儿之学步者。虽学步之小儿，余亦不敢侮之，所谓三命兹益恭也。”沈钦韩《左传补注》云:“言无有余所敢侮之人。”按“亦莫余敢侮”，即“亦莫敢侮余”。古代汉语里的否定句中，如果宾语是代词，一般都提到动词之前。黄、沈不懂古汉语语法这一规则，因而解释错误。

古人行文简约，句子成分常有省略。注释时，把省略的成分补出来，可以帮助读者正确理解语义。如果不懂句子成分有省略，将省略了的成分的意义强加给有关词语，势必造成释义混乱，使人产生误解。这在今人的注释中是不乏其例的。仍以中学语文课本的注释为例。《过秦论》:“蹑足行伍之间，俛起阡陌之中。”课本解“蹑足”说:“这里有‘出身于’的意思。”按上引文乃是两个述补结构的句子，引进处所的介词“于”都省略了。补出来，即“蹑足于行伍之间，俛起于阡陌之中”。可见，“于”是句子省略了的成分，不是“蹑足”本身所固有的意思。课本注者未讲清语法成分有省略，注“蹑足”平添一个介词“于”，不妥。类似的例子如《木兰诗》:“愿为市鞍马，从此替爷征。”课本注“为”作:“为此（指替父出征）。”拿一个词组去解一个词，平添介词“为”的宾语，欠妥。“为”的宾语（应是代词“之”）是句子省略了的成分，不是“为”

字本身所固有的意思。介词“为”的宾语（一般是代词“之”）省略的情况古书中多见。

## 五、熟悉古代习惯语

古人在表达某些特定概念或意思时，往往有些习惯说法。这些习惯说法沿用既久，遂成固定格式。遇到这种固定格式，倘不明了其固定含义，为其字面意义所拘束，就不能确切加以解释。例如古人在表示假设时，常用“今有……于此”的固定格式。下面是从《吕氏春秋》中选出的例子：“今有人于此，以随侯之珠，弹千仞之雀，世必笑之。”（《贵生》）“今有人于此，事亲则孝，事君则忠，交友则信，居乡则悌，有此四者，可谓士乎？”（《正名》）“今有羿、蠭蒙、繁弱于此，而无弦，则必不能中也。”（《具备》）细加品味，这种格式表示的实际是“假如这里有……”的意思。现在的注释，即有不明这一习语因而解释失当的。《吕氏春秋选注》（中华书局出版）译“今有人于此”为“现在有人在这里”，就是过于拘泥于字面的意义了。再如古人表示反问时，常用“不亦……乎”的格式。如“学而时习之，不亦说乎？有朋自远方来，不亦乐乎？人不知而不愠，不亦君子乎？”（《论语·学而》）在这种格式中，“亦”字已经虚化，不能再作“也”讲了。“不亦”应看成一个表示疑问的凝固形式。“求剑若此，不亦惑乎！”（《刻舟求剑》）中学语文课本解“不亦惑乎”为：“不也（太）糊涂吗，亦，也。”同样是不妥当的。

运用训诂学知识是阅读、教学文言文的一个重要手段。以上所述，只是举其大概而已。疏漏难免，敬希读者批评指正。

（原载于《天津师大学报》1983 年第 3 期）

# 词语辨析二则

## 一

《丝丝缕缕忆师情》（载《语文教学之友》1983年第6期）一文中，讲到一位老师“精通小学”（按“小学”即文字、音韵、训诂之学），常向学生传授文字知识。文章举例说，这位老师“说到‘一男附书至’的‘至’字，又在黑板上写下‘至’的篆体字，说明上面是倒飞的鸟，下面一横指地，表示鸟飞至地下的意思”。认为“这比一般地解释字义要生动有趣得多，而且也便于学生对字义的记忆”。

汉字属于意音体系的文字，通过对古文字的形体结构进行分析来解释字义，确实“比一般地解释字义要生动有趣得多，而且也便于学生对字义的记忆”。但是，上面提到的那位老师对“至”字形体的分析，却是错误的。“至”字下面的一横的确表示地面，不过上面的部分却不像什么倒飞的鸟（统观全部篆文，“鸟”或“隹”无作如是形者），而像一支倒着的“矢”（即箭）。甲骨文“至”字的上面正是箭头朝下的箭，下面一横代表地面，是个表意字，表示射上去的箭从高处落到地面的意思。其本义当是从上到下（如《中山狼传》

“下首至尾”)，泛指到，到达(如《陈涉世家》:“比至陈，车六七百乘，骑千余”)。

对“至”字形体的分析，从汉代的许慎起就搞错了。《说文》“至”下云:“鸟飞从高下至地也。从一,一犹地也；象形，不上去而至下来也。”上面提到的那位老师，正是沿用许慎的说解而致误的。

## 二

《〈庖丁解牛〉三题》(以下简称《三题》。载《语文教学之友》1983年第6期)在引了《庖丁解牛》的一段文字(“虽然，每至于族，吾见其难为，怵然为戒，视为止，行为迟”)之后，指出中学语文课本对“视为止，行为迟”的注释(“目光集中在一点，动作缓慢下来”)放过了两个“为”字，是颇为中肯的。但是,《三题》的作者认为,“这两个‘为’，都应训为‘被’”，说“‘视为止’即是‘视为之所止’,‘行为迟’即是‘行为之所迟’”。显然，作者认为这两个“为”是表被动的。这却难以令人信服。

首先,“视为止，行为迟”根本不是什么被动句，它们与“不为酒困”(《论语·子罕》)显然不是同类句型。《三题》的作者是这样解释这两句话的:“因为它难办，所以我的目光集中到了一点，动作也缓慢下来。”这哪里有一点儿被动句的意味？可见,“为”训为“被”是难以说通的。

其次，关于“为”的词性。我们认为,“怵然为戒，视为止，行为迟”中的三个“为”都是介词。“为戒”“为止”“为迟”，即“为之戒”“为之止”“为之迟”。介词“为”的宾语“之”(指代上文“每至于族，吾见其难为”这种情况)都省略了。因此,“视为止，行为迟”如果直译，当译为:“目光为之停止，行动为之迟缓。”

如果译成通俗的白话文，就是:“目光因此而停留在一点上，行动因此而缓慢下来。”

“为戒”“为止”“为迟”这种结构，介词“为”的宾语“之”也有不省的。同篇文章中的“为之四顾，为之踌躇满志”，正是不省“之”的明证。又如《聊斋志异·娇娜》:“生望见艳色，嚬呻顿忘，精神为之一爽。”现代汉语书面语中，这种结构仍有沿用，如说“为之一惊”“为之振奋”等即是。这些“为”字，无论如何是不能用“被”所能讲通的。

（原载于廊坊师专《语文教学之友》1983年第10期）

# 文言文定语后置说质疑

近年来，一些论述文言语法的著作提出了文言文定语后置说（以下简称“后置说”）。“后置说”认为：“把定语放在它的中心词之后，这种定语后置的现象是文言文所特有的。”[①] 中学语文课本也把它作为文言句法的一个特点向学生介绍[②]，这似乎已成定论。被说成定语后置的，主要有如下两种格式：

1. 定语放在它的中心词后边，用“者”字煞尾，构成“中心词 + 定语 + 者”的形式。

2. 用“者”字煞尾，并且在后置定语和它的中心词之间加“之”，构成“中心词 + 之 + 定语 + 者”的形式[③]。

论及语言现象时，凡提出一种结构形式，理应包括这种形式的全部（或大部）例句。否则，就缺乏说服力，因而也就不够科学了。我们试着用所谓定语后置的两种格式去解释具有相同结构的句子，发现很多情况下扞格难通，因之对“后置说”产生了怀疑。下面谈一些粗浅的看法，以就教于同好。为了便于说明问题，我们对“后置说”的两种格式分别加以分析、讨论。

## 一

关于“中心词＋定语＋者”这种格式，“后置说”大都举了如下例句：

①计未定，求人可使报秦者。(《廉颇蔺相如列传》)

②今战士还者及关羽水军精甲万人。(《赤壁之战》)

③各处乡民来攻逆夷者，尚源源不绝。[4](《三元里抗英》)

④村中少年好事者，驯养一虫。(蒲松龄《促织》)

⑤其人家有好女者，恐大巫祝为河伯娶之，以故多持女远逃亡。[5](《西门豹治邺》)

“后置说”认为，像例①的“人可使报秦者”，“人”是中心词，“可使报秦者”是“人”的后置定语。“人可使报秦者”即“可使报秦之人”。余者类推。

“后置说”所举的这些例句，有一个共同特点，即被说成中心词和定语的，二者所表示的概念的属性相同。以例①为例，“人”和“可使报秦者”所表示的概念属性相同，都属于“人”的范畴。在此特定的前提下，似乎可用“后置说”去分析。不过，二者表示的概念仅仅是属性相同，而仍有范围大、小之分。就是说，二者并不是完全相同的：“人”中包括“可使报秦者”，“可使报秦者”只是“人”中的一部分。这样看来，把后者说成前者的定语，句虽可通，但总是不甚恰当的。前举诸例，其实应分为两类。甲：①至④，属“名词（或名词性词组）＋‘者’字结构”类；乙：⑤，属“名词（或名词性词组）＋有（或无）＋‘者’字结构”类。如果“后置说”成立，那么，照理说，这两类结构的句子都应该能用“后置说”加以分析。其实不然。当遇到如下几种情况时，是很难用“后置说”来分析的。

（一）前面是时地性名词（或词组）的。如：

① 盖上世尝有不葬其亲者，其亲死，则举而委之于壑。（《孟子·滕文公上》）

② 今有御人于国门之外者。（《孟子·万章下》）

③ 今有杀人者，或问之曰：“人可杀与？”则将应之曰：“可。”（《孟子·公孙丑下》）

④ 楚有祠者，赐其舍人卮酒。（《战国策·齐策二》）

⑤ 郑有台下之冶者。（《韩非子·外储说左上》）

⑥ 济之西邑有杀人者。（《聊斋志异·郭安》）

⑦ 邻村有货婢者。（《聊斋志异·湘裙》）

上举例句，① 至 ③ 前面的词语是表时间的，④ 至 ⑦ 前面的词语是表地域的。前后概念属性不同，用“后置说”去解释，显然是不通的。如果把“上世尝有不葬其亲者”变成“尝有不葬其亲之上世”，把“楚有祀者”变成“有祀之楚”，就不成话了。

（二）前面是方位名词（或方位结构）的。如：

① 如“之”“也”等字，每字有二十余印，以备一板内有重复者。（沈括《活板》）

② 中有立决者，行刑人先俟于门外。（方苞《狱中杂记》）

③ 取案末独身无亲戚者二人易汝名。（方苞《狱中杂记》）

④ 蚤起，施从良人之所之，遍国中无与立谈者。（《孟子·离娄下》）

方位词（或方位结构）所表示的方位，与后面词语所表示的人（或事、物），概念属性迥然不同，这也是“后置说”所无法解释的。如果把“一板内有重复者”变成“有重复之一板内”，更不成话。

（三）前面词语受表统括副词“凡”“诸”等限制的。如：

①凡我父兄昆弟及国子姓，有能助寡人谋而退吴者，吾与之共知越国之政。（《勾践灭吴》）

②凡四方之士无有不过而拜且泣者。（张溥《五人墓碑记》）

③诸郡县苦秦吏者，皆刑其长吏，杀之以应陈涉。（《陈涉世家》）

④诸将吏敢复有言当迎操者，与此案同。（《赤壁之战》）

很明显，“凡”“诸”等限制的是前面的词语，共同表示总的、大的范围（或概念），后面的词语则表示大范围（或概念）中的小范围（或概念）。前后所表示的范围（或概念）有整体和部分之别，把后者说成前者的后置定语，显然是不恰当的。

（四）前面包括后面数项的。如：

①群臣吏民，能面刺寡人之过者，受上赏；上书谏寡人者，受中赏；能谤讥于市朝，闻寡人之耳者，受下赏。（《邹忌讽齐王纳谏》）

②而商贾大者积贮倍息，小者坐列贩卖。（晁错《论贵粟疏》）

③或同系，情罪重者反出在外，而轻者、无罪者罹其毒。（方苞《狱中杂记》）

上举诸例，前面的词语表示的是大的范围（或概念），前后有整体和部分之别。而且，后面并列的几项各自独立成句，把它们看成承前省略中心词，更是不恰当的。

上述种种情况，无论如何是不能用“后置说”去分析的。

其实，对这类句式，前辈学者早有论述，并得出了比较正确的结论。马建忠说：“至《梁惠王下》‘王之臣有托其妻子于其友而之楚游者’句，‘王之臣’乃约数之母，非起词也，犹云‘王臣之中有如是之人者’。”[6]把“王之臣”看作分母性的词，而不把它看成主语。马氏能于八十多年前提出这样的见解，是难能可贵的。王力先生把所谓分母性的词看作“关系语的应用”，认为“它在句中的职务也是表示范围的”。⑦较之马氏之说显然更确切，因而也更科学了。

下面，我们对甲、乙两类句子作些具体分析。

这两类句子，以“者”字煞尾是共同特点。这里的“者”不宜看作一般助词，而应看成具有代词性的特殊助词（王力先生主编的《古代汉语》称之为特殊的指示代词）。“者”字结构具有名词性，“……者”即“……的人（或事、物）”。“有（或无）”是表存在的动词，“有（或无）……者”即“有（或无）……的人（或事、物）”。“有（或无）……者”的用例古书中俯拾皆是。如：

① 黔无驴，有好事者船载以入。（柳宗元《黔之驴》）

② 募有能捕之者，当其租入。（柳宗元《捕蛇者说》）

③ 有怠而欲出者。（王安石《游褒禅山记》）

④ 初奉使往来，无留北者。（文天祥《指南录后序》）

⑤ 满坐寂然，无敢哗者。（林嗣环《口技》）

这些句子中，“有（或无）……者”前面的词语或者省略，或者无法说出，按“后置说”去分析，必然得出省略中心词的结论。中心词既省，则后置定语焉附？这又是“后置说”不能成立的明证。

在甲、乙两类句子中，前面的词语都是表示范围（或概念）的，它对后面的词语有限止的作用，可看作范围状语。甲类句子，后面是“者”字结构，“者”字结构表示小范围（或概念），可看作中心词语；乙类句子，后面是“有（或无）……者”，应看成动宾关系，“者”字结构作动词“有（或无）”的宾语。分别列式如下：

甲类：范围状语＋中心词语（“者”字结构）

乙类：范围状语＋存在性动词（“有”或“无”）＋宾语（“者”字结构）

用这样的结构式，可以分析、说明所有相同类型的例句，而不会遇到障碍。

## 二

所谓“中心词＋之＋定语＋者”的格式，指的是如下类型的句子：

① 石之铿然有声者，所在皆是也。（苏轼《石钟山记》）

② 于是集谢庄少年之精技击者。[8]（徐珂《冯婉贞》）

③ 物之已至者，人妖则可畏也。（《荀子·天论》）

④ 马之千里者，一食或尽粟一石。（韩愈《马说》）

⑤ 其石之突怒偃蹇、负土而出、争为奇状者，殆不可数。[9]（柳宗元《钴鉧潭西小丘记》）

⑥ 天下之不助苗长者寡矣。（《揠苗助长》）

⑦ 人之救火者死，比死敌之赏；救火而不死者，比胜敌之赏。（《韩非子·内储说上》）

这类句式，以不包含存在性动词“有”（或无）为常。句子的前后之间，同样存在范围大小不同、概念属性不同等问题，不好用“后置说”去分析。况且，这类句子中的“之”字，如果照“后置说”去分析，就没有了着落，没有了作用。

其实，这类句子应看作正常词序的句子。前面的词语非但不是中心词，恰恰相反，应看成定语。它表示的是大范围（或概念），后面的词语不是定语，而是由“者”字结构充当的中心词语，它表示的是小范围（或概念）。两者之间的“之”是助词，定语的标志。

其结构关系应如下式：

定语（大范围、概念）+ 之 + 中心词语（“者”字结构，小范围、概念）

从对如上两种格式的分析中，我们觉得，“后置说”很难成立，因为它既不符合古汉语的语言实际，又不能用来分析、说明具有相同结构的全部（或大部）例句。而照我们上面所列的结构式，一般说来，是能够适应其全部例句的。

**注释：**

① 孙钧锡《文言基础知识》，228 页，河北人民出版社，1978 年。持相同看法的尚有严沛《文言语法知识》，见该书 176 页，广西人民出版社，1979 年。

② 高中语文课本第四册《文言句法的一些特点》，242 页，人民教育出版社，1979 年。

③ 同①。

④ 以上三例采自《文言基础知识》228—229 页。

⑤ 以上二例采自《文言语法知识》176—177 页。

⑥《马氏文通》校注本上册 229 页。

⑦《汉语史稿》（中册）。

⑧ 以上二例采自《文言基础知识》229—230 页。

⑨ 以上三例采自《文言语法知识》178 页。

（原载于廊坊师专《语文教学之友》1984 年第 3 期）

# 音韵学知识的运用

音韵学知识的运用是多方面的。现代汉语的语音系统，是由古代汉语的语音系统发展演变而来的，现代语音的对应规律是与古代语音的对应规律密切相关的。不懂古音学知识，就不能更深入地学习了解现代汉语的语音系统。我们这里只准备把如何运用音韵学知识解决学习古汉语所遇到的一些问题，分几点简单介绍一下。

## 一、辨识通假字

我们这里讲的通假字，指的是有本字的假借字，即古人所写的音同或音近的别字。学习古汉语，阅读文言文，经常遇到通假字的问题，所以，通假字是读古书的一大障碍。不明假借，势必造成望文生训的错误。而要明假借，就必须懂古音。因为假借字与被借字本来都有音同或音近的关系；有的后代读音差别很大，那是由于语音发生了变化。清代学者对古书的训释之所以超过前代，原因之一就是古音学的发展。戴震在为段玉裁的《六书音均表》所写的序中说："夫六经字多假借，音声失而假借之意何以得？训诂音声，相为表里。"王引之《经义述闻》自序说："训诂之旨，存乎声音，字之声同声近者，经传往往假借。学者以声求义，破其假借之字，而读以本字，则涣然冰释。”“声近义通”“因声求义”原则的发现，确实解决了古书中许多疑难问题。

对于古今读音相同的假借字，一般是容易理解的。如《史记·项羽本纪》：“旦日不可不蚤自来谢项王。”借“蚤”为“早”，二者古音同属“精”母“幽”部。对于那些古代同音而现在不同音的假借字，一般就容易造成误解。这就需要懂点音韵知识了。如《三国志·蜀书·诸葛亮传》：“孤不度德量力，欲信大义于天下。”借“信”为“伸”，二者古音同属“心”母“真”部。又如《诗经·周南·葛覃》：“害浣害否，归宁父母。”借“害”为“曷”（《尚书·汤誓》的“时日曷丧”，《孟子·梁惠王上》引作“时日害丧”，可证“害”通“曷”），二者古音同属“匣”母“月”部。而对于那些只是音近的假借字，就要格外注意：要么声母相同，韵部接近；要么韵部相同，声母接近。而且，在指为假借字时，一般要避免孤证。如《诗经·大雅·行苇》：“敦弓既坚。”毛传：“敦弓，画弓也，天子敦弓。音雕。”“敦”通“雕”，二者古音同属“端”母，“敦”属“文”部，“雕”属“幽”部，韵部接近。而且，《荀子·大略》中有“天子雕弓”的话，足证“敦”与“雕”通。又如《史记·淮阴侯列传》：“右陪山陵，前左水泽。”《史记·项羽本纪》：“愿伯具言臣之不敢倍德也。”“陪”“倍”皆通“背”。“陪”“倍”同属“之”部“並”母，“背”属“职”部“帮”母，“之”“职”二部同类，“並”“帮”二母同为唇音。而且，《汉书·韩信传》作：“右背山陵，前左水泽。”《汉书·高帝纪上》作：“愿伯明言不敢背德。”可证“陪”“倍”与“背”通。

“因声求义”的流弊是滥用通假。这有几种情况：有的以今音度古音，把古代声韵不同的两个字硬说成通假。如傅东华在《字义的演变》一书中说：“‘朕’古音同‘身’，因而假借作‘身’（自身）字用，成为一个自称的代词，就是‘我’。”按“朕”古音属“侵”部“定”母，“身”古音属“真”部“审”母，二者声、韵皆不同，且相距较远，难以通假。实际上，“朕”和“身”是声音完全不同的两个字。

有的把古代只是韵部相同而声母差别很大的两个字硬说成通假。如张世禄先生在《古代汉语》一书中，把《诗经·魏风·硕鼠》“三岁贯女，莫我肯顾”中的“贯”说成“豢”的通假字。上海《语文学习》也发文章赞同此说。按“贯”“豢”古音虽同属“元”部，但“贯”属“见”母，“豢”属“匣”母，声母相距较远，似难通假。而且，古书中再难找出如此通假的用例，孤证不足为训。

有的把古代只是声母相同或相近而韵部差别较大的两个字硬说成通假。如陈奇猷《韩非子集释》于《扬权》篇“毋贵人而偪焉”下说：“逼偪同，偪当为匹之同音假字。”按“逼偪同”之说是对的，但把“偪”说成“匹”的同音假借字，却是错的。“偪”古音属“帮”母“职”部，“匹”古音属“滂”母“质”部，二字声母虽相近，但韵部差别很大，根本不是什么“同音假字”。

古书中通假字的情况是相当复杂的，运用音韵学知识辨识通假字，并证之以古文献中通假字的实例，既可以避免望文生训的错误，又可以鉴别古书注释中滥用通假的情况。音韵的作用，实在不可低估。

## 二、正确解释联绵词

所谓“联绵词”，都是单纯双音词，构成双音词的两个字是连在一起的，必须把它们当作一个整体来解释，而不能拆开来分别解释。联绵词一般都有双声或叠韵的关系。由于语音的演变，古代有些双声或叠韵的联绵词，现在已变得不是双声或叠韵了。对这种情况，我们要树立历史的观点，要懂一些古音学知识。下面我们就谈谈如何运用音韵学知识正确解释联绵词的问题。

联绵词一般是用来模拟音容状貌的（名词性的联绵词如“蟋蟀”等除外）。前人拆开来解释的，一般是这类联绵词。下面举几个古人分训联绵词的例子：

犹豫，古代本是双声联绵词（同属“喻”母），迟疑不决的意思。又可写作“犹与”“由豫”等。但《颜氏家训·书证》篇却在“犹”字上做起文章来，先引《尸子》的话：“五尺犬为犹。”又引《说文》的解释：“陇西谓犬子为犹。”然后推测说：“吾以为人将犬行，犬好豫在人前，待人不得，又来迎候。如此返往，至于终日。斯乃豫之所以为未定也，故称犹豫。”看来颜氏本人也觉得这种说法不一定可靠，所以又说：“或以《尔雅》曰：‘犹为麂，善登木。’犹，兽名也。既闻人声，乃豫缘木，如此上下，故称犹豫。”《汉书·高后纪》“计犹豫”颜师古注：“犹，兽名也……此兽性多疑虑，常居山中，忽闻有声，即恐有人且来害之，每豫上树，久之无人，然后敢下，须臾又上。如此非一，故不决者称犹豫焉。”而孔颖达《礼记·曲礼上》“定犹与”疏：“《说文》云：‘犹，兽名，玃属。’与，亦是兽名，象属。此二兽皆进退多疑，人多疑惑者似之，故谓之犹与。”他们都把联绵词拆开来解释，当然难免要穿凿附会了。

辗转，本是双声兼叠韵联绵词（二字同属“端”母“元”部），形容翻来覆去睡卧不安的样子。但郑玄《诗经·周南·关雎》笺却说：“卧而不周曰辗。”朱熹《诗集传》更进而解释为：“辗者转之半，转者辗之周。”

总之，要正确解释联绵词，关键在于明了其双声或叠韵关系，把它当作一个整体加以解释，这样才能避免分训联绵词的错误。

## 三、欣赏古代韵文

在谈这个问题之前，让我们先看看杜牧的两首诗。

《山行》："远上寒山石径斜，白云生处有人家。停车坐爱枫林晚，霜叶红于二月花。"

《过华清宫》："长安回望绣成堆，山顶千门次第开。一骑红尘妃子笑，无人知是荔枝来。"

《山行》的"斜""家""花"、《过华清宫》的"堆""开""来"，都是入韵的字，即韵脚。现在有很多人主张把第一首的"斜"念成 xiá，以便和下面的"家""花"押韵。这样念对不对呢？我们认为不对。如果依照这种主张类推，那么第二首的"堆"又该如何念呢？大概不会有人主张为了和下面的"开""来"押韵而把"堆"念成 duāi（这是有音无字的音节）。其实，它们本是同类的语音现象。

唐诗中还有很多在今天念起来通篇都不押韵的诗。如崔颢的《长干行》之二："家临九江水，来去九江侧。同是长干人，生小不相识。"

如果我们念《诗经》，这类情况碰到的会更多。如《诗经·王风·君子于役》："君子于役，不知其期。曷至哉？鸡栖于埘。日之夕矣，羊牛下来。君子于役，如之何勿思？"入韵的字今天念起来大都不押韵了。

上举诸诗，在当时肯定是押韵的；而今天念起来不全押韵或全不押韵，乃是由于字音发生了变化。

字音会随着时代的不同而发生变化的事实，宋代以前的人是认识不到的。宋代距《诗经》时代将近两千年之久，读音与《诗经》时代大不相同了。但是这种情况，当时的人并不清楚，于是产生了所谓“叶音”(“叶”音 xié，同“协”) 说。意思是说，字的读音，古代与后代都是相同的，《诗经》中后代读来不押韵的字，是由于《诗经》的作者临时改读某音以求和谐的结果。朱熹在《诗集传》中多次使用“叶音”说。如《小雅·常棣》末章“宜尔室家，乐尔妻孥。是究是图，亶其然乎”中的“家”，朱熹注为“叶古胡反”(即音 gū)，以便与下面入韵的字押韵。《周南·桃夭》首章“逃之夭夭，灼灼其华；之子于归，宜其室家”中的“华”下注为“芳无、呼瓜二反”，“家”下注为“古胡、古牙二反”。意思是，如果“华”读“芳无反”时，那么“家”就读“古胡反”；如果“华”读“呼瓜反”时，那么“家”就读“古牙反”(音 jiā)。《召南·行露》“谁谓雀无角？何以穿我屋？谁谓女无家？何以速我狱”的“家”下注为“叶音谷”，同诗三章“谁谓鼠无牙？何以穿我墉？谁谓女无家？何以速我讼”的“家”下注为“叶谷空反”(音 gōng)。我们很难想象，同时代的诗人们对同一个“家”字读音会如此随便。总之，“叶音”说是建立在古今读音不变的基础之上的，因此是缺乏历史观的。

明末著名的古音学家陈第首先起来反对“叶音”说，他在《毛诗古音考》的序言里说：“时有古今，地有南北，字有更革，音有转移，亦势所必至。”在这一点上，陈第要比朱熹高明得多。

遗憾的是，“叶音”说的影响至今尚未肃清。王力先生在《诗经韵读》中指出：“许多研究古典文学的人不懂古音，直到解放以后，还有人采用‘叶音’说。”王先生举了《先秦文学史参考资料》为《楚辞·离骚》“汨余若将不及兮，恐年岁之不吾与。朝搴阰之木兰兮，夕揽洲之宿莽”所加的注：“莽，古音母，此处读如‘米’，与上文‘与’字叶韵。”指出这个注有两个错误：(1)“莽”古音并不读“母”，“莽”“母”古韵不同部(引者按“莽”上古属“阳”部，“母”属“之”部)；(2)读为“米”也并不能与上文“与”字叶韵，“米”“与”古韵也不同部(引者按“米”上古属“脂”部，“与”上古属“鱼”部)。

我们在前文所举的现在有许多人把“斜”读成 xiá，以便与下面的“家”“花”押韵，同样是受了“叶音”说的影响。首先，“斜”在中古时代并不读 xiá；其次，在现代汉语普通话中，“斜”根本没有 xiá 一读。更主要的是，如果这里变读“斜”为 xiá 以便和“家”“花”押韵，那么，类似的情况就无法处理：唐诗中，“家”“花”“麻”之类的字不但可以和“斜”押韵，而且可以和“车”“蛇”“嗟”之类的字押韵(如李白《梦游天姥吟留别》中“车”“麻”“嗟”“霞”押韵，《蜀道难》中“蛇”“麻”“家”“嗟”押韵)。对这些“车”“蛇”“嗟”之类的字，现在是无法变读以便和“家”“花”“麻”之类的字押韵的。其实，在中古时期，“斜”“车”“蛇”“嗟”与“家”“花”“麻”同属“麻”韵，它们在当时本来就是押韵的。

同样，我们在前文所举的“开”“来”与“堆”押韵的情况，也是同样的现象。在唐诗中，“开”“来”之类的字常与“回”“杯”之类的字押韵(如李白《望天门山》押“开”“回”“来”。杜甫《客至》押“来”“开”“醅”“杯”)。前者属“咍”韵，后者属“灰”韵，而在唐代，这两韵的字是可以通押的(《广韵》“灰”韵目下标明“咍同用”)。至于我们在前文所举的“侧”“识”押韵，那是因为它们在中古同属入声“职”韵。在现代汉语普通话中，入声消失了，入声字分别派入到阴平、阳平、上声、去声里了，所以现在读起来不押韵了。

《诗经》时代距今更加久远，语音变化的情况更加厉害，这就是《诗经》中许多本来押韵的诗现在读来却不押韵的根本原因。如前文举的《君子于役》的入韵字“期”“哉”“埘”“来”“思”，上古同属“之”部，本来都是押韵的。而今天读起来，却大都不押韵了。

综上所述，我们认为，对古典诗歌入韵字的读音问题，首先要有历史观点，肃清“叶音”说的影响；同时，还应对不同时代的用韵情况有个大概的了解，因为每个历史时代的诗人们总是按当时的语音系统作诗用韵的。只有这样，才不至随心所欲地变读古典诗歌的入韵字，才能对古典诗歌的押韵情况作出科学的、正确的解释，从而帮助我们更好地欣赏古代诗歌等韵文。

基于如上理由，我们主张，对古典诗歌中的入韵字，都应该按照现代汉语普通话的读音来读，而不应另搞一套。

（原载于廊坊师专《语文教学之友》1984 年第 8 期）

# 文言词语辨正

并云欲自修改，而年已蹉跎，终无所成。(《周处》)

句中的“年已蹉跎”，课本注：“年龄已经太大。蹉跎，这里是过时的意思。”把“蹉跎”解为“过时”，本来已不妥当；把“年已蹉跎”讲成“年龄已经太大”，就更不恰当了。因为这样讲，既和上文有矛盾（上文明言“周处年少时”），意思也不确切。“蹉跎”是“虚度光阴”的意思（见修订本《辞源》，引例正是此句）。“年已蹉跎”应解为“年华已经虚度”。

盖简桃核修狭者为之。(魏学洢《核舟记》)

句中的“简”，课本注为“挑选”，本来是对的；但接着又说“同‘拣’”，把“简”当成“拣”的通假字，殊不妥。

按“简”有选择、挑选义，古代注家早有明训。如《尚书·冏命》：“慎简乃僚，无以巧言令色，便辟侧媚，其惟吉士。”孔传：“当谨慎简选汝僚属侍臣，无得用巧言无实、令色无质、便辟足恭、侧媚谄谀之人。其惟皆吉良正士。”以“简选”释“简”。《左传·襄公二十六年》：“简兵蒐乘。”杜预注：“简，择。蒐，阅。”可见，于“选择”意义的“简”，古人并不看作“拣”的通假字。《谏太宗十思疏》：“简能而任之，择善而从之。”课本注“简”为“选”，亦不认为同“拣”，是。

另外，古书中又有“简选”“简拔”等说法。如《吕氏春秋·简选》：“简选精良。”“简选”乃是同义复合而成。诸葛亮《出师表》：“是以先帝简拔以遗陛下。”课本注“简拔”为“选拔”，并不把“简”当成“拣”的通假字。

所以，课本注者把《核舟记》中的“简”指为“拣”的通假字，是不恰当的。修订本《辞源》列“简”的一个义项为“选择，分别”，《古汉语常用字字典》列“简”的一个义项为“选拔，选择”，都不认为“同‘拣’”。因此课本注当据改。

**昇死，其印为予群从所得，至今保藏。（沈括《活板》）**

句中的“予群从”，课本注：“我的弟侄辈。群，众，诸。从，次于最亲的亲属，例如堂兄弟为从兄弟，侄为从子，伯叔父为从父。单说‘从’，指比自己小的。”这一串注释自相矛盾，看后令人不知所云。把“从”解为“次于最亲的亲属”，以及所举称谓之例，都是正确的。修订本《辞源》正是这样解释“从”的这一意义的：“同一宗族次于至亲者叫从。”既然这样，“予群从”何以是“我的弟侄辈”呢？侄辈可以称“群从”，弟辈则包括堂兄弟，也包括亲兄弟，因此，是不得称“群从”的。注释又说：“单说‘从’，指比自己小的。”是辈分小呢，还是年龄小呢？所指不明。注者之意，似指后者而言（因弟辈与自己辈分同）。但“从”似无此义。倘照课本注释所说，则又有矛盾：弟辈固然比自己年龄小，但侄辈却未必比自己年龄小。

我们认为，“予群从”应解作“我的侄辈”。古代管侄子叫“从子”，故称侄辈为“群从”。

**稻花香里说丰年，听取蛙声一片。（辛弃疾《西江月》）**

词句中的“听取”，课本注：“听。某些单音动词后面加个‘取’字，是为了将单音词变成双音词，如听取、看取、记取等。旧时写诗词常常这样做。”

注释有两个问题：首先，“取”的词性没有讲清楚，“听取”并不等于“听”；其次，“取”字并不限于用在“某些单音动词后面”，其作用也不是“为了将单音词变成双音词”。

其实，这种用法的“取”，张相在《诗词曲语辞汇释》中早有论述。他说：“取，语助辞，犹着也；得也。”并举出大量例子分别加以论证。我们认为，他的看法基本上是正确的。“取”是助词，附在动词后，表示动作正在进行，义与“着”“得”“到”等略同。它既可以用于单音节动词后，如白居易《新丰折臂翁》：“老人言，君听取。”杜牧《登乐游原》：“看取汉家何事业，五陵无树起秋风。”文天祥《过零丁洋》：“人生自古谁无死，留取丹心照汗青。”又可用于双音节动词后，如黄庭坚《蝶恋花》：“仙籍有名天赐与，致君事业安排取。”刘克庄《贺新郎》：“祷祝花神怜惜取，问开时、晴雨须斟酌。”赵长卿《江神子》：“谁与东君收拾取，怕风雨，挫琼瑶。”

扶苏以数谏故，上使外将兵。（《陈涉世家》）

句中的“上”，课本注：“臣下对皇帝的敬称，这里指秦始皇。”说“上”是“臣下对皇帝的敬称”，既无根据，又与陈涉讲此话时的情绪不合。

按“上”由“居上位”引申而指国君、皇帝。“上”的这一意义古书中多见，如：

① 上胡不法先王之法？（《吕氏春秋·察今》）

② 皇上欲大用康先生，而上畏西后，不敢行其志。（梁启超

《谭嗣同》)

例①的“上”，课本注为“国君”；例②加点的“上”，课本注为“皇上”。是。“上使外将兵”之“上”，也是这个意义。修订本《辞源》所列义项正是这样:“在上者，君主。”

又上引文乃是陈胜谋划起义时讲的话。他首先指出:“天下苦秦久矣。”一句话，表现了陈胜对秦王朝统治的强烈不满。接下来才说:“扶苏以数谏故，上使外将兵。”把这里的“上”说成“对皇帝的敬称”，从当时的气氛、讲话人的情绪看，也是说不通的。

荆州北据汉、沔，利尽南海，东连吴会，西通巴、蜀。(《隆中对》)

句中的“利尽南海”，课本注:“意思是一直到南海的物资都能得到。利，物资。尽，动词，全部取得。”必要时，注释采用诠释大意的办法是可以的。问题是，这里把“利”单提出来解为“物资”，就欠妥当了。古书中，“利”似无作“物资”讲的用例。《老子》中的“故有之以为利”，王弼注为“物也”，那只是随文释义，不足为据。

“利”的常用义是“利益”，例如:

①利出于地，则民尽力。(《商君书·算地》)

②舜之耕渔，其贤不肖与为天子同。其未遇时也，以其徒属掘地财，取水利。(《吕氏春秋·慎人》)

③有蒋氏者，专其利三世矣。(柳宗元《捕蛇者说》)

④我以天下之利尽归于己，以天下之害尽归于人，亦无不可。(黄宗羲《原君》)

⑤大王之国，西有巴、蜀、汉中之利。(《战国策·秦策一》)

“利尽南海”之“利”，意义与上举诸例中的“利”相同；全句所表达的意思，与例④例⑤相近。修订本《辞源》即以例⑤作为“利”的“利益”这一义项的例证。据此，“利尽南海”之“利”，也应解为“利益”，而不宜解作“物资”。

（原载于内蒙古师大《语言文学》1985年第3期）

# 高中语文第六册文言文注释商榷

余将董道而不豫兮，固将重昏而终身。(《楚辞·涉江》)

上引诗句中的“董道”，课本注：“正道。董，正。”“正道”当作何解释？其语法结构如何？注释均未讲清楚。这样，极易让人误会“正道”为偏正结构。

上引诗句中的“董”训为“正”，当本于王逸《楚辞》注（王注：“董，正也”）。朱熹《楚辞集注》亦采王说。按王说是。不过，这里的“正”乃是动词。王逸解“余将董道而不豫兮”之意曰：“言己虽见先贤执忠被害，犹正身直行不犹豫而狐疑也。”可见，所谓“董道”，即“正道”；所谓“正道”，即“使其道正”。“正道”是动宾结构。

“董”为动词，作“正”“整”解，故训多见。如《左传·昭公三年》：“君若不弃敝邑，而使董振择之，以备嫔嫱，寡人之望也。”杜预注：“董，正也。”《后汉书·高彪传》：“整我皇纲，董此不虔。”李贤注：“董，正也。”（此文“整”“董”并称，可见它们是同义词）“董”又可用于使动义。《尔雅·释诂》：“董、督，正也。”郭璞注：“皆谓御正。”御正，即使正。又有“董正”的说法，乃是同义词复用，如《后汉书·岑晊传》：“虽在闾里，慨然有董正天下之志。”修订本《辞源》解“董道”为“正其道”，所引例句正是《涉江》文。课本注当据改。

父母宗族，皆为戮没。(《荆轲刺秦王》)

句中的“戮没”，课本注：“杀戮和没收。重要的杀，较轻的没收入官为女婢。”对“没”字的解释很可商榷。

于没收罪犯家属（或财产）入官义，先秦典籍一般用“入”，如《周礼·秋官·司厉》：“其奴，男子入于罪隶，女子入于舂槁。”汉以后用“没入”“没官”。如上例郑玄注引郑司农云：“谓坐为盗贼而为奴者，输于罪隶舂人槁人之官也。……玄谓奴坐而没入县官者男女同名。”《史记·平准书》：“匿不自占，占不悉，戍边一岁，没入缗钱。”《汉书·刑法志》：“乃随其父至长安，上书曰：妾父为吏，齐中皆称其廉平，今坐法当刑。……妾愿没入为官婢，以赎父刑罪，使得自新。”《三国志·魏书·高柔传》：“是时，杀禁地鹿者身死，财产没官。”《北史·陈元康传》：“左卫将军郭琼以罪死，子妇，范阳卢道虞女也，没官。”而未见“戮没”并称指“杀戮和没收”者。课本注者解“戮没”之“没”为“没收”，似无根据。

按“没”由淹没、沉没义引申而有死亡义（这个意义后来写作“殁”）。例如：

① 父在，观其志；父没，观其行。三年无改于父之道，可谓孝矣。(《论语·学而》)

② 昔者孔子没，三年之外，门人治任将归，入揖于子贡，相向而哭，皆失声，然后归。(《孟子·滕文公上》)

③ 献公没，惠公即位。(《韩非子·难二》)

④ 父母有婢子，若庶子庶孙，甚爱之，虽父母没，没身敬之不衰。(《礼记·内则》)

“戮没”之“没”，意义与上举诸例之“没”相同，当训为“死”。所谓“戮没”，即杀戮，杀死。

**上官大夫与之同列，争宠而心害其能。(《屈原列传》)**

课本注“上官大夫与之同列”为：“上官大夫和屈原同在朝列。……列，班列。”把“列”解为“朝列”或“班列”，均不确。古汉语中，“列”有位次、职位义，例如：

① **昔天子班贡，轻重以列。(《左传·昭公十三年》)**

② **孔子曰：“陈力就列，不能者止。”(《汉书·薛宣传》)**

③ **夫狄无列于王室，郑伯南也，王而卑之，是不尊贵也。(《国语·周语中》)**

例①的“列”，杜预注：“位也。”例②的“列”，颜师古注：“次也。”（王力先生主编的《古代汉语》于《论语·季氏》注：“列，位次，职位。”）例③的“列”，韦昭注：“位次也。”皆是。“上官大夫与之同列”中的“列”，意义与上举诸例之“列”相同，因此，也应解为“位次，职位”。所谓“同列”，指位次、官阶相同。

**惠王患之，乃令张仪佯去秦，厚币委质事楚。(《屈原列传》)**

上引文中的“乃令张仪佯去秦，厚币委质事楚”，课本注：“就令张仪假装离开秦国，拿着丰厚的礼物送给楚国作为信物，表示愿意侍奉楚王。……委，呈献。质，信物。”把“质”解为“信物”，不确。

按“质”通“贽”，古代初次相见时所送的礼物。如《孟子·滕文公下》：“传曰：孔子三月无君，则皇皇如也，出疆必载质。”赵岐注：“质，臣所执以见君者也。”杨伯峻先生《孟子译注》注“质”曰：“同‘贽’、‘挚’。古代初相见，一定用一定的礼物来表示诚意，这礼品便叫‘贽’。”所谓“委质”，即初次相见时呈上礼物（“委质”

尚有臣下向君主献身义，此不论）。例如：

① 策名委质，贰乃辟也。（《左传·僖公二十三年》）

② 臣委质于狄之鼓，未委质于晋之鼓也。（《国语·晋语九》）

③ 孔子周游海内，再干世主，如齐至卫，所见八十余君，委质为弟子者三千人，达徒七十人。（《吕氏春秋·遇合》）

“厚币委质事楚”中的“委质”，也是这个意义，即初次会见时呈献的礼物。故课本注当改为：“质，通‘贽’，初次会见时所送的礼物。”

人君无愚、智、贤、不肖，莫不欲求忠以自为，举贤以自佐。（《屈原列传》）

上引文中的“自为”，课本注：“自己做好国君。为，做。”把“自为”解释为“自己做好国君”，不妥。

这里的关键是如何理解“自为”的结构。注者显然把“自为”看成主谓关系了。但这样理解，却与下句不能相对应。“求忠以自为”与“举贤以自佐”，是两个并列的分句，它们的结构关系完全相同。如果把“自为”看成主谓关系，解为“自己做好国君”，那又如何看待“自佐”的结构关系呢？看成主谓关系，解为“自己辅佐自己”，显然是不行的。因此，课本对“自为”的注释是错误的。

我们认为，在“自为”这种结构中，“自”是“为”的前置宾语。“为”是动词，这里有帮助义。所谓“自为”，即帮助自己。下文的“自佐”，即辅佐自己。这样，“自为”与“自佐”就对应起来了。

“自”作前置宾语的例子，古书中习见。如：

① 宁信度，无自信也。（《郑人买履》）

② 忌不自信，而复问其妾曰：“吾孰与徐公美？”（《邹忌讽齐王

纳谏》）

③ 窥镜而自视，又弗如远甚。（《邹忌讽齐王纳谏》）

④ 吾始困时，尝与鲍叔贾，分财利，多自与。（《史记·管晏列传》）

⑤ 子何苦而自辱如是？（李朝威《柳毅传》）

而大小毛角，则无别羊焉。（李朝威《柳毅传》）

句中的“无别”，课本注：“无别于……。”注解平添一个介词“于”，不妥。

按“无别羊焉”是表示比较的句子，引进比较对象的介词“于”被省略了。补出来，就是：“无别于羊焉。”译成现代汉语，即“与（一般的）羊没有区别”。表比较的介词“于”，一般译为“比”（《马氏文通》：“用于比较，则以表相差之义”）。如果是无差别的比较，则译为“与”“和”“同”等。如《孟子·梁惠王上》：“是何异于刺人而杀之，曰：‘非我也，兵也。’”《孟子·告子上》：“异于白马之白也，无以异于白人之白也。”《隆中对》：“每自比于管仲、乐毅，时人莫之许也。”而这类句子中的介词“于”，又可省略。例如：

① 群臣之情不效，则人主无以异（ ）其臣矣。（《韩非子·二柄》）

② 且其人以尧之势以治天下也，其势何以异（ ）桀之势也。（《韩非子·难势》）

所以，“无别羊焉”句中省略了介词“于”，课本注“无别”为“无别于”，增字为释，不妥。

幸为少尽缱绻。（李朝威《柳毅传》）

课本注此句为：“希望让我稍尽点情意。”如此解释，则“为”字无着落。

按此句中的“为”是介词，“为”的宾语省略了，观文意，省略了的宾语当是代词“之”，代传书之事。所以，“幸为少尽缱绻”，即“幸为之少尽缱绻”。意思是，希望为此（指传书事）让我稍微尽点情意。

古汉语中，介词“为”的宾语如果是代词“之”，那么这个“之”经常可以省略。例如：

①虽然，每至于族，吾见其难为，怵然为（　）戒，视为（　）止，行为（　）迟。（《庖丁解牛》）

②女居其中，为（　）具牛酒饭食。（《西门豹治邺》）

③此人一一为（　）具言所闻。（陶潜《桃花源记》）

④愿为（　）市鞍马，从此替爷征。（《木兰诗》）

秋冬之隙，致民田猎以讲武。（苏轼《教战守策》）

上引文中的“致民田猎以讲武”，课本注：“召集人民打猎，借此教练武事。田猎，有组织的大规模的打猎。”所谓“有组织的大规模的打猎”云云，只是注者随意进行的解释，其实并无根据。

按“田”与“猎”是同义词，打猎之义。此义古书中多见。如《左传·宣公二年》：“初，宣子田于首山。”《左传·僖公二十四年》：“其后余从狄君以田渭滨。”上二例，杜预并注曰：“田，猎也。”《诗经·郑风·叔于田》：“叔于田，巷无居人。”毛传：“田，取禽也。”孔颖达疏：“田者猎之别名，以取禽于田，因名曰田。”《尚书·无逸》：“文王不敢盘于游田，以庶邦惟正之供。”孔颖达疏：“……谓畋猎。”（按“田”之打猎义后来写作“畋”。）

所以，“田猎”当是同义词连用，打猎之义。古书中，“田猎”常连用。例如：

①是月也，天子乃教于田猎，以习五戎獀马。（《吕氏春

秋·季秋》)

② 田猎戎事失其策。(《礼记·仲尼燕居》)

又，依课本注释体例，此处当注明:“田，同‘畋’。”

此七月望日事也，汝在九原，当分明记之。(袁枚《祭妹文》)

上引文中的“九原”，课本注:“墓地，这里指地下。”这样注释，应该说是对的；但“九原”为何解为“墓地”，却没有说清楚。

按“九原”本是春秋时晋国卿大夫的墓地。《礼记·檀弓下》:“文子曰:‘武也，得歌于斯，哭于斯，聚国族于斯。是全要领以从先大夫于九京也。’北面再拜稽首。”郑玄注:“晋卿大夫之墓地在九原，‘京’盖字之误，当为‘原’。”郑注是。下文云:“赵文子与叔誉观乎九原。”可证“九京”当作“九原”。后来用“九原”代指墓地。如李山甫《寒食》:“万井楼台疑绣画，九原珠翠似烟霞。”前引文中的“九原”，也是泛指墓地的。

(原载于锦州师院《语文学习与研究》1985年第3期)

# 《聊斋志异》（铸雪斋抄本铅印本）标点琐议

《聊斋志异》（铸雪斋抄本）是现存最早最完整的《聊斋志异》抄本，其面目最接近于作者手稿本（惜乎仅存半部），因此，它对研究《聊斋志异》有着重要的价值。《聊斋志异》（铸雪斋抄本）曾有影印本出版（1974年，上海人民出版社，以下简称“影印本”）。影印本为点读本，一般人难于阅读。1979年，上海古籍出版社据影印本铅印出版（以下简称“铅印本”），加上了新式标点（河北人民出版社、天津古籍出版社等先后重印），这对《聊斋志异》的普及，无疑是有意义的。不过，铅印本的标点，可商榷处，所在多有。兹举数例，分类加以讨论。

## 一、当断而未断

①（齐野王）脉之，惊曰：“君有鬼脉，病在少阴，不自慎者殆矣！”（三，黄九郎，133。前为卷次，中为篇名，后为页数。下同。）

“不自慎者殆矣”是假设句，“者”后应点断。“会校会注会评本”《聊斋志异》（上海古籍出版社，1978年新1版，以下简称“三会本”）亦作一读，不妥。按句中“者”字，助词，用于假设句的前一分句后，表假设语气，兼有提顿作用。类似用法的例子如《论语·公冶长》:“子谓子贱，‘君子哉若人，鲁无君子者，斯焉取斯?’”《史记·赵世家》:“伍奢有二子，不杀者，为楚国患。”假设的条件分句与结果分句之间，应加逗号。

② **公乃誓以皦日。女不复拒。事已，九郎至。女色然怒让之。（三，黄九郎，134。）**

以“女色然怒让之”为一读，误。“三会本”亦误。按“怒”后应加逗号。“色然怒”，怒形于色之意，作“女”的谓语。“让（责备）之”的主语“女”承上省。如“铅印本”标点，则“色然怒”成了“让”的状语，这显然是错误的。梁启超《傀儡说》:“夫目人以傀儡，未有不色然怒者。”可证“色然怒”应为一读。

③ **女欲乳药死。夜梦父来，疾首曰:“我不从汝志，致汝至此，悔之已晚。但缓须臾勿死，夙愿尚可复酬。”（四，青梅，192。）**

以“但缓须臾勿死”为一读，不妥。“三会本”亦误。按“须臾”后逗开为宜。“勿死”既是补充说明“但缓须臾”的，又是“夙愿尚可复酬”的条件，应单独为读。

④ **生默默不较短长，研读甚苦。众从旁厌讥之，程读弗辍；群又以鸣钲锽聒其侧，程携卷去读于闺中。（七，胡四娘，412。）**

以“程携卷去读于闺中”为一读，误。按应于“去”后点断。“去”不是往，而是离开，此指离开众人。把“去读”连读，显然是误认“去”为“往”义了。“三会本”于“去”后逗开，是。

⑤ **仆谋伺其来，操兵入共击之。（七，阿绣，426。）**

按“伺其来”“操兵入”“共击之”皆谋划内容，先后相承，句式整齐，故应于“操兵入”后逗断。此处逗断，形式的考虑是重要因素。青柯亭刻本无“共”字，不逗开亦可。

⑥ 里中起第数十处，皆僧无人；即有亦贫无业，携妻子，僦屋佃田者也。（七，金和尚，433。）

“皆僧无人”“即有亦贫无业”都不成话。按二者皆复句，“僧”“有”后俱应逗开。“三会本”“有”后断而“僧”后不断，亦不妥。《聊斋志异选》（人民文学出版社）不误，当从。

⑦ 怙游闲惮于作苦。（七，细柳，439。）

“游闲”（悠游闲适）与“作苦”（辛苦劳作），意思正相反，中间应加逗号。“三会本”亦连读。

⑧ 邻村有货婢者，仲往相之，略不称意，被友人留酌醉归。（十，湘裙，572。）

“被友人留酌醉归”实为两句：“（仲）被友人留酌。”“（仲）醉归。”前者为被动句，后者为陈述句，中间应点断。“三会本”作：“被友人留酌，醺醉而归。”文字虽略有出入，但于“酌”后点断，是应该的。

⑨ 乃令甘氏隔壁唤葳灵仙。俄至，见仲欲遁。伯揪返骂曰……（十，湘裙，575。）

“伯揪返”实际上是“伯揪之返”之省，兼语“之”省略。“返”乃葳灵仙返，非伯返，“返”后应逗开。如是，可避免把“返”与“骂”误看成连动式。青柯亭刻本作“伯揪发骂曰”，“揪发”是动宾关系，“返”后不断亦可。“三会本”亦连读。“影印本”于“返”后加点，是，当改从。

⑩ 异史氏曰：“剖腹沉石，惨冤已甚，而木雕之有司，绝不少关痛痒岂特粤东之暗无天日哉！”（十二，老龙船户，705。）

“绝不少关痛痒”与“岂特粤东之暗无天日哉”如何能连读？前者主语是上文的“有司”，后者乃反诘句，自独立成句，两者之间应点断。“三会本”亦误。“影印本”不误，当从。

## 二、不当断而断

① 一日，日方西，女果出。忽见刘，即返身走，以手指其后；又复掌及额，而入。（七，阿绣，426。）

“又复掌及额，而入”，“而”顺连，宜与上连读；且“而”后只有一字，从节奏上考虑，连读亦较和谐。“影印本”于“而入”前不点断，当从。“三会本”作“又复掌及额，乃入”，“乃”为副词，逗断是应该的。

② 济南业酒人某翁，遣子小二，往齐河索贯价。（十，王货郎，563。）

“遣子小二往齐河索贯价”为兼语式句子，小二为兼语，既充当“遣”的宾语，同时又可看成“往齐河索贯价”的主语，因此中间不应点断。“三会本”作“遣子小二如齐河索贯价”（如：往也），中间不点断，是。

③ 恂九曰：“此不过妹子幼时，卜紫姑之小技耳。”（十，素秋，585。）

“不过……耳”是彼此呼应表限止的句子，“不过……罢了”之意，前后语气是贯通的，中间不宜断开。“三会本”亦断开。“影印本”中间不断，当从。

## 三、当属下而属上

① 任颇慧，记算无讹；又诚悫，凡出入一锱铢，必告。（七，二商，386。）

“凡”，凡是，表总括之副词。“出”和“入”两种情况可用

"凡"总括，而"锱铢"却不能用"凡"总括；又此处强调的是"一锱铢"，而不是"出入"。因此，"一锱铢"应属下读。"影印本"以一读处理，亦不妥。"三会本"断作："凡出入，一锱铢必告。"是。

**② 会里中人复治旧井，入洞见戴，抚之未死。大骇，报诸其家。舁归经日，始能言其底里。（十，龙飞相公，610。）**

"舁归"的主语是"里中人"，承前省；"经日始能言其底里"的主语是戴（生）。因此，"经日"不应属上而应属下。"三会本"作一读处理，亦不妥。"影印本"正点作"舁归，经日始能言其底里"。当从。或于"经日"后再加逗号，亦可。

**③ 先生疑身已死。青衣曰："何得便尔！先生食御一切，置自俗间，非冥中物也。"（十二，元少先生，708。）**

"食"，吃的；"御"，用的。"食御"即含"一切"之意，其后无须再加"一切"。如"铅印本"标点，除"食御"外似有别物，其实不然；且"食御一切"也不成话。因此，"一切"当属下读，总括"食御"之词。全句意为：凡食御，莫不置自俗间。"三会本"亦误。"影印本"以"一切"属下读，当从。查《聊斋志异》，凡言"一切"者，大抵连下为读。如《小二》："尝开琉璃厂，每进工人而指点之，一切棋灯，其奇式幻采，诸肆莫能及。"《促织》："举天下所贡蝴蝶、螳螂、油利挞、青丝额……一切异状，遍试之，无出其右者。"《金生色》："于是前状并发，牵木翁夫妇尽出，一切廉得其情。"《鬼妻》："聂喜，携就床寝，一切无异于常。"《神女》："次夕，果送女郎至，一切无异常人。"《山市》："孙公子禹年，与同人饮楼上，忽见山头有孤塔耸起，高插青冥。……无何，见宫殿数十所，碧瓦飞甍，始悟为山市。……忽大风起，尘气莽莽然，城市依稀而已。既而风定天清，一切乌有。"

## 四、其他

① 王以此益重宋。邀入寓室，款言移晷，尽出所作质宋。宋流览绝疾，逾刻已尽百首，曰：“君亦沉深于此道者？然命笔时，无求必得之念，而尚有冀幸得之心，即此已落下乘。”（八，司文郎，467。）

通观上下文，宋姓人所言“君亦沉深于此道者”，当为判断句。这段话，首先肯定王（平子）沉深于作诗为文之道，接下去以“然”字一转，指出弊病所在。如“铅印本”于“沉深于此道者”后用问号，则变为反问句，强调的是王（平子）并非沉深于作诗为文之道，这样，“然”字转得就无道理，且前后文意扞格，恐非说者本意。“三会本”于“者”后用分号，可从。

② 有窃盗，已刺字讫，例应逐释。令嫌“窃”字减笔从俗，非官板正字，使刮去之；候创平，依字汇中点画形象另刺之。（十二，姬生，724。）

按《字汇》本字典名称，明代梅膺祚编，应加书名号。“三会本”亦误。

③ 异史氏曰：“沿途祟人而往，以求不作邪祟之用，此与策马应‘不求闻达之科’者何殊哉！”（十二，韩方，725。）

“此与策马应‘不求闻达之科’者何殊哉”句，其中引号下沿。引号内当是“不求闻达”，“不求闻达”为科举名目。吕湛恩注引唐赵璘《因话录》：“唐有德音，搜访不求闻达者。有人于昭应逢一书生，奔驰入京。问：‘何事？’曰：‘将应不求闻达之科。’”《韩方》中的“策马应不求闻达之科”即本此。按唐代除以进士、明经二科为主取士外，尚有所谓制举，由皇帝特诏考试，以选拔特殊人才。

制选科目繁多，如贤良方正能直言极谏、才识兼茂明于体用、文辞秀逸、风雅古调等科，“不求闻达”，当即其中一科。科目名称即如上述，其后并不缀“之科”二字的。如韩愈《柳子厚墓志铭》：“其后以博学宏词授集贤殿正字。”这里的“博学宏词”（亦作“博学宏辞”“博学鸿词”等），即指取士科目。因此，“铅印本”将“之科”二字一并列在引号内，是不恰当的。即从文法分析，这样引也不妥当。“应……之科”呼应始能成句，中间的“不求闻达”乃是“科”的定语。所谓“应‘不求闻达之科’”，不成话。“三会本”亦误。

（原载于《廊坊师专学报》1988 年第 1 期）

# 词语札记——关于高中语文文言文注释的商榷（上）

*方欲发使送武等，会缑王与长水虞常等谋反匈奴中。*(《苏武》)

上引句子中的“方欲发使送武等”，课本注释说：“汉正要打发派送苏武等及前留的匈奴使等。发，使，送，都是动词，宾语包括苏武等及匈奴使等。”注释有几处明显的错误。

首先，需要搞清“方欲发使送武等”的主语。注者认为其主语是“汉”。这样理解，与上文大相乖互。上文明言：“武与副中郎将张胜及假吏常惠等募士斥候百余人俱。既至匈奴，置币遗单于。单于益骄，非汉所望也。”既然苏武等已经到了匈奴，而且送给了单于礼物，而且连单于越发倨傲的态度都做了交代，这里怎么会是汉“方欲发使送武等”呢？注者如此理解，或许是受了下文“会武等至匈奴”的影响。其实，下文乃是叙述（包括插叙）苏武等滞留匈奴期间正赶上“缑王与长水虞常等谋反匈奴中”，以及虞常与副中郎将张胜的瓜葛等，这与上文讲的苏武等“既至匈奴”并无矛盾。所以，“方欲发使送武等”的主语应是“匈奴”或“单于”。

其次，由于理解的错误，注者对一些词语就强为之解。如把“发，使，送”说成“都是动词”，把“武等”解释成“苏武等及匈奴使等”，把“方欲发使送武等”译成“汉正要打发派送苏武等及前留的匈奴使等”，既不确切，又欠通顺。按这里的“发”是动词，义为派遣；“使”是名词，指使臣、使节；“送”是动词，与今义同。“武等”作“送”的宾语，只包括苏武、张胜、虞常等。全句可译为：“单于正要派遣使节送苏武等（回汉朝），正赶上缑王和长水虞常等在匈奴谋反。”《两汉文学史参考资料》译“方欲发使送武等”为“正要打发使臣护送苏武等回国”，是。课本注当改从。

武益愈，单于使使晓武，会论虞常，欲因此时降武。（《苏武》）

句中的“益愈”，课本注为“渐渐痊愈”，本来是正确的；但接着又解释说：“益，加。”这就不妥当了。试问：“加”当作何解释呢？文言中，“益”可训为“加”，不过那是动词，增加义；而上引“武益愈”中的“益”，分明是副词。倘把“加”理解为更加义，则又与文意不谐。所以，解“益”为“加”是不恰当的。

按“益”作副词，可训为渐、渐渐。例如：

①使民富不足以骄，贫不至于约，贵不慊于上，故乱益亡。（《礼记・坊记》）

②而（李）广身自以大黄射其裨将，杀数人，胡虏益解。（《史记・李将军列传》）

例①的“益”，孔颖达疏：“渐也。”王先谦《汉书补注》曰：“凡言‘益’者，皆以渐而加之词。《李广传》‘胡虏益解’，言胡虏渐解也。《苏武传》‘武益愈’，言武渐愈也。”可见，“武益愈”之“益”是副词，意思是渐渐、逐渐。

武骂律曰：“女为人臣子，不顾恩义，畔主背亲，为降虏于蛮夷，何以女为见？”（《苏武》）

上引文中的“何以女为见”，课本注释说：“即‘何用见汝为’，要见你干什么？为，语气助词。”注者根据颜师古注“言何用见女为也”即变更句式（颜注只是释其意，不是说句式可以如此变换），并把“为”当成语气词，似可商讨。这里的关键是如何理解“为”的词性和用法。

按“为”只有用在疑问句句末（有时用在表禁止的句子末尾，这里不讨论）时才可视为语气词。这样的例子古书中多见，如：

① 如今人方为刀俎，我为鱼肉，何辞为？（《鸿门宴》）

② 何故怀瑾握瑜，而自令见放为？（《屈原列传》）

③ 是社稷之臣也，何以伐为？（《论语·季氏》）

④ 吾有车而使人不敢借，何以车为？（《世说新语·德行》）

有时“为”后加其他语气词，形成语气词连用的情况。如：

⑤ 子何以其志为哉？（《孟子·滕文公下》）

⑥ 今我何以子千金剑为乎？（《吕氏春秋·异宝》）

⑦ 秦将白起不仁，奚用为也？（《法言·渊骞》）

以上都是疑问句，“为”（或与其他语气词连用）处于句末，其前必有疑问代词（如“何”“奚”等），这时“为”才虚化成语气词。而“何以女为见”中的“为”显然不是这样，因此不能看成语气词，注者变更词序后的句子不足为据。

我们认为，“何以女为见”中的“为”是动词，它与前面的介词“以”构成“以……为……”的格式，表示“把……当成……”的意思。后面的“见”活用作名词，指见的对象。全句可直译为：“为什么要把你当成见的对象？”意译则是：“为什么要见你？”与之类似的例子如《左传·成公二年》：“寡君之以为戮，死且不朽。”其中的“以为戮”，即“以之为戮”，“戮，用如名词，指杀的对象。”（见王力先生主编《古代汉语》所选《楚归晋知罃》注）

假舟楫者，非能水也，而绝江河。(《劝学》)

句中的“绝”，课本注：“极，穷。”

这里的所谓“极，穷”，乃是文言词，穷尽之义。试把这解释放在句子中，就会发现文意难通。“穷尽江河”到底是什么意思呢？是逆流而上至其源头，还是顺流而下达其终点？看原文意思，显然都不是。所以，课本的注释是不确切的。

按“绝”有横渡、渡过义。此义古书中习见，例如：

① 丈人度之，绝江。(《吕氏春秋·异宝》)

② 鸿鹄高飞，一举千里，羽翼以就，横绝四海。(《汉书·张良传》)

③ 乘舟楫者，不能游而绝江海。(《淮南子·主术》)

④ 乘舟之安，持楫之利，则可以水绝江河之难。(《韩非子·奸劫弑臣》)

例①，高诱注：“绝，过也。”例②，颜师古注：“绝谓飞而直度也。”例③，高诱注：“绝犹过也。”均可为证。例③例④句意亦与前引《劝学》篇相同，故“绝”之义也应相同。杨倞为《劝学》篇作注曰：“绝，过也。”课本的注释当据改。

积土成山，风雨兴焉。(《劝学》)

句中的“兴焉”，课本注：“兴，起。焉，还有下面‘生焉’‘备焉’的焉，都是助词。”这里的所谓助词，即一般所说的语气词。把“焉”视为语气词，值得讨论。

用于陈述句句末的“焉”，有两种情况：一是作兼词（兼有介词“于”和代词“是”或“之”的作用），一是作语气词。如何把二者区别开来？主要是结合上下文，从句意与句子结构上加以考虑。

语气词“焉”仅仅表示陈述语气或强调语气，与句意或句子结构无关，就是说，即使没有“焉”，整个句子的意思也是明确的，结构也是完整的。如：“于是余有叹焉。”（王安石《游褒禅山记》）“自此，冀之南，汉之阴，无陇断焉。”（《愚公移山》）“一出门，裘马过世家焉。”（《促织》）

兼词“焉”用于句末，实际上兼有介词“于”和代词“是”或“之”的作用。这个隐含的代词可以代人，也可以代事物、处所。如果没有这个兼词，或把它当成语气词，则会出现句意或句子结构的欠缺。例如：

① 长沮、桀溺耦而耕，孔子过之，使子路问津焉。（《论语·微子》）

② 昔者吾舅死于虎，吾夫又死焉，今吾子又死焉。（《礼记·檀弓下》）

③ 微波入焉，涵淡澎湃而为此也。（苏轼《石钟山记》）

④ 夫人有恩而背之，不祥莫大焉。（马中锡《中山狼传》）

“积土成山，风雨兴焉”里的“焉”，与上举诸例的“焉”相同。它是兼词，兼有介词“于”和代词“是”的作用，代词“是”代处所。“兴焉”即“兴于是”，意思是“从这里兴起”。倘把“焉”看成语气词，虽然句子结构也完整，但整句话的意思却显得含混不清了，因为这样理解没有表示出“风雨兴焉”与“积土成山”的关系，风雨兴起于何处也没有显示出来。因此，这里的“焉”还是以看成兼词为宜。下文“生焉”“备焉”之“焉”亦应作如是解。

孟子论“求放心”，而并称曰“学问之道”，学即继以问也。（刘开《问说》）

课本注者在引了《孟子·告子上》的“学问之道无他，求其放心而已矣”之后，解释说：“求其放心，找回自己放纵散漫的心。”

如此解释，与孟子原意大相径庭。

孟子是“性善论”者。他说：“人性之善也，犹水之就下也。人无有不善，水无有不下。”（《孟子·告子上》，下面引文同出于此）他认为，“仁义礼智，非由外铄我也，我固有之也”。那么，为什么“人可使为不善”呢？他认为，是由外部情势使然，是由失其善心所致。他认为，这种善心，“求则得之，舍则失之”。因此，他提出要“求其放心”，以便使人们保持其善心。这里的所谓“心”实际指善心；所谓“放”，是丧失、失落的意思。“求其放心”，意为寻求失落的善心，即把丧失的善良之心找回来。他说：“其所以放其良心者，亦犹斧斤之于木也，旦旦而伐之，可以为美乎？”可见“心”是指“良心”即善心。在课本注者所引的“学问之道无他，求其放心而已矣”一句话上面，还有几句话，现补出：“仁，人心也；义，人路也。舍其路而弗由，放其心而不知求，哀哉！人有鸡犬放，则知求之；有放心，而不知求。”结合全章看，“放”的丧失、失落之义甚明。倘照课本注者那样把“放”释为“放纵散漫”，全章的意思既难以讲通，又与孟子的主张不符。因此，课本的注释是错误的。

“放”当丧失、失落讲，单是《孟子》中即有六例；其他古书中亦不乏其例。如：

① 三季之后，厥事放纷。（《汉书·叙传下》）

② 今天下之人得无有至德之人放在民间？……其各举所知，勿有所遗。（曹操《举贤勿拘品行令》）

例①，颜师古注：“放，失也。”《辞海》《辞源》“放”下不列此义项，当属脱漏。《辞海》于“放心”条下释其意云：“孟子谓放失了的‘善心’。”甚是。《汉语大字典》于“放”下列“散失，散落”义项，是。惜乎引《汉书·叙传下》及曹操文作例证，而不引

《孟子》，时间上晚了几百年。

**用叶者取叶初长足时，用芽者自从本说，用花者取花初敷时，用实者成实时采。**（沈括《采草药》）

句中的“自从本说”，课本解释说：“意思是说，自然应当遵从《本草经》的说法。（唐抄本《本草集注》的经文和注文都未说明采芽的时间，可能是同用叶那样，取它初长足时。）”

注者如此解释，其实是自相矛盾的。既然《本草集注》的经文和注文都未说明采芽的时间，又如何去遵从呢？这里的关键是注者对“本”的理解有误。注者把“本”当成了《本草经》的简称，这个说法恐难成立。按《本草经》本名《神农本草经》（该书早已亡佚，清孙星衍有辑本），因书中所记药物以草类为多，故又简称《本草》，而未见有简称为“本”的。又《采草药》通篇都是介绍采集根、叶、芽、花、实入药的时间，无一处提及《本草经》，注者却将《本草经》搬出来且让采芽时遵从（实际无法遵从），显然是难以说通的。

其实，“用芽者自从本说”是紧承上句的“用叶者取叶初长足时”而言的。“本”者，此也，指代上句所说的情况。倘换一种说法，即“用芽者取叶初长足时”。不过，这样一来，文字则与上句显得重复。作者大概是为了避免文字的重复，才采用了这种说法吧。

**齐人有冯谖者，贫乏不能自存，使人属孟尝君，愿寄食门下。**（《冯谖客孟尝君》）

句中的“属”，课本注音为 zhǔ，是对的；但释其义作“联系”，却不恰当。

按“属 zhǔ”的本义是连接，接续（《说文》：“属，连也。”《广雅·释诂》：“属，续也”），引申则有连缀（文字）、撰写义。如《张衡传》:“衡少善属文。”(课本注:“属,连缀。”)《屈原列传》:“怀王使屈原造为宪令,屈平属草稿未定,上官大夫见而欲夺之。”(课本解“属”为“写作”。)在“属”的诸多引申义中,未见有作“联系”解的;而一些权威性的字典辞书中,亦不列此义项。可见,课本注者解“属”为“联系”是缺乏依据的。

“属”有嘱托、托付义(这个意义后来写作“嘱”)。例如:

① 宋穆公疾,召大司马孔父而属殇公焉。(《左传·隐公三年》)

② 昔桓公之霸也,内事属鲍叔,外事属管仲。(《韩非子·外储说右下》)

③ 而汉王之将独韩信可属大事,当一面。(《汉书·张良传》)

④ 乃重修岳阳楼,增其旧制,刻唐贤今人诗赋于其上。属予作文以记之。(范仲淹《岳阳楼记》)

例①的“属”,杨伯峻曰:“今嘱托之嘱字,音烛,古书皆作属,嘱是后起字。”(见《春秋左传注》)例③的“属”,颜师古注:“委也。”(“委”即托付)例④的“属”,课本注:“同‘嘱’。”这些解释都是恰当的。

“使人属孟尝君”中的“属”,意义与上举诸例的“属”完全相同,因此应该作同样解释。从句意看,这里不是冯谖亲自嘱托,而是让别人代为嘱托。课本注者所以舍常训而另立新解,大概是出于这种考虑。其实,亲自嘱托与让人代为嘱托,对“属”的词义并无影响。

孟尝君曰:“为之驾,比门下之车客。”(《冯谖客孟尝君》)

句中的“驾”,课本注为:“套车,坐车。”显然,注者是把“驾”当成动词了。这样,“为之驾”即成为“状语+中心词”的关系,意思是“给(替)他套车”。

诚然，“驾”作动词，当“套车”讲，是其本义（《说文》：“驾，马在轭中”）。不过，把这里的“驾”当成动词，把“为之驾”解作“给他套车”，与文意不相符。当孟尝君得知冯谖歌“长铗归来乎，出无车”之后，对身边的人说：“为之驾，比门下之车客。”这里并非让人给冯谖套车，而是说，比照门下那些可以乘车的门客，替冯谖准备车辆。所以，这里的“驾”宜看成名词，义为车、车辆。如此，则“为之驾”为双宾语结构。“为”是动词，其基本意义是“做”，这里可以灵活解释为“准备”“安排”等。“驾”是“为”的直接宾语，“之”是“为”的间接宾语。当然，依照语言习惯，这种双宾语结构译成现代汉语时，只能译成介宾结构（替他）+ 动宾结构（准备车辆）。不过，不能据此把“为”看成介词。

“驾”作名词，当“车、车辆”讲，古书中多见。例如：

① 今王良、造父共车，人操一边辔而出门闾，驾必败而道不至也。（《韩非子·外储说右下》）

② 授车就驾，而观其末涂，则臧获不疑驽良。（《韩非子·显学》）

③ 今之县令，一日身死，子孙累世絜驾。（《韩非子·五蠹》）

④ 官属宾客相随，驾乘千余两，马牛羊被野。（《后汉书·窦融传》）

《辞源》《辞海》列“驾”的名词义项为“总称帝王车乘”“古时帝王车乘的总称”，而不列“车乘”的义项，亦不加以说明，当属疏漏。上举诸例的“驾”都不是帝王的车乘。

“为”作动词，带有双宾语的例子，古书中亦多见。如：

① 不如早为之所，无使滋蔓，蔓难图也。（《左传·隐公元年》）

② 使尽之，而为之箪食与肉，置诸橐以与之。（《左传·宣公二年》）

③ 有司业、博士为之师，未有问而不告、求而不得者也。（宋濂《送东阳马生序》）

左右曰："乃歌夫'长铗归来'者也。"（《冯谖客孟尝君》）

句中的"夫"，课本注："句中助词，没有意义。"此说值得商榷。

作为虚词的"夫"，其基本意义和功能有两类：一是作代词（把代词看成虚词，是传统的分类），指代人或事物，可依文意释为"那、那些、那种"或"这"。一是作语气词，多用于句首（课本称为助词）和句末。至于用在句中的"夫"，课本是这样解释的："'夫'用在句中的动词之后，起辅助动词以舒缓语气的作用，可不译。"（见高中语文第三册"常见文言虚词用法"）并举了如下两个例句：

① 乃歌夫"长铗归来"者也。

② 君子疾夫舍曰"欲之"而必为之辞。

为了便于分析比较，让我们再举几个类似的例子：

③ 是叶公非好龙也，好夫似龙而非龙者也。（《叶公好龙》）

④ 故为之说，以俟夫观人风者得焉。（柳宗元《捕蛇者说》）

⑤ 予观夫巴陵胜状，在洞庭一湖。（范仲淹《岳阳楼记》）

⑥ 余于仆碑，又以悲夫古书之不存，后世之谬其传而莫能名者，何可胜道也哉！（王安石《游褒禅山记》）

纵观以上例句，这些"夫"的确是"用在句中的动词之后"，但同时又是用在宾语之前，而且这些宾语都是比较复杂的结构。其实，例中的"夫"正是指示这些比较复杂的宾语结构的，只是与"彼""此"相比，其指示性略轻些罢了。不过，这并不能影响到它作为指示代词的性质。

在对具体句子解释时，课本注者并不能回避这类“夫”的指示代词性质。如对例②，课本释为：“有品德的人厌恶那种不说自己愿意去作而编个诳言来搪塞的态度。”（着重号为笔者所加，下同）对例④的“以俟夫观人风者得焉”，课本释为：“以期待那些（朝廷派遣的）考察民情的人得到它。”

所以，这种用法的“夫”，还是以看成指示代词为宜。

今君有区区之薛，不拊爱子其民，因而贾利之。（《冯谖客孟尝君》）

句中的“贾利”，课本解作“做买卖取利”，把“贾”当成动词，把“贾利”看作并列关系。这样解释，文意总觉扞格。因为据文意，其后的“之”只能看成“利”的宾语，而不能作“贾”的宾语。

按“贾”除了作动词外，还可作名词，指商贾。如《韩非子·说林下》：“宋之富贾有监止子者，与人争买百金之璞玉。”上引“贾利”之“贾”，也应看作名词，商贾之义，在句中作动词“利”的状语，起一种修饰作用，“贾利之”，意思是“像商贾一样谋取民利”。名词作状语，表示比喻的例子，文言中习见，如：

①有席卷天下、包举宇内、囊括四海之意，并吞八荒之心。（贾谊《过秦论》）

②少时，一狼径去，其一犬坐于前。（《聊斋志异·狼》）

③操刀挟盾，猱进鸷击。（徐珂《冯婉贞》）

臣窃矫君命，以责赐诸民，因烧其券，民称万岁，乃臣所以为君市义也。（《冯谖客孟尝君》）

上引文中的“所以”，课本注作“用来”，误。因为照这样解释，“所”字就没有了着落。

这里的“所以”是两个词（这同现代汉语里的“所以”不一样。

现代汉语里，“所以”是一个复合连词)。“所”是特殊的代词(有的称为助词)，不单独使用，必须与其后的动词(或动词性结构)结合在一起，形成“所”字结构(该结构具有名词性)，然后才能充当句子的成分。“以”是介词。当代词“所”用在介词“以”之前形成“所以”的格式时，它所表示的意义由“以”的用法而定：“以”介出原因，当“因为”讲时，“所以”即表示“……的原因”。如诸葛亮《出师表》：“亲贤臣，远小人，此先汉所以兴隆也；亲小人，远贤臣，此后汉所以倾颓也。”而“以”介出动作行为的方式方法，当“用”讲时，“所以”则表示“……的方法”。如上引“乃臣所以为君市义也”即是。为了便于说明问题，再举一些与后者类似的例子：

①吾知所以距子矣，吾不言。(《公输》)

②夫金鼓旌旗者，所以一人之耳目也。(《孙子·军争》)

③故君子居必择乡，游必就士，所以防邪僻而近中正也。(《劝学》)

④以是言之，夫仁义辩智非所以持国也。(《韩非子·五蠹》)

上举诸例的“所以”，都可以解释为“用来……的方法”。例④的“非所以持国”，课本解释道：“不是可以用来操持国家，管理国家。”句子不通且不说，对“所以”的解释，犯了同样的错误。

(原载于《廊坊师专学报》1989年第4期)

# 词语札记——关于高中语文文言文注释的商榷（下）

百越之君，俛（按此字已作为“俯”的异体字取消）首系颈，委命下吏。（贾谊《过秦论》）

句中的“委命下吏”，课本注：“（百越之君）把自己的生命交给狱吏。下吏，狱吏。”解“下吏”为“狱吏”，欠妥。

按“吏”本为古代百官之通称，汉代以后始指职位低微之官员。古书中的“下吏”，从结构上看，有两种情况：一种是偏正结构，“下”指地位低，作“吏”的定语，“下吏”指低级官吏，属吏；一种是述宾结构，“下”是动词，意为“交付”（例如《汉书·武帝纪》：“将军已下廷尉，使理正之，而又加法于士卒，二者并行，非仁圣之心。”颜师古注：“下谓以身付廷尉也”），“吏”指司法之官，“下吏”指交付司法官吏审讯。后一种情况的例子如《史记·韩非列传》：“秦王以为然，下吏治非。”《史记·李将军列传》：“而右将军独下吏，当死，赎为庶人。”《汉书·朱建传》：“久之，人或毁辟阳侯，惠帝大怒，下吏，欲诛之。”试比较一下，“委命下吏”的“下吏”，与上举诸例的“下吏”意义显然不同，因此不能等同看待。

“下吏”当“低级官吏”讲的例子如：

① 芋尹盖对曰:“……寡君使盖备使,吊君之下吏。”(《左传·哀公十五年》)

② 尹文曰:“窃观下吏之治齐也,方若此也。”(《吕氏春秋·正名》)

③ 大臣专权,下吏持势,朋党周比,以弄其上。(《淮南子·主术》)

④ 李离者,晋文公之理也。过听杀人,自拘当死。文公曰:“官有贵贱,罚有轻重。下吏有过,非子之罪也。”(《史记·循吏列传》)

例①的“下吏”,实指别国君主;例②的“下吏”,实指本国君主;皆古人婉转敬人之称(不敢直言君主,故称“下吏”以代之)。此与称君王为“陛下”(不敢指称君王,故称殿阶下守卫者而告之)是同样的道理。只是于表敬称的意义上,“陛下”发展成一个词,而“下吏”仍然是偏正结构的词组。

“委命下吏”中的“下吏”,与上举诸例的“下吏”意义相同,因此应该作同样解释。所谓“委命下吏”,即把自己的性命交给秦国的下级官吏。

卒然边境有急,数千百万之众,国胡以馈之?(贾谊《论积贮疏》)

句中的“馈”,课本注:“这里有给养的意思。”所谓“给养”,是“指军队中人员的饮食、牲畜的饲料以及炊事燃料等物资”(见《现代汉语词典》),是名词;而被释的“馈”是动词,拿一个名词去解释一个动词,殊不可通。

作为动词的“馈”,本指以食物送人,泛指送物于人,送给。《周礼·天官·玉府》:“凡王之献金玉、兵器、文织、良货贿之物,受而藏之。”郑玄注曰:“古者致物于人,尊之则曰献,通行曰馈。”

《左传·文公十六年》："年自七十以上，无不馈诒也。"孔颖达疏："礼，与人物曰馈。诒，遗也。馈诒皆是与人物之名也。"可证"馈"的意义是以物与人，送给。相同意义的例子如：

① 于是诸侯之大夫戍齐，齐人馈之饩。(《左传·桓公六年》)

② 乃馈盘飧，寘璧焉。(《左传·僖公二十三年》)

③ 及宣伯奔齐，馈之。(《左传·昭公四年》)

④ 康子馈药，拜而受之。(《论语·乡党》)

"国胡以馈之"里的"馈"，意义与上举诸例之"馈"相同，因此当以"送给"之类的词加以解释。至于送给的是什么，从文意看，当然是军粮之类，不过，这已经不是"馈"所固有的意义了。

其士女之问桃叶渡游雨花台者，趾相错也。(侯方域《马伶传》)

句中的"趾相错"，课本注曰："脚趾互相交错（形容人多）。"把"趾"解作"脚趾"，误。

按"趾"的古本字是"止"。《说文》对"止"的说解是错的，不足为据。《广韵》曰："止，足也。"是。甲骨文"止"正像人足之形。古书中"止"用本义的例子如《汉书·刑法志》："当斩左止者，笞五百。"（颜师古注："止，足也。"）"止"引申出停止、制止诸义，其本义则造"趾"字来表示。"趾"实际上是"止"的后起本字，其意义仍是足、脚。由于词义的演变，"趾"变为专指脚的一部分——脚趾，是词义的缩小造成的。课本注者以今义去释古义，难免要出差错了。文言中"趾"多用本义，例如：

① 莫敖必败。举趾高，心不固矣。(《左传·桓公十三年》)

② 今君若步玉趾，辱见寡君，宠灵楚国，以信蜀之役，致君之嘉惠，是寡君既受贶矣，何蜀之敢望？(《左传·昭公七年》)

③ 三之日于耜，四之日举趾。(《诗经·豳风·七月》)

④ 吴阖庐选多力者五百人，利趾者三千人，以为前陈，与荆战。(《吕氏春秋·简选》)

例 ①② 的“趾”，杜预均注为“足也”；例 ④ 的“趾”，高诱注:“足也。”

“趾相错”之“趾”，与上举诸例的“趾”意义完全相同，同样是指足、脚。“趾相错”，谓人之脚互相交错，极言人多。如课本注者所释，不但词义错了，于情理亦不通。试问，游人断不会赤脚，那么，脚趾又如何互相交错?

“趾”的这一古义在成语中仍有保留，如“趾高气扬”。

我闻今相国昆山顾秉谦者，严相国俦也。(侯方域《马伶传》)

句中的“者”，课本注者特意提出来，解作“那个人”，不妥。因为在文言中，“者”字并无作如是解者。

文言文中，“者”的用法比较复杂。最常见的有两类：一是作特殊的代词(有的称为助词)，不单独使用，一般附于形容词、动词或动词性词组之后，构成一个名词性的“者”字结构，意思是“……的人(或事物)”。如“智者千虑，必有一失。”(刘开《问说》)“往者不可谏，来者犹可追。”(《论语·微子》)“余将告于莅事者，更若役，复若赋，则何如?”(柳宗元《捕蛇者说》)略加比较即可看出，我们所讨论的“者”显然不是这种用法。一是作语气词。语气词“者”的用法有几种情况，这里只介绍一种，即用在判断句的主语后，起提顿作用。例如:

① 陈胜者，阳城人也。(《陈涉世家》)

② 楚左尹项伯者，项羽季父也。(《鸿门宴》)

“我闻今相国昆山顾秉谦者，严相国俦也”句式与上举例句的不同之处仅在于，其中表示判断的“今相国昆山顾秉谦者，严相国俦也”是作为“闻”的宾语出现的，但这并不能影响“者”表示提顿的作用，因为整个宾语乃是由表示判断的主谓结构构成的。

在高中语文第三册“常见文言虚词用法（三）”中，编者谓：“‘者’的用法，主要有两种。一种是附在别的词或词组之后，组成名词性短语。”“‘者’的另一种用法，是放在一个词或一组词后边，起提顿作用：先用‘……者’提出要说明的事物，稍微停顿一下，然后说明或论断。”介绍尽管有不够准确严谨之处，但并不认为“者”可当“那个人”讲，还是可取的。

如或知尔，则何以哉？（《子路、曾皙、冉有、公西华侍坐》）

句中的“则何以哉”，课本注释说：“那么（你们）为什么呢？以，为。”注者显然把“以”当成介词了。在高中语文第二册“常见文言虚词用法（二）”中，编者在讲“以”作动词、义为“用、做”时，所举例句正是“如或知尔，则何以哉”。在一套教材中，对一句话中的同一个词作出如此不同的解释，既表明了编注者的疏忽，又让人莫衷一是，无所适从。

首先，句中的“以”不是介词，“何以”不能解作“为什么”，这是显而易见的。因为如果把“何以”解作“为什么”，那么该问句就成了询问原因了。联系上下文文意，显然不是如此。所以，注者的解释是难以说通的。

其次，“常见文言虚词用法（二）”的编者把句中的“以”看成动词，是对的；不过，释其义为“用，做”，则不够妥当。动词“以”当“用”“做”讲，应是两个义项，不宜并列在一起。文言中，动词“以”当“用、使用、任用”等讲的例子多见，如《吕氏春秋·本味》：“故贤主求有道之士，无不以也。”（高诱注：“以，用也。”）《论语·微子》：“君子不施其亲，不使大臣怨乎不以。”（何晏集解："孔曰：'以，用也，怨不见听用。'"）《楚辞·涉江》："忠不必用兮，贤不必以。"（王逸注："以，亦用也。"）通过比较即可看出，"则何以哉"里的"以"，与以上诸例的"以"意义有别，因此不宜以"用"解释。

动词"以"有"做、从事"等意义，这在文言中亦不乏用例。如：

① 视其所以，观其所由，察其所安。（《论语·为政》）

② 虚而待之，彼自以之。（《韩非子·扬权》）

③ 奄受北国，因以其伯。（《诗经·大雅·韩奕》）

"则何以哉"中的"以"，与上举诸例的"以"一样，也是动词，义为"做"。"何以"即"做什么"。全句意为："如果有人了解你们，那么你们做些什么呢？"

莫春者，春服既成。（《子路、曾皙、冉有、公西华侍坐》）

上引文中的"者"，课本注曰："代词，指时。"不妥。

按"者"作为特殊的代词，不单独使用，常用在形容词、动词（或动词性词组）之后，形成名词性的"者"字结构，意思是"……的人（或事物）"。如《后汉书·孔融传》："孔融四岁，与兄食梨，辄引小者。"《陈涉世家》："佣者笑而应曰：'若为佣耕，何富贵也？'"《鸿门宴》："夺项王天下者，必沛公也。"而在"莫春者"里，"者"用在名词性结构后，不能构成"者"字结构，因此不能看作代词。

"者"作语气词（有的称为助词），用法较复杂，其中之一是用在表时间的名词（或名词性结构）之后，没有实在意义，略有表示提顿或舒缓语气的作用。例如：

① 昔者，吾舅死于虎。（《苛政猛于虎》）

② 今者项庄拔剑舞，其意常在沛公也。(《鸿门宴》)

③ 日者知用之越，今忘之秦，不亦太亟忘乎！(《韩非子·内储说下》)

④ 初时者，魏数年东乡攻尽陶、卫，数年西乡以失其国。(《韩非子·饰邪》)

需要指出的是，这些时间名词（或名词性结构）在句子中都是表示时间修饰的，而其后的“者”则不具备这种功能。最后一例的“初时者”很有启发性：如果把“者”说成“代词，指时”，岂不与前面的“初时”重复？

“莫春者”与上举诸例的情况相同，“者”用在表示时间修饰的名词性结构之后，是语气词，表示语气的停顿，而不能看成代词，更不是指时间。

下面是高中语文课本第五册的编者为《殽之战》中一段话所加的标点：

以乘韦先，牛十二，犒师，曰：“寡君闻吾子将步师出于敝邑，敢犒从者，不腆。敝邑为从者之淹，居则具一日之积，行则备一夕之卫。”

在“不腆”后用句号，是明显的错误。对文意理解不透，是标点出现差错的原因之一。郑商人弦高假托郑君之命对秦三帅说的一段话，可分为两句。前句意思是：“我国君主听说您将行军经过我国，冒昧地让我来犒劳您的属下。”至此，句意已足，故当于“敢犒从者”后用句号。在后一句中，“不腆”是修饰“敝邑”的，应以“不腆敝邑”为读。此句意谓：尽管我国不丰裕，但为了您的属下在此停留，要住下就预备一天的食用，要离开就准备一夜的保卫。两句话各自表达的意思清楚明白，不容相互纠缠。

另外，对“不腆”的意义及用法不甚了了，也是断句错误的一个重要原因。注者注“不腆”为“不体面”，不确。“不腆”乃是当时表示客套的常用语。“腆”有丰厚义（又可指美善）。“不腆”即不丰厚（或不美善），它在句子中是作为修饰成分出现的。查《左传》，“不腆”出现凡九例，除前引例外，其余八例依次列出，以资比较。

① 对曰：“不腆敝器，不足辞也。”（《文公十二年》）

② 不腆先君之敝器，使下臣致诸执事，以为瑞节，要结好命。（《文公十二年》）

③ 齐侯使请战，曰：“子以君师辱于敝邑，不腆敝赋，诘朝请见。”（《成公二年》）

④ 曰：“子以君师辱于敝邑，不腆敝赋，以犒从者。”（《成公二年》）

⑤ 我先君惠公有不腆之田，与女剖分而食之。（《襄公十四年》）

⑥ 不腆先公之適（通“嫡”），以备内官。（《昭公三年》）

⑦ 不腆敝邑之礼，将致诸从者。（《昭公二十四年》）

⑧ 有不腆先人之产马，使求荐诸夫人之宰。（《哀公二十三年》）

此外，《公羊传·昭公二十五年》尚有两例：

⑨ 景公曰：“寡人有不腆先君之服，未之敢服；有不腆先君之器，未之敢用。”

上引诸例的“不腆”，或作前置谓语，或作定语，起修饰作用，无一例外。《殽之战》里的“不腆”，意义、用法与之相同，因此断句不当属上，而应以“不腆敝邑”为一逗，属下句。

（原载于《廊坊师专学报》1990 年第 2 期）

# 上古汉语某些名词活用为动词质疑

王力先生在谈到一个和语法有关的词汇问题时指出：“在原始时代，名词和动词往往是分不开的。”[①] 其实不仅是在原始时代，通观整个上古汉语，即使起初名词和动词可以分开的，后来由于词义的转化以及活用的经常化，名词兼有动词义或动词兼有名词义，也是普遍存在的。这就形成了词的兼类。

词的兼类不同于词类活用，这在《马氏文通》中就有严格的区别。马氏虽然没有明确提出词的兼类和词类活用的名称，而是统称之为“假借”，但他已能看出二者的不同。他说：“至同一字而或为名字，或为别类之字，惟以四声为区别者，皆后人强为之耳。稽之古籍，字同义异者，音不异也。”并列举了像“王”（名用，平读。动字，去读）、“衣”（名则平读，动则去读）等大量例证，揭示了“四声别义”的事实[②]。凡此，均属词的兼类。他又列举了像“微二子者，楚不国矣”（《左传·哀公十六年》）等大量的“假公名、本名为动字”[③] 的例证，其实就是所谓的词类活用。明确提出词的兼类和活用的，是陈承泽。他在《国文法草创》（以下简称《草创》）中，论述了兼类与活用的区别；并将活用分为“名字之活用于象、副、自动、关系自动、他动”“象字之活用于名、副、自动、致动、意动、关系自动”“自动之活用于名、象、副、关系自动、致动”“他动之活用于名、象、自动、致动”等类别[④]。只是草创而难以尽善，他自己常常把词的兼类认为活用（例见下文）。

词类活用问题非常复杂，诸家之说又很纷纭，篇幅所限，本文仅就上古汉语中那些经常被说成名词活用为动词的词加以考察，以期能够得出比较符合实际的结论。

区分到底是词的兼类还是名词活用为动词，既要靠分析字形确定其本义（当然应有文献用例为佐证），并进而分析其引申义，同时更要通过使用频率的统计以明确该用法是经常性的还是临时性的，必要时还应该考察词的历史发展状况。据此，我们认为，下列情况不能认为是名词活用为动词。

一、原本就是名动（或动名）相兼的词。这种兼类词，数量最多。这是因为，“古汉语里词类转化远比现代汉语容易”[⑤]。名词表示事物的名称，转而表示与该事物有关的动作，是很自然的；动词表示动作行为，转而表示与之有关的事物，也是顺理成章的。有些词的转化几乎是同时完成的，这就造成了名词动词难以分开的情况。如“疾”是疾病，转指患病（《左传·隐公三年》：“宋穆公疾。”《荀子·天论》：“寒暑不能使之疾”），而《草创》却认为“名字自动用”[⑥]，即名词活用为不及物动词。“事”是事情，转指做、从事（《吕氏春秋·上农》：“民舍本事末则不令。”又《审应》：“寡人事偃兵十余年矣”），而《草创》却认为“名字他动用”[⑦]，即名词活用为及物动词。类似的如“毕”是打猎用的长柄网，转指用毕捕；“罗”是捕鸟的网，转指用罗捕鸟（《诗经·小雅·鸳鸯》：“鸳鸯于飞，毕之罗之”）。“城”是城墙，转指修筑城墙（《左传·隐公元年》：“费伯帅师城郎”）。“法”是法令、法则，转指效法（《周易·系辞上》：“崇效天，卑法地”）。“罪”是罪恶，转指归罪（《孟子·梁惠王上》：“王无罪岁，斯天下之民至焉”）。“塗”是泥，转指用泥涂（《左传·襄公九年》：“塗大屋”）。“权”借为秤锤义，转指称量（《孟子·梁惠王上》：“权，然后知轻重”）。“毕”“罗”“城”“法”“罪”“塗”“权”等的动词义都不宜视为名词义的活用。以上是名动相兼的词。“雨”甲骨文像下雨形，转指雨水，卜辞中动词义与名词义使用频率差不多。但“降雨”义（《诗经·小雅·大田》：“雨我公田，遂及我私。”《战国策·燕策二》：“今日不雨，明日不雨，即有死蚌。”）反被说成名词义的活用[⑧]。“军”字金文外像人曲身形，取环曲意，内为兵车。上古实行车战，驻扎时即以战车围成营垒。字形正表示了以战车围绕成营意，故《说文》把“圜围”义列于首位。《左传·昭公十三年》有“乃藩为军”的话；直到汉代，仍用战车围绕成营（《汉书·霍去病传》：“于是青令武刚车自环为营”）。故训亦可为据。《左传·宣公二年》“晋之余师不能军”杜预注：“不能成营屯。”《吕氏春秋·权勋》“达子又帅其余卒以军于秦周”高诱注：“军，屯也。”但这个意义却被普遍地指为“军队”义的活用[⑨]。“名”，《说文》云：“自命也。从口从夕。夕者，冥也，冥不相见，故以口自名。”说解虽嫌牵强，但在尚无更恰切的解释前，姑且依《说文》把“名”的本义确定为“称名、命名”。此义上古汉语习见，如《论语·子路》：“故君子名之必可言也。”《左传·隐公元年》：“庄公寤生，惊姜氏，故名曰‘寤生’。”而这个意义却常被说成名词义的活用[⑩]。“冠”字从冖从元从寸，像手持帽戴于头上意，其本义很可能是古代男子行成人礼（加冠礼）。《左传》中动词“冠”凡5见，都是行冠礼义。由此引申出“戴、戴帽子”义，再转指帽子。《孟子》中“冠”出现

11 次，动词义 5 次（其中 1 次为行冠礼义）。可见，“冠”当是动名相兼的词，但动词义反被说成名词义的活用[11]。“鼓”甲骨文像手持棍棒击鼓意（《说文》收从‘攴’与从‘支’二形）。本是动词，击鼓，泛指弹奏乐器。转指乐器之鼓。《诗经》中“鼓”作动词 21 次，作名词 22 次，二者使用频率大致相当。而动词义却被说成名词义的活用[12]。“先”字甲骨文从“之”（或“止”）从“儿”，表示“先行、先做某事”；又有“先于、在……之前”义，本是动词（《礼记·月令》：“先立春三日，太史谒之天子。”《战国策·齐策五》：“骐骥之衰也，驽马先之。”《孟子·滕文公上》：“北方之学者，莫能或之先也”），但这个意义却被说成方位名词义的活用[13]。“後”本是动词，义为落在同行者之后、落后（《论语·微子》：“子路从而後。”又《雍也》：“非敢後也，马不进也。”《左传·隐公十一年》：“我不可以後之”），而动词义却被说成方位名词义的活用[14]。“前”本作“歬”，从止从舟。《说文》：“不行而进谓之歬。”楷书以“前”（“剪”本字）代之。本义是向前走、前进（《左传·昭公元年》：“二执戈者前矣。”《史记·项羽本纪》：“无不膝行而前。”又《商君列传》：“公与语，不自知膝之前于席也”），而这个意义反被说成方位名词义的活用[15]。“友”，《说文》：“同志为友。从二又，相交友也。”或以为本义即为动词，交友，友爱。此义先秦典籍习见。《论语》中“友”19 见，动词义 12 次（如《学而》：“无友不如己者。”又《卫灵公》：“友其士之仁者”）。《孟子》中“友”30 见，动词义 19 次（如《万章下》：“我，臣也，何敢与君友也。”又：“一乡之善士斯友一乡之善士”）。可见，“友”作动词，本是经常性用法，而动词义却被说成名词义的活用[16]。“刑”，《说文》收“井刂”“刑”二字，前者释曰：“罚罪也。”后者释曰：“刭也。”段玉裁注以为名词义“刑罚、刑法”当用前者，动词义“惩罚、施刑罚”当用后者。但经典文献不加区别，统用后者。“刑”的动词义《尚书》中就已使用（如《康诰》:“无或刑人杀人”),《左传》中也经常使用。《吕氏春秋》中“刑”33见（通假义4例除外），动词义16次（如《去尤》:“杀人者死，伤人者刑。”又《恃君》:“自刑以变其容”)。可见，早在先秦，“刑”的动词义就是常用义。而《史记·项羽本纪》“杀人如不能举，刑人如恐不胜”中的“刑”，又《陈涉世家》“诸郡县苦秦吏者，皆刑其长吏，杀之以应陈涉”中的“刑”，却被说成名词义的活用[17]。人们之所以把上述兼类词说成词类活用，主要是因为把后世常用义误认为古本义或以现代汉语语法现象去衡量古代汉语语法。

二、有些词，初始曾经经历过活用阶段，活用的经常化，最终固定为独立的意义，形成词的兼类。兼类一经形成，即不宜再视为活用了。如“衣”像上衣形，名词。《诗经》中“衣”出现43次，可以释为“穿衣服、给……穿衣服”的只有5次。像“衣锦褧衣，裳锦褧裳”(《郑风·丰》）中“衣”“裳”对举，“衣”带有明显的活用特点。《论语》中“衣”出现13次，作动词的已有5次。《孟子》中“衣”出现28次，作动词的达到14次。这表明，“衣”已由活用的经常化成为兼类词。成为兼类词之后，再把“孟尝君怪其疾也，衣冠而见之”(《战国策·齐策四》）中的“衣”说成活用作动词，显然是不恰当的。再如“王”本是商周时代“天下”即全中国的最高统治者，名词。《诗经》中“王”出现120次，用作动词指“当王、统治天下”的仅2次，作动词属于词类活用。到了战国时代，各诸侯国的国君都在本国称王，且都图谋“王天下”,“王”用作动词的频率大增,《孟子》中达到30次,《吕氏春秋》中达到63次。这时，动词义即成为独立的意义，而不宜再视为活用了[18]。

又如“目”，本是名词。《左传》中“目”出现 20 多次，只有 1 次可以解为“看”(《宣公十二年》:“目于眢井而拯之”)。《吕氏春秋》中“目”当“眼睛”讲的 66 次，当“用眼看、观察”讲的 4 次（如《知度》:“吾举登也，已耳而目之矣”)。《韩非子》“目”的使用情况与《吕氏春秋》大致相同。据此可以认定，“目”用作动词，在先秦因为使用频率低，属于词类活用，不宜当成独立的意义。《汉语大字典》于“目”的“看；注视”义项下引《左传》用例为书证(《汉语大词典》同)，似欠妥当。到了汉代，“目”用作动词才多起来，并最终固定为“使眼色、看、注视”的义项（如《史记·高祖本纪》:“吕公因目固留高祖。”又《项羽本纪》:“范增数目项王。”又《陈涉世家》:“卒中往往语，皆指目陈胜。”又《陈丞相世家》:“船人……目之，欲杀平”)。又如“刃”指刀口，刀的锋利部分；代指刀剑类利器，名词。查先秦重要文献，用作动词，当“用刀剑杀、刺”讲的,《左传》1 例(《襄公二十五年》:“请自刃于庙”);《韩非子》1 次(《奸劫弑臣》:“公请自刃于庙”)，与《左传》讲的是同一件事。由此可以认定，“刃”用作动词，在先秦属于词类活用。《汉语大词典》于“刃”的“用刀剑杀、割”的义项下引《左传》用例为书证，《汉语大字典》于“刃”的“杀”的义项下引《韩非子》用例为书证，均不够妥当。到了汉代，“刃”作动词的用例多起来，并最终形成独立的意义（如《史记·廉颇蔺相如列传》:“左右欲刃相如。”又《鲁仲连邹阳列传》:“与人刃我，宁自刃”)。像“目”“刃”这类由动词用法发展为动词意义的词，一旦意义固定了，也就不应再看成活用了。不少名动兼类的词，最初都经历过活用的阶段。活用的经常化，固定为独立的意义和稳固的用法，即形成兼类。把二者妥善地区分开，有相当大的难度，需要对词的语法功能进行共时的和历时的考察，并分别作出使用频率的统计，从而确定该词在哪个时代属于词类活用，发展到哪个时代成为词的兼类。只有这样，才算具有了历史观点，得出的结论才能符合词的实际情况。

当前学界正在开展关于建立古代汉语教学语法系统的讨论。古代汉语教学语法体系的混乱，由来已久，且有愈演愈烈之趋势。其中一个重要的问题就是词类活用，而名词活用为动词的问题则尤其突出。本文对一些古汉语教材和语法专著所认定的名词活用为动词的词，提出了不同的看法，希望能通过深入的探讨，使问题逐步得到解决。

**注释：**

① 见《汉语史稿》下册，508 页。

②《马氏文通》卷二。

③《马氏文通》卷五。

④《国文法草创》第十三章。

⑤ 吕叔湘《重印国文法草创序》。

⑥ 同④。

⑦ 同④。

⑧ 如《国文法草创》、朱星主编《古代汉语》。

⑨ 如周秉钧《古汉语纲要》、朱星主编《古代汉语》、刘诚等《语法学》。

⑩ 如《国文法草创》、王力主编《古代汉语》(修订本)第一册《许行》“荡荡乎，民无能名焉”注。

⑪ 如刘诚等《语法学》、王力主编《古代汉语》(修订本)第一册《许行》“许子冠乎”注。

⑫ 如严沛《文言语法知识》。

⑬ 如张之强主编《古代汉语》、南开大学中文系古代汉语教研室编《古代汉语读本》(修订本)。

⑭ 南开大学中文系古代汉语教研室编《古代汉语读本》(修订本)。

⑮ 同⑭。

⑯ 如周秉钧《古汉语纲要》。

⑰ 分见高中语文教材《鸿门宴》注、《古汉语语法十讲》。

⑱ 朱星主编《古代汉语》把《史记·陈涉世家》“大楚兴，陈胜王”中的“王”也说成名词用如动词。

**主要参考文献：**

马建忠. 马氏文通. 北京：商务印书馆，1983.

陈承泽. 国文法草创. 北京：商务印书馆，1982.

王力. 汉语史稿. 北京：中华书局，1980.

杨伯峻. 春秋左传注. 北京：中华书局，1985.

向熹. 诗经词典. 成都：四川人民出版社，1986.

张双棣，殷国光，陈涛. 吕氏春秋词典. 济南：山东教育出版社，1993.

（原载于《天津师大学报》1996 年第 5 期）

# 评王安石的字学理论及其他

汉字是形音义的结合体，是可以分析的文字。早在汉代，随着古文经学的兴起，学者们即把《周礼》中本是用以教学童的“六艺”[①]之一的六书，解释为汉字造字的六种法则。许慎阐发了六书的理论并据此写成《说文解字》，这标志着传统文字学的形成。尽管其理论有不够完善之处，说解文字也存在不少问题，但他把九千多个汉字分为“文”和“字”两大类，指出它们产生的不同途径，则基本上反映了汉字发生发展的一般规律；他对汉字基本类型的划分，对大多数汉字的说解，大体上是正确的；五百四十个部首的建立，更是创举。这些，对我国传统文字学的最后形成及以后的发展，都有着重要的意义和深远的影响。

时隔千年以后，宋代的王安石在汉字的产生和对汉字的分析等方面，却走了一条相反的路。他做了一部《字说》，凡二十卷（此据王氏自序，《进字说表》则称二十四卷[②]）。因为他地位显赫，加之博学通经，善于牵附，所以《字说》一出，“学者成风”。随之有《唐氏字说解》一百卷（唐耜撰）、《字说偏旁音释》一卷（撰者名氏无考）等书问世。王氏政治上是革新派，但说解文字却非其所长，其《字说》终因理论和实践的荒诞不经，“元祐中言者指其糅杂释老，穿凿破碎，聋瞽学者，特禁绝之”[③]，《字说》遂不传。我们只能根据现存的《字说》自序、《进字说表》以及其他一些零星材料作些分析，以窥见其理论及实践之一斑。

在诸如文字的产生等一系列理论问题上，王安石不仅没有吸纳汉代学者们合理的观点，相反，却承袭并发展了以往的一些错误主张。其《字说》自序及《进字说表》即集中代表了他的荒谬的字学理论。

《字说》自序曰："文者奇耦刚柔杂比以相承，如天地之文，故谓之文；字者始于一，一而生于无穷，如母之字（笔者按：字者，生育也）子，故谓之字。其声之抑扬、开塞、合散、出入，其形之衡从、曲直、斜正、上下、内外、左右皆有义，皆出于自然，非人私智所能为也。与伏羲八卦、文王六十四爻异用而同制，相待而成易。"[④]《进字说表》云："盖闻物生而有情，情发而为声。声以类合，皆足相知，入声为言，述以为字。字虽人之所制，本实出于自然。凤鸟有文，河图有画，非人为也，人则效此。"[⑤]

把文字的产生与易八卦拉上关系，肇始于许慎。他在《说文·叙》中说："古者庖牺氏之王天下也，仰则观象于天，俯则观法于地，视鸟兽之文与地之宜，近取诸身，远取诸物，于是始作易八卦，以垂宪象。"不过，他并未认为易八卦即是文字的起源，所以又说："黄帝之史仓颉，见鸟兽蹄迒之迹，知分理之可相别异也，初造书契。"仓颉造字说当然不足信，不过相传仓颉乃黄帝史官，其所处时代正是我国进入阶级社会的前夕，而一种独立的文字体系的形成，正是一个民族进入文明社会的标志之一。在由原始汉字发展为完整的汉字体系的过程中，巫史之类的"文化人"是应该起过重要作用的（如搜集、整理等工作）；而且，原始汉字又确是外界客观事物作用于人的思维活动，进而形成概念，经过约定俗成逐渐创造出来的。所以，许氏之说还是有其合理因素的。而王安石却直接把文字的产生与伏羲八卦等牵合在一起，说它们“异用而同制”，这不能不说是理论上的倒退。

至于说文字是仿效“河图”创造的，则分明是受了汉代谶纬神学的影响。《春秋元命苞》说，仓颉“受河图绿字，于是穷土地之变，仰视奎星圜曲之势，俯察鱼文鸟羽，山川指掌，而创文字”。所谓河图绿字本是鼓吹迷信者编造出来的神话，王安石却拿来和纷繁复杂的汉字比附，甚至认为文字的产生乃是出于自然，“非人私智所能为”，这就完全陷入了迷信与不可知论。

在“文”与“字”的区别及其产生的途径方面，许慎本来有明确的划分和论述。《说文·叙》说：“仓颉之初作书，盖依类象形故谓之文，其后形声相益即谓之字，字者，言孳乳而浸多也。”即后人所总结的“独体为文，合体为字”。“文”包括象形字、指事字，“字”包括会意字、形声字。这样的划分基本上符合汉字的实际，所以至今仍为人们所采用。而王氏却将“奇耦刚柔”这些对立统一的概念以及“始于一,一生于无穷”等哲学观点引入到字学理论中，用以解释文字的形成，这其实是受了中国古代哲学思想特别是老子哲学思想的影响。《周易·系辞上》就有“一阴一阳之谓道”的说法，《老子》里则有“有无相生，难易相成”“道生于一”“一生二,二生三,三生万物”等命题。这些，本属我国古代哲学流派，与文字的形成乃是风马牛不相及的两回事。王氏据此解释文字的形成，自难免陷入主观臆断的泥淖中。其后的郑樵，将这种文字“始于一,一而生于无穷”的观点发挥到了淋漓尽致的地步。郑氏认为所有的字都是从“一”变化而来的，他在《通志·六书略》里详尽地列出“一”

的五种变化情况。依据楷书的笔画变化情况来解释文字的形成，从根本上说是割断历史。因为汉字字体发展到隶书以后，才变成由点画等构成的纯书写符号；在古文字阶段，汉字是以象形为基础的。用“一”的变化解释隶楷阶段汉字的复杂笔画尚且不可，何况是“随体诘诎”的古汉字？另外，《说文》部首的排列是“始一终亥”，这无疑是汉代阴阳五行说及许慎哲学思想在文字学上的反映，而把部首排列次序附会成文字起于“一”，却不能不说是王安石的一个“发明”。

在文字的形义关系问题上，王安石走得更远。他认为所有的字都是表意的，连各种笔画都表示一定的意义，这就从根本上否定了汉字是按照几种不同的方法创造的，特别是否定了汉字有大量形声字存在这一客观事实。

形声的造字方法本是客观存在的。《说文·叙》曰：“形声者，以事为名，取譬相成，‘江’‘河’是也。”段玉裁注：“以事为名，谓半义也；取譬相成，谓半声也。”用这种既有表意成分又有表音成分的方法造字，比起象形、指事、会意等方法，有很大的优势。因为文字一般是要依附于语言的，汉字也不例外，表音成分的出现，正是适应了这一规律。据统计，在甲骨文中，形声字已经占到百分之二十左右；在《说文》中，形声字猛增到占总字数的百分之八十以上。后世新造的字，也大多采用形声的方法。王氏解字“不本《说文》”，凭主观想象“妄自杜撰”，究其根源，就是由于否定形声字的存在，把形声字当成会意字而曲为之说。其说字贻笑后人，也就不足为怪了。

基于汉字字形笔画皆有义的错误认识，王氏对字形的分析、对字义的解释当然难以符合实际，其最大弊病是主观臆说、穿凿附会。

汉字中的表意字，通过对字形的分析，一般是能够看出字义来的。王氏对此类字的解释，因受材料限制，整体情况难以知晓，仅以下面一条为例：“王荆公在熙宁中作《字说》，行之天下。东坡在馆，一日因见而及之曰：‘……姑以犇麤二字言之，牛之体壮于鹿，鹿之行速于牛。今积三为字，而其义皆反之，何也？’荆公无以答，迄不为变。”⑥按据《说文》，“麤”的本义是“超行远”（段注：“鹿善惊跃，故从三鹿。”），“粗”的本义是“疏”即不精，二者本非一字。“麤”用为粗大义，乃是假借。苏轼故意以假借字说本字字形，而王氏或因说字不本《说文》，或者根本不知二字有别，所以只能“无以答”了。由此可见，即便对会意字，王氏也并不是就能作出恰切分析的。

至于对形声字，从现存材料看，王氏的说解是完全错误的，其根源即在于他认为声旁都是有义的。应该承认，有些形声字的声旁，既有表音作用，同时又有表意作用，即一般所说的形声兼会意。如：“娶，取妇也，从女从取，取亦声。”“仲，中也，从人从中，中亦声。”“忘，不识也，从心从亡，亡亦声。”“珥，瑱也，从玉从耳，耳亦声。”其他如：伍，从人五，五亦声。什，从人十，十亦声。诽，从言非，非亦声。驷，从马四，四亦声。诏，从言召，召亦声。不过，声兼义的情况毕竟是个别的，不能拿来作为普遍的规律。就大多数形声字来说，声旁只是表示读音，与字义没有必然的联系。王安石把形声字当成会意字来解释，采用的是拼合偏旁意义的方法。《调谑篇》有如下两段记载：“东坡尝举坡字问荆公何义，公曰：‘坡者土之皮。’东坡曰：‘然则滑者水之骨乎？’荆公默然。”“东坡闻荆公《字说》新成，戏曰：‘以竹鞭马为笃，不知以竹鞭犬有何可笑？’公又问曰：‘鸠字从九从鸟，亦有证据乎？’坡云：‘《诗》曰：鸤鸠在桑，其子七兮。和爷和娘，恰似九个。’公欣然而听，久之始怪其谑也。”⑦材料中提到的这些字，本不难解释。“坡，阪也，从土皮声。”“滑，利也，从水骨声。”“鸠，鹘鸼也，从鸟九声。”“笃，马行顿迟也，从马竹声。”（“笑”字《说文》缺，徐铉等按：“孙愐《唐韵》引《说文》云：‘喜也，从竹从犬。’而不述其义，今俗皆从犬。又按李阳冰刊定《说文》，从竹从夭。又云：‘竹得风，其体夭屈，如人之笑。’未知其审。”笔者按：笑盖为从夭声之形声字，其本义则难以考证。）王氏非要将声旁说成有意义，且用简单化的偏旁拼合法，当然不能作出正确的解释了。对于那些不能简单拼合的字，王氏则一定要想方设法找出声旁的意义来。《续文献通考》记载：“王荆公解蔗字，不得其义。一日行圃，见畦丁莳蔗种，横瘗之曰：‘他时节节皆生。’公悟曰：‘蔗，之夜切，庶生是也。字义固有可得而解者。’”为了把声旁“庶”解释出意义来，可谓费尽心机了。

随心所欲，迄无定论，是王氏解字的又一特点。《闻见后录》记载：“王荆公晚喜说字。客曰：‘霸字何以从西？’（笔者按：霸的俗体作覇，见《龙龛手镜》。）荆公以西在方域主杀伐，累言数百不休。或曰：‘霸从雨，不从西也。’荆公随辄曰：‘如时雨化之耳。’其学务凿，无定论类此。”对同一个字，转眼间作出如此不同的解释，且旁征博引，“累言数百不休”。似此，尚有何科学性可言？其实，“霸”是个从月䨣声的形声字，用作霸王义，乃是假借。王氏不懂义有假借，以假借义牵附字形，且就俗字字体说解，难怪要遭到“无定论”的指责了。

另外，王氏解字还多用佛经语。《扪虱新话》记载：“荆公《字说》多用佛家语。初作空字云：工能穴土，则穴者空矣，故空从穴从工。后用佛语解云，土以为穴，则空无相；工以穴之，则空无作。无相无作，则空名不立。此语比旧时为胜。《维摩诘经》曰，空即无相，无相即无作，无相无作即心意识。《法华经》曰，但念空无作。《楞严经》云，但除器方，空体无方。荆公盖用此意。又如云追，所追者正能追者，辵而从之。搔，手能搔，搔所搔，将何以能？入为柯，所入为柯之类。此能、所之语亦出佛经中。《圆觉经》曰，其所证者无得无失，无取无舍。其能证者无作无止，无住无灭。"所释之字本都是形声字，其意义类属只同形旁所表示的意义有关，而王氏却用佛经语加以解释，讲得玄而又玄，令人不知所云。佛教自汉代起始传入中国，佛家语录的出现还要晚些，王氏以此附会早在汉代以前很久就完全成熟了的汉字，其荒诞也就可想而知了。

与王安石同时代的王子韶（字圣美），政治上依附王安石，在字学理论上也深受王氏影响。他提出了著名的"右文说"。《梦溪笔谈》载："王圣美治字学，演其义以为右文。古之字书皆从左文。凡字其类在左，其义在右，如木类皆从左文。所谓右文者，如戋，小也，水之小者曰浅，金之小者曰钱，歹而小者曰残，贝之小者曰贱，如此之类，皆以戋为义也。"[⑧] 所谓"右文"，谓形声字之声旁（多数形声字都采用左形右声的配置方式）兼有意义。这与王安石的声旁皆有义有某些相似之处。不过它不是采用简单化的拼合偏旁字义的方法，而是首先确定某字的基本义，然后分析解释以该字为声旁并与之意义有关的其他字。这种"因声求义"的方法，在字源学上有一定的合理因素。充分发掘、利用这些合理因素，可以为研究同源字提供一些线索，使人们能够摆脱字形的束缚，以语音为线索，系统地分析根词与派生词之间的关系，理清词义系统。这对词汇学的研究，无疑是有帮助的。

但是，如果不考察汉字的实际，把“因声求义”作为普遍规律加以滥用，从而得出同一声旁的形声字都以声旁为义的结论，那就犯了以偏概全的错误。这是因为，一，同一个声旁，往往不是只同一组同源字有关。比如由“高”得声的某些形声字，大致可以分为两组：一组含有“高”义，如“乔”“峤”“挢”“骄”等；一组含有“白”义，如“缟”“皜”“翯”等。二，为同源字造的形声字，也不一定都用同一个声旁。比如含“高”义的字，除上举那些由“高”得声的外，还有从“尧”得声的“翘”，从“句”得声的“驹”等；含“白”义的字，除上举那些由“高”得声的外，还有“皎”“皓”“皞”“颢”等[⑨]。即如从“戋”得声的字，有些就与“小”义无关：“践”是践踏，“饯”是以酒食送行，“栈”是竹木之车，都不含“小”义。

凭主观想象析形释义，是一般人易犯的毛病，本不自王安石始，亦不至王安石终。像《说文》那样的文字学经典之作，也有“人头宜为甲，甲象人头”“乙承甲象人颈”“丙承乙象人肩”“丁承丙象人心”“戊承丁象人胁”“己承戊象人腹”之类的主观臆说。许慎引孔子说“一贯三为王”“推十合一为士”等，亦不似孔子语，倒颇像汉代谶纬家说字之风格。后世像“同田为富，分贝为贫，大坐为坴（同稳）”[⑩]之类的解字方法，也曾在民间流行过。倘作为帮助记忆字形之法，本无可厚非，若用来研究汉字造字规律或说解字形字义，则断然行不通。遗憾的是，凭主观想象解释汉字，近来在书刊上时有所见。一部名为《解开汉字之谜》的书[⑪]，堪称这方面的代表作。

该书的作者把汉字称为“拼意字”，强调“要按照汉字的特点，用会意的方法认识汉字”[12]。

下面举几个例子，看看作者是如何用会意的方法解释汉字的。

我：……在早期的书写体中，我们看到过左边被写成“禾”（禾谷），通过“禾谷”（食物）加上“戈”（武器）来描述“我”，看来是最适合的解释。为了生活下去，禾谷可使人免受饥饿，有了武器，人可以保卫自己，抗御强敌的侵犯。有了这两样东西，才会有“我”的存在。（笔者按：在甲骨文中，“我”本像锯子或兵器形。用作人称代词，乃是假借。）

妾：形成于“立”“女”两字，意思是“立”着的“女”子，也就是“使女”，小老婆。（笔者按：“妾”本像头部受过刑的女人形，本义是女奴隶。）

泉：当然是与地下的清水有关，因此它是用“白”字和“水”字构成。（笔者按：甲骨文“泉”本像水自山洞中流出形。）

出：在两山之间活动。（笔者按：“出”不从二山，甲骨文字形像一只脚离开半地下式居处，表示外出之意。）

休：将息，停，止，好运（“人”安静得像根“木”头）。（笔者按：“休”表示人在树下歇息之意。）

取：……在古语中，“取”字被用来表示捉。捉动物需要动“手”，也需要“耳朵”不停地先加静听。（笔者按：古代作战，割取敌方战死者左耳以记功。“取”正像手持耳有所获意。）

上举诸字，皆为象形字或会意字，只要稍具文字学知识，本不难作出正确的解释。但作者或凭“猜测”，或靠发挥“想象力”，或别出心裁，或根据隶变后的形体，牵强附会，曲为之说。由此可见作者运用会意的方法之一斑。

对形声字，作者承袭了王安石的字学理论，认为声旁“除表示读音，同时也有某些意思在内”。对具体字的说解，或者采用简单的偏旁字义相拼法，如“忌：挂在自‘已’‘心’上，所以有害怕、没法避去等意义。”“起：自‘已’开步‘走’，也就是‘开始’。”“吾：一个理想的家庭是五口之家：父亲、母亲、男孩、女孩和一个婴儿。在书面语中，吾就是作为‘我’和‘我们’解释。”“诗：‘寺’中唱的‘言’。”“峙：‘寺’似‘山’般不能轻易打倒。”“波：水的皮或表面。”“狩：有‘犬’站在旁边一起看‘守’。”或者先确定某字的意义，然后将以之为声旁的字都与这个意义拉上关系。如作者认为“兼”的原意是“一只手拿着两棵庄稼”，接着据此解说：“廉 lián，不贪污，价低（有了两棵庄稼，能心地‘宽大’，会减少腐败，也会降低价格）。”“谦 qiān，虚心地（有了两棵庄稼的人，没有用语‘言’詈骂他人的必要，所以会减少詈骂）。”“歉 qiàn，坏收成，对不起（缺少［欠］两棵庄稼）。”“嫌 xián，不同意的，怀疑，恨（妇女有了两棵庄稼，不用依靠男人时，男人知道后的心态）。”“赚 zhuàn，赢利。挣钱（由于两棵庄稼而得加倍的钱）。”“镰 lián，可同时割下两棵庄稼的‘金’属。用于：镰刀。”想象力发挥到如此地步，也就不便再加评论了。令人不可思议的是，作者往往对同一个字形（并非同形字）作出几种不同的解释。如：“哦 é（诗中用字），‘我’用‘口’说（意：轻柔地吟唱）。”“哦 ò，你‘口’说‘我’听到（意：我知道了）。”如此随心所欲地解字，与王安石解“霸”字相比，真是有过之而无不及了。更加令人不可思议的是，就是这样一部错误百出的书，两家大报都载文大加称赞。一家说：“这部巨著在人类语文发展史上，是具有划时代意义的。”⑬另一家说：作者“对汉字理论的研究有两个新创思：其一，他发现‘声旁’不仅有‘音’的因素，更重要的是其本身是有意义的。这称之为‘声旁有意义’论，它对传统的汉字学是一个新的突破。其二，他论证，汉字从结构上看，是‘拼形’文字，大多数汉字由多个本身有意义的‘部件’拼成。随着人们的联想可以拆开和组合，不断引申出新意义。这个论断，进一步指出汉字的特色及其发展规律，为现代汉字学研究提出一个进一步探索的新课题”。[14] 其实，这些观点和理论大都是古已有之的。比如说“声旁有意义”，并非作者的“发现”，自王安石、王圣美到如今某些文字学者，莫不如此认为。再比如说构成汉字的部件本身都有意义，这与王安石的“其形之横从、曲直、斜正、上下、内外、左右皆有义”简直如出一辙。理论的偏颇，必然导致实践的乖谬。该书说字十之八九是错的，其根源盖出于此。

**注释：**

① 六艺：一曰五礼，二曰六乐，三曰五射，四曰五驭，五曰六书，六曰九数。

② 见《临川集》。

③ 见《文献通考》卷一百九十。

④ 同③。

⑤ 同②。

⑥ 见《程史》。《闻见后录》亦有类似记载：“王荆公喜说字，至以成俗。刘贡父戏之曰：‘三鹿为麤，鹿不如牛；三牛为犇，牛不如鹿。谓宜三牛为麤，三鹿为犇。’”

⑦《丹铅总录》亦有类似记载：“王荆公好解字，说而不本《说文》，妄自杜撰……又问东坡，鸠字何以从九，东坡曰：‘“鳲鸠在桑，其子七兮。”连娘带爷，恰是九个。’又言波者水之皮，坡公笑曰：‘然则滑者水之骨乎？’”

⑧ 宋人张世南《游宦纪闻》卷九亦有类似说法：“自《说文》以字画左旁为类，而《玉篇》从之；不知右旁亦多以类相从，如戋有浅小之义，故水之可涉者为浅，疾而有所不足者为残，货而不足贵重者为贱，木而轻薄者为栈。青字有精明之义，故日之无障蔽者为晴，水之无溷浊者为清，目之能明见者为睛，米之去粗皮者为精。凡此皆可类求。聊述两端，以见其凡。”

⑨ 这里只是举例性质。

⑩ 见《后山丛谈》。《读书偶见》亦有类似记载。

⑪ 安子介著，香港瑞福有限公司，1990。

⑫ 曲月英《解开汉字之谜——记安子介的治学成果》，载 1990 年 7 月 7 日《光明日报》。

⑬ 刘国昌《为弘扬中华民族灿烂文化做贡献——访北京汉字现代化研究会副会长徐德江》，载 1990 年 6 月 1 日《人民日报》（海外版）。

⑭ 同⑫。

（原载于《天津师大学报》1997 年第 5 期）

# 词语的误用与积非成是

由古代汉语发展到现代汉语，词的音节的改变是非常显著的。古代汉语以单音词为主，到了近代汉语特别是现代汉语则以双音词为主。双音词进入句子中，常常具有整齐、匀称、顿挫、和谐等形式美。这就是为什么汉语成语大多为“四字格”，而骈文刻意追求“四六句”的一个重要原因。特别是对“四字格”，人们有时偏爱到不顾词义、不讲语法的地步。习用既久，也就积非成是，语言学家们想纠正也是徒劳的。“约定俗成”的作用大矣哉！下面让我们对几组习见词语加以分析。

## “生身父母”还是“亲生父母”

“我就是您的亲生女儿，您也就是我的亲生母亲。”（电视剧《风雨丽人》）句中的两个“亲生”，意思不一样。不但不一样，而且正好相反。前者意为“自己生育的”，后者则是“生育自己的”。同一词语，在不同的语境中，竟会出现完全相反的意义，这可不是训诂学上所说的反训，而是由于词语的误用并最终约定俗成形成的。

追根求源，“亲生子女”的说法才是正确的。亲者，亲自也；生者，生育也。亲生子女，表明是父母亲自生育的子女，以别于领养的子女。“亲生父母”的说法原本是错误的，这说法大约始见于俗文学中。如《二刻拍案惊奇》卷十中，既有“这几位伯伯，帮你去讨生身父母的家业”“既是我生身的父亲，那家业我应得有的”，又有“我心里也要去见见亲生父亲的影像，哭他一场，拜他一拜”的说法。这“亲生”的说法，显然错了。之所以说它错误，是因为把两种不同意义的“亲”搞混淆了。“亲”有亲自义，自古而然。如：“吾非与之并世同时，亲闻其声、见其色也。”（《墨子·兼爱下》）“嬴乃夷门抱关者也，而公子亲枉车骑，自迎嬴。”（《史记·魏公子列传》）现在的“亲手”“亲口”“亲笔”等词语中，“亲”仍保留着这个意义。“亲”又指血统最接近的，亦自古而然。如：“我有亲父兄，性行暴如雷。”（《古诗为焦仲卿妻作》）所谓“亲父兄”，谓同父之兄，即胞兄（或谓“父兄”为偏义复词，偏指兄，“亲父兄”即亲兄）。现在的“亲弟兄”“亲姐妹”，指同父母的弟兄、姐妹，“亲”亦用此义。可见，“亲”有“亲自”和“血缘最接近的”义，二者本不相混。构成“亲生”时，本是“亲自生育的”之意，但却被人误用了，在他们看来，“亲生”就等于“亲”，“亲生父母”就等于“亲父母”。讹误传承既久，习非成是，《现代汉语词典》也只得承认其合法地位，所以给“亲生”列一个义项为“自己生育的或生育自己的”，例句是“亲生子女｜亲生父母”，把“生”或解为施动，或解为受动，实在是不得已的办法。

那么，要表明父母确实是生育自己的父母，而非继父母或养父母，该怎么说呢？该称“生身父母”。上面已经举过《二刻拍案惊奇》卷十的用例，下面再举几个：“那王庆自小恶逆，生身父母也再不来触犯它的。”（《水浒传》第一〇三回）“萍，去，给你的生身母亲跪下。”（《雷雨》）“生身”之“身”，义为自身，自己，此义古已有之，如："此其近者祸及身，远者及其子孙。"（《战国策·赵策四》）"爱其子，择师而教之；于其身也，则耻师焉。"（韩愈《师说》）成语"身先士卒"中，"身"仍保留着这个意义。可见，"生身"才是"生育自己的"（见《现代汉语词典》）。"生身父母"即生育自己的父母，前后构成定中关系。

这些年，"亲生父母"的说法颇为流行，并有扩而大之的趋势。什么"他是我亲生的哥哥（弟弟）""她是我亲生的姐姐（妹妹）"等，也常从一些电视剧中听到。但愿不要再以讹传讹，逼得词典在"亲生"与"亲"之间画等号儿。

## "耳闻目睹"与"亲眼目睹"

"亲眼目睹"的说法早就受到了人们的批评，可是近几年，仍不时从作者的笔下见到，从演员、播音员的口中听到，其频率之高，令人吃惊。例如："本市球迷亲眼目睹了女篮将士的精彩演出。"（《今晚报》1992年4月29日）"她亲眼目睹了日本侵略者杀害了她的爹爹和奶奶。"（中央电视台"戏曲欣赏"1992年5月8日）有人甚至撰文，要求承认"亲眼目睹"的合法地位。

我们估计，"亲眼目睹"大概是由"耳闻目睹"变化而来的。"耳闻目睹"完全符合汉语语法。差不多所有讲古汉语语法的书，都要提到名词直接用在动词前作状语，其中一种作用是表示动作行为凭借的工具。如："秦惠王车裂商君以徇。"（《史记·商君列传》）"群臣后应者，臣请剑斩之。"（《汉书·霍光传》）"事不目见耳闻而臆断其有无，可乎？"（苏轼《石钟山记》）这种名词作状语表示动作行为的凭借的用法，现在仍保留在一些成语或词语中，如"耳闻目睹""手舞足蹈""筛选""手语"等。所谓"耳闻"，即用耳听；"目睹”，即用眼看。它们本身都是偏正结构中的“状中”结构。再看“亲眼目睹”，它是在“目睹”前面再加上状语“亲眼”构成的，这就成了“亲眼用眼看”，岂不是叠床架屋？

“亲眼目睹”之所以屡禁不止，除了使用者不能确切了解词语的内部结构外，也同一些人爱造“四字格”有关。既然“耳闻目睹”是亲耳听到、亲眼看到，那么，如果单是亲眼见到，就“顺理成章”地造出了“亲眼目睹”。而这生造的“四字格”，却不合语法规范。如果非要用“四字格”，建议改为“亲眼见（看）到”，只是不够文雅；其实，只用“目睹”，岂不更好？

## “不能尽如人意”与“不尽人意”

早就有人指出过，“不尽人意”不通，因为缺少个动词。但是，这个说法时下很流行，下面是信手从报刊上摘出的例子：“世界大运会新闻中心工作条件不尽人意。”（《今晚报》1991 年 7 月 16 日）“全国马拉松赛成绩不尽人意。”（《光明日报》1994 年 4 月 4 日）“《汇校》不尽人意之处，主要在于字体版面方面。”（《古汉语研究》1996 年第 3 期第 85 页）作者显然是把句中的“尽”误认为动词了。

其实，句中的“尽”是副词，义为“全、都”，它不能带宾语，只能作状语。所以，“不尽人意”缺少个谓语动词。要表达作者所要表达的意思，正确的说法是“不能尽如人意”。如：“他稍微感到天下事不能尽如人意了。”（《子夜》）“而另一方面也折射出这一市场尚有诸多不能尽如人意之处。”（《光明日报》1997 年 4 月 2 日《书画拍卖市场有待规范》）

出现上述错误用法，大概也与人们喜欢用“四字格”有关。他们知道有“尽如人意”的“四字格”成语，于是就把略有缺憾之事的“不能尽如人意”改成“不尽人意”了。

## “夜以继日”与“日以继夜”

这是一个老话题。大约是最近几十年的事儿，有人把“夜以继日”说成“日以继夜”，用来表示日夜不停的意思。下面的例子转引自《汉语大词典》：“他们日以继夜，夜以继日，栖在小房子里。”（丁玲《韦护》）“我们从瑞金突围出来已经两个多月了，日以继夜的死打硬拼，把七万多红军，拼的只剩下三万多人了。”（陈其通《万水千山》）按前一例，讲的是日夜栖息，且“日以继夜”与“夜以继日”连用，形成一种回环美，是出于修辞的需要。后一例，是说在危急情况下的部队行军，当然不分日夜了。可见，例中“日以继夜”的使用，或为表达所需，或为语境使然。而后来人们使用“日以继夜”，却等于说“夜以继日”，从词语的内部结构看，实在经不起推敲。

“日以继夜”是改变了“夜以继日”的次序生造出来的（大概先“日”后“夜”比较顺口），岂不知这样一改，意思就完全颠倒了。

作为成语，“夜以继日”始见于《孟子》。其后两千多年，人们都是这样说、这样写的。下面是一些用例：

其有不合者，仰而思之，夜以继日。（《孟子·离娄下》）

夫贵者，夜以继日，思虑善否。（《庄子·至乐》）

寡人节衣食之用，积金钱，修兵革，聚谷食，夜以继日，三十余年矣。（《史记·吴王濞列传》）

膏粱子弟好斗鹌鹑……夜以继日，毫不知倦。（《帝京岁时纪胜》）

勾践迫欲复仇，乃苦身劳心，夜以继日。（《东周列国志》第八十四回）

夜以继日地工作了好几天。（郭沫若《北伐途次》二）

从结构上看，介词“以”的宾语“夜”提到了前边。在古汉语中，介词“以”的宾语经常提前。如《左传·僖公四年》：“楚国方城以为城，汉水以为池。”《论语·为政》：“《诗》三百，一言以蔽之，曰‘思无邪’。”《史记·项羽本纪》：“楚战士莫不一以当十。”从字面上解释，“夜以继日”是说用夜里休息的时间继续白天的工作。在古代的农耕社会中，人们过着“日出而作，日入而息”的生活，即所谓“夙兴夜寐”。如果到了该休息的夜间，仍在干白天没干完的工作，就说是“夜以继日”，用来形容人的勤奋劳作。人们后造的“日以继夜”却正好相反，从结构上分析，其字面意思只能是：用白天工作的时间，继续夜间的休息。成了没日没夜地休息，这样的人可真成了天字第一号的懒汉了。

不过，语言一条很重要的原则是“约定俗成”。尽管字面上难以讲通，但说的人多了，最终也就习非成是，连《现代汉语词典》也不得不在“夜以继日”下注明“也说‘日以继夜’”，承认了它的合法地位。这令人想起了“无理”的“每况愈下”代替了“有理”的“每下愈况”，读音错误的“暴 bào 露”代替了读音正确的“暴 pù 露”（类似的有“滑 huá 稽”代替了“滑 gǔ 稽”）。但愿“日以继夜”不会取“夜以继日”而代之。

（原载于内蒙古师大《语文学刊》1998 年第 2 期）

# 关于年龄的困惑

用“不惑”代称年龄，本于《论语·为政》，其中的一章记载道：“子曰：‘吾十有五而志于学，三十而立，四十而不惑，五十而知天命，六十而耳顺，七十而从心所欲，不逾矩。’”后世即以“而立”代指三十岁，“不惑”代指四十岁……。这在修辞学上叫作割裂式称代。对此，人们习用既久，本无异议。近读《光明日报》1998年3月12日第2版配图报道《师出同门的政协委员》，文中的“不惑”所指，却令人大惑不解。该文说“三位委员36年前是北京工业学院（现北京理工大学）无线电系的同窗，他们毕业后各奔东西，30多年没见过面……他们都没有过不惑之年，今天又走到一起，以茶当酒，共肩重任”。试推算一下，既然现在“他们都没有过不惑之年”，照通常理解，即现在他们都还不到40岁，36年前他们上大学时就都不到4岁了。改革开放以来有少年大学生，入学时最小也该有十二三岁吧，未闻前此有过幼儿大学生。这里，显然是作者“转（zhuǎi）文”出了差错。作者的本意或许要说他们都不到60岁，要“转文”，该用“耳顺”，结果却来了个“不惑”。由于作者并不真懂“不惑”之所指，结果给读者造成了困惑。窃以为，引经据典不是不可以，但引用之前，先弄懂它的意思，这对记者或编辑来说，该不是过苛的要求吧!

又该报1998年3月16日第2版《与代表委员相识》栏目介绍某位代表:“……47岁，全国人大代表……1964年从北京钢铁学院毕业……”同样出现了年龄的困惑。1964年毕业至今已有34年，47－34＝13，请问，有13岁就大学毕业的吗?

还是这家报纸，1998年2月28日第6版有一篇题为《艺术家的养生“绝招”》的文章，文章说，“孔子活了70岁，当年已是高寿了”。这70岁不知是怎么来的?是举其概数，如同《诗》305篇而古人却说“《诗》三百”一样?怕不是。查词典，无一例外地标明孔子生于公元前551年，死于公元前479年，实足岁数是72岁。连不识字的老人，都知道有“七十三,八十四”的所谓“坎儿”，指的是孔圣人与孟亚圣的寿数，只不过计算用的是我国传统的“虚岁”罢了。

（原载于《语文建设》1998年第8期）

# “位”的移位现象

作为“量词，用于人（含敬意）”（《现代汉语词典》修订本）的“位”，本是称人的敬辞，如说“诸位先生”“各位来宾”等。但近年来，时常听到一些演员或节目主持人用于自称，如“今天我们二位给大家说段相声”“由我们三位主持节目”，等等。敬称自己为“位”，显得太不谦虚，听着颇感刺耳。“位”的这种移位现象，近来使用者的范围有逐渐扩大的趋势。一些影响颇大的报刊刊登的包括一些教师、作家乃至语言学家撰写的文章，也都自称起“位”来。下面是最近的例子：“我们是山东省平邑县镇第二小学的 47 位教师。”（《光明日报》1998 年 5 月 28 日第 2 版读者来信）“南京大学还将举行‘方光焘语言学说思想讨论会’，我们三位门人写了这篇专文，以纪念这位学术精深、广有建树、桃李成林、世所崇仰的一代名流，我们敬爱的老师方光焘先生。”（《南京大学学报》社科版 1997 年第 4 期，胡裕树、卞觉非、陆学海《关于语言体系的几个问题——纪念方光焘师诞辰 100 周年》）。虽说现如今教师这行当被称为太阳底下最光辉的职业，作家被誉为人类灵魂的工程师，语言学家更是受人尊敬，但自己敬称自己，总有点儿不太符合我们这个民族“谦己”的传统。

“位”称别人，时下也不限于所尊敬的人了。“前不久，一位出生只有三十多天的婴儿在西安享受了一种特殊的诊断。”(《光明日报》1998 年 5 月 30 日第 5 版《网上网下故事多》）称“出生只有三十多天的婴儿”用“位”，这可是前所未见。更有甚者，在《“一念之差”乎》(《光明日报》1998 年 7 月 18 日第 7 版）这样一篇几百字的短文中，讲一名“锒铛入狱”的官员，竟四次用“位”来称呼。需要说明的是，作者文中用“位”决不含讽刺意味，而是当成表人数的一般量词了。

当今，“位”有没有必要发展为一般表人数的量词呢？看来没有必要。尽管《新华字典》(1992 年重排本）对“位”已经作如下释义：“量词，表人数。”但举例仍是“诸位同志；三位客人”，从例句中明显可以看出“位”的对人的敬称的性质。况且，量词的丰富本是汉语的特点之一，而量词的谦敬之别更是汉语表义精细之处。汉语中并不缺少一般的称人的量词，如“个”“名”等。“位”用于敬称，由来已久，从中表现出华夏民族“尊人”的美德，也体现了汉语称人量词的丰富。

“位”用作对人的敬称，是由本义引申发展而来的。“位”字从人立会意，本义是官吏在朝廷上站立的位置。《说文》：“位，列中庭之左右谓之位。”《尔雅·释宫》：“中庭之左右谓之位。”郭璞注：“群臣之侧位也。”邢昺疏：“中庭之左右谓之位者，左右犹东西也，位，群臣之列位也。”下面是用本义的例子：“朝廷有位。”(《礼记·坊记》）“礼，朝廷不历位而相与言，不逾阶而相揖也。”(《孟子·离娄下》）引申指官位，职位。如《左传·成公三年》：“孙子之于卫也，位为上卿。”《史记·廉颇蔺相如列传》：“以相如功大，拜为上卿，位在廉颇之右。”由此再引申，就产生了对人的敬称义。此义大约始见于元杂剧、古白话小说及拟话本中，如高文秀《渑池会》第四折："报的众位大人得知，今有秦将领兵至于城下索战哩。"《水浒传》第九十回："得见各位英雄，平生有幸。"《二刻拍案惊奇》卷十七："闻知有位景小姐，是老丈令甥。"几百年来，"位"都是作为表敬之词使用的，如今出现的移位现象，实是使用者不了解"位"的确切含义之故，并非词义发展的结果。所以，私意以为，量词"位"还是定位为对人的敬称为好。

（原载于《语文建设》1998 年第 10 期）

# 古汉语词语札记

王力先生主编的《古代汉语》，自20世纪60年代出版至今30多年来一直作为高等院校相关文科的教材被普遍使用着。它所开创的文选、常用词、古汉语通论三结合的体例，以及选文的宏富而典范，注释的简明而准确，论述的精确而周密，历来为人所称誉。该教材1980年出了修订本，质量有了进一步提高。王力先生在修订本序中说，修订本“肯定还留下一些错误，希望广大读者特别是从事古代汉语教学工作的同志们仍然不吝赐教，以利将来进一步修订”。笔者在使用这套教材的过程中，感到有些问题特别是文选的注释问题，存在一些可商榷之处。现不揣浅陋，略陈愚见，以就教于编者及读者。

## 一、关于词语释义

这里所要讨论的，并非那些历来众说纷纭的疑难词语，而是一般的词语。对这类词语，《古代汉语》的解释偶有考虑不周之处。兹举例加以讨论。

张侯曰：“自始合，而矢贯余手及肘。”(《齐晋鞌之战》)

句中的“矢贯余手及肘”，注者释曰：“箭射进我的手，一直穿到肘。”把“及”当成动词，义为“至、达到”，这显然有违事理。试想，一支箭射进了手，怎么可能再一直穿到肘呢？窃以为句中的“及”应为连词，其作用是连接两个并列的词，构成联合短语，该短语作“贯”的宾语。全句意为：“箭射穿了我的手和肘。”“及”作连词，古书习见。下面举几个见于《左传》的例子：“生庄公及共叔段。”（《隐公元年》）“杀道朔及巴行人。”（《桓公九年》）“荀伯尽送其帑及其器用财贿于秦。”（《文公七年》）“焚雍门及西郭南郭。”（《襄公十八年》）“遂灭巢及钟离而还。”（《昭公二十四年》）“矢贯余手及肘”之“及”，与上举诸例之“及”用法完全相同，应视为连词。

**对曰：“方六七十，如五六十，求也为之，比及三年，可使足民。”（《论语·先进》）**

句中的“方六七十，如五六十”，注者解释说：“这两句是指周围六七十里和五六十里的小国家。”把“方”理解为周长，值得商讨。按“方”是古代表示面积的术语，后面总跟着数量短语，构成“方××”的格式，意为“××见方”，即“纵横各××”。下面举《孟子》中的几个用例：“地方百里而可以王。”（《梁惠王上》）“海内之地方千里者九。”（同上）“文王之囿方七十里。”（《梁惠王下》）所谓“方百里”，即“纵横各一百里”。有时可省略数词（省略的数词是一），如“方里而井，井九百亩。”（《滕文公上》）“食前方丈。”（《尽心下》）《论语》中的“方六七十，如五六十”，则是省略了量词“里”。这种意义的“方”，《汉语大字典》解为“方圆；周围”，不妥；《汉语大词典》解释为：“古代计量面积用语。后加表示长度的数字或数量词，表示纵横若干长度的意思。”甚是，而所举书证正是上引《论语》文。

管仲以其君霸，晏子以其君显，管仲晏子犹不足为与？（《夫子当路于齐》）

句中的“管仲以其君霸”，注者分别注释道：“以，介词，凭着。霸，指行霸道。”把“以”当成介词，不妥。因为如果把“以”当成介词，从语法上分析，“以其君”则成为介词结构，充当“霸”的状语，主语是“管仲”，句子内部的语法关系成了“管仲［以其君］霸”，句意为“管仲凭着他的君主称霸”，这显然与史实不符；史实是，称霸诸侯的是“其君”齐桓公，而非管仲。愚以为句中的“以”应是动词，义为“使”。“以”的本义是“用、使用”（《说文》：“以，用也”），由本义引申出“使、令”义，是很自然的。古籍中“以”当“使”讲的不乏其例，如《尚书·君奭》：“我不以后人迷。”孔颖达疏：“我不用使后世人迷惑。”《战国策·秦策一》：“泠向谓秦王曰：‘向欲以齐事王，使攻宋也。’”高诱注：“以犹使也。”“管仲以其君霸，晏子以其君显”中的“以”，亦应解为“使”。从结构上看，两句均为兼语句，“其君”是兼语，它既是动词“以”的宾语，又是“霸”“显”的主语。“行霸道”“显扬”的是“其君”。这样解释，既有故训为依据，又与事实相符。裴学海《古书虚字集释》卷一：“以犹使也。”书证之一即为“管仲以其君霸，晏子以其君显”。

东野之役于江南也，有若不释然者，故吾道其命于天者以解之。（《送孟东野序》）

注者截取“不释”注曰：“指心放不开，即郁郁不乐的意思。”把“释然”拆开，把“不释”连在一起解释，不妥。按“释然”本是一个词，“然”是词尾（后缀），这类带有词尾“然”的，多是用来描写声状的，古代注家常以“……貌”释之，相当于现在的“……的样子”。查古籍中的“释然”，有两种不同的音义。一是“释然”之“释”读本字，“释然”为“疑虑消除貌”（见《辞源》《汉语大词典》）。如《世说新语·言语》：“由是释然，无复疑虑。”《梦溪笔谈·神奇》：“释然放怀，无复蒂芥。”一是“释然”之“释”读为“怿”，“释然”为“喜悦貌”（见《汉语大词典》）。如《庄子·齐物论》：“南面而不释然，其故何也？”成玄英疏：“释然，怡悦貌也。”可见，不管是哪种意义，“释然”都是一个词。前引文，注者可以解释“不释然”这个短语，而截取“不释”加以解释，就欠考虑了。

## 二、关于词类活用

词类是词在语法上的分类，而词类活用则指某类词在特定的语境中临时用作其他词类。古汉语一词多义现象相当普遍，有些多义词可以分属两个以上的词类，这就是词的兼类。要区分词类活用和词的兼类，除了考察其语法功能外，还应对词义系统（本义、引申义）进行分析，对使用频率加以统计。根据上述原则，我们发现，《古代汉语》的注释中，一些被说成词类活用的词，其实都是兼类词。

使尽之，而为之箪食与肉。（《晋灵公不君》）

句中的“尽”，注曰：“用如动词，这里是吃尽的意思。”按“尽”之本义即为动词。《说文》：“尽，器中空也。”甲骨文字形像手持刷子洗刷器皿意，“食尽器斯涤矣，故有终尽之意。”（罗振玉《增订殷虚书契考释》）其本义是“完了、没有了”，不及物动词。如《左传·庄公四年》：“王禄尽矣。”《吕氏春秋·先识》：“行者无粮，居者无食，则财尽矣。”引申为“用尽、全部用出”，在不同的语言环境中，表示的动作可不同。如《左传·成公十六年》：“莫不尽力以从上命。”《孟子·梁惠王上》：“寡人之于国也，尽心焉耳矣。”以上为用尽。《左传·闵公二年》：“尽敌而反。”《吕氏春秋·恃君》：“日夜相残，无时休息，以尽其类。”以上为灭尽。柳宗元《黔之驴》：“断其喉，尽其肉，乃去。”此指吃尽。“使尽之”之“尽”，也是这个意义。它本是及物动词，带宾语是很正常的。

**上曰：“人告公反。”遂械系信。（《史记·淮阴侯列传》）**

引文中的“械”，注曰：“拘束手足的刑具，这里用如动词。”

把“械”说成名词用如动词，值得商讨。名词用在动词前作状语，是古汉语语法的一个特点。名词作状语，可以表示几种意义。其中之一是表示动作行为的工具。例如《列子·汤问》：“遂率子孙荷担者三夫，叩石垦壤，箕畚运于渤海之尾。”《史记·商君列传》：“秦王车裂商君以徇。”《汉书·霍光传》：“群臣后应者，臣请剑斩之。”试比较一下，“遂械系信”中的“械”，与上举诸例“箕畚”“车”“剑”用法相同，是充当状语的，表示“系”所使用的工具。该句可译为：“于是用刑具拘系了韩信。”

另外，像“权，然后知轻重”（《齐桓晋文之事》）中的“权”，注为“秤锤，用如动词，指称东西”；“惟天为大，惟尧则之”（《许行》）中的“则”，注为“法则，用如动词，效法”等，都欠妥当。因为“权”（测量）、“则”（效法）在句中已属动词，不宜再视为名词的活用了。

## 三、关于通假

这里所说的通假，是指古代书面语中的一种用字现象，即音同或音近字的借用，与传统文字学“本无其字，依声托事”的假借有别。绝大多数通假字是古人所写的音同音近的别字，写的次数多了，得到社会的公认，就“约定俗成”了。有两种情况不能认为是通假。一是两个字本义不同，但由于引申等原因，在某些意义上成为同义词，不能因此而说它们是通假关系。二是古今字，它们产生的时代有先后之别，今字都是为了明确古字的本义、引申义或假借义后造的，不能因为它们的某些意义相同就说成是通假关系。正是在这些方面，《古代汉语》的注释存在着值得讨论的问题。

衮职有阙，惟仲山甫补之。(《晋灵公不君》)

君子于其所不知，盖阙如也。(《论语·子路》)

前例中的“阙”，注曰：“通缺，过失。”后例中的“阙”，注曰：“通缺。”把“阙”当成“缺”的通假字，不妥。

“缺”的本义是“器破”（见《说文》），泛指破损、残缺。引申为缺口、缺陷、缺点等。

“阙 què”的本义是“门观”（见《说文》），即城门两边的楼台，特指皇宫门两边的楼台。因为两阙之间为通道，所以引申出空隙、豁口义（这个意义及由此产生的引申义读 quē），如《左传·昭公二十四年》：“执盖以当其阙。”《水经注·江水》：“两岸连山，略无阙处。”再引申为亏缺、缺损，如《礼记·礼运》：“三五而盈，三五而阙。”《左传·僖公三十年》：“若不阙秦，将焉取之？”又引申为缺点、过失，如《左传·成公十六年》：“致死以补其阙。”诸葛亮《出师表》：“必能裨补阙漏，有所广益。”值得注意的是，于缺陷、缺失诸义，先秦典籍多用“阙”，少用“缺”。如《春秋》三传、《论语》只用“阙”，《吕氏春秋》多用“阙”（5 例），少用“缺”（1 例）。两汉以后，“缺”使用渐多，但始终未能排挤掉“阙”。结论只能是，在缺损、缺点等意义上，二者是同义词，而非通假关系。

孔子时其亡也而往拜之，遇诸塗。(《论语·阳货》)

塗有饿莩而不知发。(《寡人之于国也》)

两句中的“塗”，均注为：“通途。”当成“途”的通假字，不妥。

查先秦典籍，于道路、路途义，最初用“涂”(“涂”本为水名，用为路途义，是假借)，如《周礼·地官·遂人》：“百夫有洫，洫上有涂。”郑玄注：“涂，道路。”其他儒家经典则多不用“涂”字。

“塗”的本义是泥。《说文新附》：“塗，泥也。”由泥土义引申出道路、路途义。《诗经·小雅·出车》：“今我来思，雨雪载塗。”毛传：“塗，冻释也。”朱熹《诗集传》：“塗，冻释而泥塗也。”此引申义在先秦典籍中使用很普遍，如《春秋》三传凡6见，《论语》《孟子》各2见，《韩非子》7见，《吕氏春秋》11见。可见，“塗”的这一意义在先秦本是常用义。

“途”字《说文》未收，先秦经书亦无用例。子书如《荀子》《孙子》等始见，但用例不多；《韩非子》中有5例，算是比较多的。大致可以认为，在道路、路途等意义上，“途”当是“涂”“塗”的俗字或后起字。

昔者孔子没，三年之外，门人治任将归。(《许行》)

句中的“没”，注曰：“通殁，死。”将“没”当成“殁”的通假字，不妥。

按“没”本指沉入水中(《说文》：“没，沈也”)，由此引申出死、终义。此引申义先秦典籍习见，如《左传》中“没”出现15次，14次为“死”或“终”义；《论语》中“没”出现6次，皆为

“死”或“终”义;《孟子》中“没”出现2次，均为“死”义。

“殁”字今本《说文》无(《广韵》于“殁”下引《说文》:“终也”)，先秦经书唯《左传》有2例，均为“没”的异文。子书《墨子》3例，皆为“没”的异文。《吕氏春秋》2例。另外《国语》中亦有用例(《晋语四》:“管仲殁矣”)。估计“殁”字的出现不会早于战国末期。

所以，在“死”的意义上，“没”与“殁”是古今字，“殁”是为了分担“没”的死亡义后造的。依《古代汉语》注释古今字之体例，前引例当注为:“没，死。后来写作殁。”

不狩不猎，胡瞻尔庭有县貆兮。(《诗经·魏风·伐檀》)

诗句中的“县”，注曰:“通悬，挂。”把“县”说成“悬”的通假字，不妥。

按“县 xuán”(繁体作“縣”)为会意字，金文字形像头挂于木上意，本义是悬挂(《说文》:“县，系也”)。用本义之例，《诗经》4处，《左传》8处，《吕氏春秋》9处。

“悬”(繁体作“懸”)字不见于《说文》，先秦经书唯《孟子》有一例(《公孙丑上》:“万乘之国行仁政，民之悦之，犹解倒悬也”)，当系后人所改，因为《孟子》到宋代才被列为经书，前此已被人改过。子书中《荀子》有4例，但都是“县”的异文;《韩非子》有12例。故可断定，“悬”字大约出现于战国末期，它是为了分担“县”的本义而造的。

所以，在悬挂的意义上，“县”与“悬”是古今字，而非通假关系。

此外，作为表疑问的语气词，“邪”与“耶”本是古今字，注者却指为通假(见《北冥有鱼》“天之苍苍，其正色邪”注)；在

"引导"的意义上，"道"与"导"（繁体作"導"）本是古今字，注者却以为通假（见《离骚》"来吾道夫先路"注）。篇幅所限，就不讨论了。

（原载于天津师范大学中文系论文集《文化·传播·教育》，天津教育出版社 1999 年 5 月）

# “质疑”与“置疑”

这两个词读音相同，意义相近，只是用法略有区别，极易误用。先看误用的例子：

① 国外其他游泳协会对中国游泳队的置疑和国内传媒的纷纷报道，极大地干扰了中国游泳队备战的正常秩序和心态。（《今晚报》2000 年 7 月 26 日）

② 据本市一家大型房地产公司估计，其主营二手房的置业网在今年的营业额就将达到 2 个亿左右，毋庸质疑，二手房这块大蛋糕将会成为下一个市场的争夺热点。（《今晚报》2000 年 5 月 11 日）

例①该用“质疑”，却用了“置疑”；例②该用“置疑”，却用了“质疑”。

且看词典对两词的解释：

**质疑**

“提出疑问。”（《现代汉语词典》）

“谓心有所疑，提出以求得解答。”（《汉语大词典》）

“心有所疑，就正于人。”（《辞源》）

“请人解答疑难。”（《辞海》）

**置疑**

"怀疑（用于否定）"（《现代汉语词典》）

"表示怀疑，多用于否定。"（《汉语大词典》）

从时间上看，"质疑"出现很早。《管子·七臣七主》："芒主通人情以质疑，故臣下无信，尽自治其事。"《汉书·陈尊传》："（张）竦居贫，无宾客，时时好事者从之质疑问事。"而"置疑"，《辞源》《辞海》均未收，《汉语大词典》虽收却无书证，可见其出现甚晚。

从词的内部结构看，二者皆为动宾型："质""置"是动词，"疑"是宾语。

那么，它们的区别只在于"质""置"的语素义不同了。"质疑"之"质"，乃"询问、质证"义，此义古已有之。《太玄·数》："爰质所疑。"范望注："质，问也。"《汉书·梅福传》："质之先圣而不缪。"颜师古注："质，正也。"（《辞海》谓此"质"通"诘"，非是）可见，"质疑"是心有所疑而提出求解答，词义的核心是提出疑问。而"置疑"之"置"，当是"设立、设置"义的虚化，"置疑"是心存怀疑，词义的核心是怀疑。二者用法的差别即在于此：当提出怀疑以求解答时，用"质疑"；当表示心存怀疑或怀疑时，用"置疑"，且习惯上多用于否定，"不容置疑""无可置疑"即其例。下面是正确的用法：

①新近发生在江苏省的一件"麻烦"事，使"中国电信"再次遭到公众与传媒的质疑。（《报刊文摘》2000 年 7 月 10 日）

②韦昌辉作为太平军早期的几位领袖之一，他的革命精神是不容置疑的。（《今晚报》2000 年 8 月 7 日）

③"老里根事件"不容置疑。（《今晚报》2000 年 8 月 7 日标题）

针对美国一些媒体对"老里根事件"的质疑，美联社发言人强

调个别证人证词失实不能推翻整个事件的真实性。（正文）

例③颇有启发性：同一条新闻，标题与正文一用“置疑”，一用“质疑”，区别就在于是用于否定呢，还是提出怀疑。

值得注意的是，“质疑”近年出现了一种新用法，即由动词性结构（提出疑问）发展出名词性结构（提出的疑问），所以《辞海》说：“今亦以指提出疑难的问题。”这样用法的“质疑”，与“疑问”一词也就没有什么区别了。下面是这种用法的例子：

①考试之后，许多考生、教师、家长纷纷提出质疑：“报刊上都是这么用嘛！”（《语文建设》1999年第5期）

②《三国志》成书一百年后，南朝宋文帝刘义隆命裴松之作注时裴也对“三顾茅庐”提出了质疑。（《报刊文献》2000年7月10日）

（原载于《语文建设》2000年第11期）

# 语义重复例析

语义重复主要有两种情况。

一是重复使用同义词语。这种重复，既不同于古代汉语中两个同义词的连用（如《战国策·赵策四》的“丈夫亦爱怜其少子乎”），也不同于现代为了表达的需要而连用同义词语（如《骆驼祥子》的“他以为这大概也许因为二十多天没拉车，把腿撂生了”），而完全是一种毫无必要的重复。如：

① 有人说，政客和文人喜欢好古。（《今晚报》1999 年 11 月 20 日）

② 笔者到该楼做了走访。（《经济晚报》1999 年 12 月 27 日）

③ 上海国际电影节是唯一设在中国的一个 A 级电影节。（《新概念周刊》1999 年 11 月 5 日）

④ 通过明察暗访，这些读者们比较满意。（《今晚报》2000 年 1 月 17 日）

⑤ 当时的心情和这现在的天气差不多。（《扬子晚报》2000 年 6 月 4 日）

⑥ 从此，蓬山改名太子岩，至今还有一条“洗肠沟”，传说是当时当年扁鹊为太子开刀的地方。（《今晚报》1999 年 12 月 22 日）

例①的“喜欢”和“好”，例②的“到”和“走”，意义相同。例③的“唯一”与“一个”，所指一样。例④的“这些”已指代多数，助词“们”亦表复数。例⑤的指代词“这”即指“现在”。例⑥的“当时”与“当年”指同一时间。这些重复的词语，没有任何修辞作用，只是累赘，都应加以删改。

二是因为不懂文言词语的确切含义而滥用，造成与现代词语的语义重复。如：

①一天刘半农先生到赵元任家造访，碰到一位青年也在座。（《扬子晚报》2000 年 6 月 15 日）

②在人生的道路上，不断超越，以臻达到完美幸福的人生境界。（《扬子晚报》2000 年 6 月 9 日）

③看谁都像是敌人，动辄便揪、便斗、便批。（《今晚报》2000 年 7 月 12 日）

④而我们这位故事的主人却是管文化学术事业的官员，动辄就写别字念别字。（《今晚报》1999 年 11 月 3 日）

⑤八月四日是英国女王母亲百岁生日，全英国举国上下在四日这天为王太后祝寿。（《今晚报》2000 年 8 月 4 日）

⑥由于副职出头应付这种差事无以为名，姑且暂叫副职的副作用吧。（《今晚报》2000 年 7 月 9 日）

⑦这答案是在通往死亡之海罗布泊的路上，面对一匹倒毙在戈壁滩上的马时，我突然顿悟的。（《今晚报》2000 年 1 月 28 日）

⑧而这两样东西对于国家、民族，都是非常至关重要的。（《今晚报》1999 年 12 月 5 日）

⑨现实生活中大概尚还无此类无赖。（《新概念周刊》1999 年 11 月 5 日）

例①的“造”，义即为“到”。例②的“臻”，义即为“达到”。例③例④的“辄”，义即为“便”“就”。例⑤的“举”，义即为“全”。例⑥的“姑且”，义即为“暂时”。例⑦的“顿”，义即为“突然”。例⑧的“至”，义即为“非常”。例⑨的“尚”，义即为“还”。好“转（zhuǎi）文”却又不真正了解文言词语的意义，出差错是难免的。

就笔者阅读所见，词语及词义重复高居所有语病之首。加强文化素养，提高驾驭语言的能力，增强责任心，文章写完后认真看两遍，竭力将可有可无的词语删去，是避免重复的根本途径和可靠方法。

（原载于《语文建设》2001年第3期）

# “暴”和“曝”

“暴”和“曝”的形音义关系，从古至今，经历了错综复杂的过程。为了弄清二者形、音、义演变的来龙去脉，有必要做一番历史的考察。

“暴”是隶变以后的通用形体，它是由小篆的两个形、音、义完全不同的字讹变而成的。

㬥，《说文》：“晞也。从日从出从廾从米。”（晞，干。）段玉裁注：“《考工记》：‘昼㬥诸日。’《孟子》：‘一日㬥之。’引申为表㬥、㬥露之义。与夲部𣋡义别。凡𣋡疾、𣋡虐、𣋡虎皆夲部字也，而今隶一之。经典皆作暴，难于諟正。”又就字形解释说：“日出而竦手举米晒之，合四字会意。”隶定本应作“㬥”，但隶楷多作“暴”形，典籍亦多作“暴”。日出双手捧米晾晒，其本义是晒。例如《孟子·告子上》：“虽有天下易生之物也，一日暴之，十日寒之，未有能生者也。”又《滕文公上》：“江汉以濯之，秋阳以暴之，皜皜乎不可尚已！”引申为显露，显示。如《吕氏春秋·安死》：“以宝玉收，譬之犹暴骸中原也。”司马迁《报任安书》：“事已无可奈何，其所摧败，功亦足以暴于天下矣。”以上读音本应为pù（《广韵》蒲木切，入声屋韵，並母），但自《玉篇》起即出现异读。《玉篇·日部》："暴，步卜切，晒也，晞也。又蒲报切。"读"蒲报切"，显然是与"暴"字混淆了。而大徐本《说文》所附据孙愐《唐韵》注为"蒲报切"，则完全错了。《广韵》又于"蒲报切"下之"暴"释曰："侵暴。猝也，急也；又晞也……今通作暴。"可见，早在《玉篇》《广韵》中，其形音义已出现混乱。

暴，《说文》："疾有所趣也。从日出夲廾之。"段玉裁注："会意。廾者，竦手也……此与㬥二篆形义皆殊，而今隶不别。此篆主谓疾，故为夲（笔者按音 tāo，义为疾速）之属；㬥主谓日晞，故为日之属。"隶定本应作"㬥"，但隶楷及典籍多作"暴"。其本义是急速，猛烈。例如《诗经·邶风·终风》："终风且暴，顾我则笑。"《吕氏春秋·孟冬》："（孟冬）行夏令，则国多暴风。"引申为突然。如《察今》："澭水暴益。"《史记·项羽本纪》："又闻项羽亦重瞳子，羽岂其苗裔邪？何兴之暴也？"又引申为凶残（如《孟子·滕文公下》："尧舜既没，圣人之道衰，暴君代作"），欺凌（如《庄子·盗跖》："自是之后，以强凌弱，以众暴寡"），损害、糟蹋（如《礼记·王制》："田不以礼，曰暴天物。"）等意义。字音读 bào（《广韵》蒲报切，去声效韵，並母）。

这样，"暴"就有了两种读音和与之相应的两个意义系统，且出现了混同的情况。

由于"暴 pù"与"暴 bào"的读音混同，且后者使用广泛，为从形、音上加以区别，后造从日、暴声的"曝 pù"，专门表示晾晒义（如《战国策·燕策二》："蚌方出曝，而鹬啄其肉。"）及显露义（如《孔子家语·曲礼子夏问》："送而以宝玉，是犹曝尸于中原也"）。"曝"本是为"暴 pù"造的区别字，理应读 pù，但在《玉篇》中，作为"暴"的俗字的"曝"，同时有 pù（步卜切）、bào（薄报切）两读;《广韵》入声屋韵于“暴 pù”（薄木切）下列俗体“曝”，去声号韵于“暴 bào”（薄报切）下列“曝”并诠释说:“曝干，俗。”这样，“曝”也就有了异读。

到了现代汉语中，“暴 pù”只是在晾晒的意义上，准确地说，仅在成语“一暴十寒”中，仍在使用。成语是经长期使用而形成的定型结构，具有相当的稳固性，因此其读音才得以保留下来。至于其引申义暴露，已从俗读 bào 了。而“曝”字，也仅仅在个别作家笔下的换字成语“一曝十寒”中偶尔看到，如叶圣陶《英文教授》:“他们跑出英文教室，说的听的依然句句是中国话。这只是‘一曝十寒’的办法罢了，对于理解的功夫完全抛荒。”至于“曝光”，本是专业术语，“使照相底片或感光纸感光”（见《现代汉语词典》）。推求语源，“曝”为显露义，旧读 pù；而今已读 bào 了。特别是“曝光”的比喻义“隐蔽的事情显露出来，被众人知道”，如今在传媒上屡屡出现，“曝 bào 光”之声不绝于口耳，它也就加入到基本词汇的行列之中了。作为测量光线强度的仪表“曝光表”，“曝”的音读情况与“曝光”之“曝”相同。

《现代汉语词典》关于“暴”“曝”的处理，似有可商之处。其一，在 pù 音节下，列单字条目“曝”，而将“暴”作为异体附于其后，书证又是“一曝（暴）十寒”，欠妥。我们知道，成语是历史形成的凝固的结构，一般说要沿用原型，不宜随意变更书写形式。“一暴十寒”的出处广为人知，两千多年来人们都这样写；尽管现代偶有写成“一曝十寒”的，也属特例，不应作为该成语的正选。《普通话异读词审音表》（1985 年 12 月修订）将“一暴十寒”作为正选，将“曝”加括号附于“暴”后，是很恰当的。所以，应该像《新华字典》那样，分列“暴”“曝”两个条目。至于“曝”下所附的多字条目“曝露”注音 pùlù，“爆晒”注音 pùshài，则已经是旧读了，现分别读为 bàolù 和 bàoshài，它们应附于“曝 bào”下才是。其二，在 bào 音节下，分列“暴$^{1}$”“暴$^{2}$”“暴$^{3}$”三个条目，显然是按三个同形同音词对待的。考察一下它们的义项，感到分合不尽合理。“暴$^{3}$”的糟蹋义，本是由“暴$^{1}$”引申出来的，理当并入“暴$^{1}$”；“暴$^{2}$”的两个义项各有来历：①“鼓起来；突出”义的“暴”，本应读 bó(《集韵》北角切，入声觉韵，帮母)，今读 bào 音。古代的例子如《周礼·考工记·瓬人》：“凡陶瓬之事，髻垦薜暴不入市。”郑玄注：“髻读为朗（谓器不正）；垦，顿伤也；薜，破裂也；暴，坟起不坚致也。”现代的例子如茅盾《三人行》：“此时有人走近房来，方的脸，暴眼睛，阔肩膀，稍显得粗鲁。”②“露出来；显现”义的“暴”，本是古代晾晒义之“暴 pù”的引申义，今从俗读为 bào 音。“暴$^{2}$”的这两个义项无任何关系，应分列两个条目。这样，将“暴$^{3}$”并入“暴$^{1}$”，将“暴$^{2}$”一分为二，是否更恰当些呢？谨提出愚见，以就教于方家。

（原载于《语文建设》2001 年第 9 期）

# 学者作家文章中的语病举例

学者作家驾驭语言的能力大都很强，不少学界泰斗、文坛巨子同时又是语言大师。不过，智者千虑，或有一失，稍不留神，语言的表达就会出现瑕疵。兹录语病数例，分类略加剖析，意在说明，即使学有所成，要表达准确，也还非得“咬文嚼字”不可。

## 一、用词不当

多半是由于作者对词的确切含义失察，信手拈来，结果出了差错，例如：

① 老人并不是像人们所说的只知道回顾过去，我们也常常缅想未来。（钱谷融《我希望》，《今晚报》2001 年 2 月 18 日）

② 正如人们能够在天空中找到属于自己的星宿一样，人们在大自然中也可以找到自己的生命与感情的对应物。（肖复兴《叶芹草》，《扬子晚报》2000 年 5 月 27 日）

③ 男人“花心”自古依然，于今为烈。（蒋子龙《花心是什么》，《今晚报》2001 年 1 月 18 日）

例①的“缅想”，与“缅怀”义同，是“追想（以往的事迹）”的意思，对未来之事，是不能用“缅想”的。例②的“星宿（xiù）”，不是指一颗一颗的星星，而是指相邻的若干个星的集合。作者本意是要说“星”或“星星”。例③的“依然”，是“依旧”的意思，说“自古依然”，不辞。作者本意，大概是想说“自古而然”（然，如此，这样），这样才于古有征（曹丕《典论·论文》有“文人相轻，自古而然”语），与下文“于今为烈”相对。

## 二、语义重复

这里所说的语义重复，并非为了表达的需要而连用同义词语，纯粹是叠床架屋，表意赘余。究其原因，多是文白夹杂，造成文言词语与现代词语的语义重复。例如：

①大学给每一个跟上班的学生发毕业证，给所有优秀学生授予学位，却不能给每个拿到了毕业证和获得了学位的人授予才华。（蒋子龙《人气》，《今晚报》2000年1月4日）

②近读报纸，又看到现任总理施罗德，在德国进攻苏联的纪念日（6月22日），再一次发表悔罪声明，除代表德国政府向苏联死于二战期间的2700万亡者，以鞠躬表示祭悼之外，特别提出要严防纳粹在德国的死灰复燃。（从维熙《“8.15”备忘录——在历史镜子面前》，《今晚报》2001年8月9日）

例①的“授予”本是由两个同义语素复合而成的，义为“给予（勋章、奖状、学位、荣誉等）”，与前面的“给”重复。例②的“亡者”即“死亡的人”，与前面的“死”语义重复。

## 三、搭配不当

进入句子的词语，彼此存在着能否搭配的问题。词语的搭配既要受语法规则的支配，更要受语义条件的限制。常见的是语义条件不能搭配。例如：

① 有一天，下午放学后，我让全体女篮到我家。（陈祖芬《我的初恋》，《今晚报》2000 年 6 月 27 日）

② 现在每次我经过南京大学的时候，我都会有着一点儿亲近感，那是我的校友。（储福金《我的大学》，《扬子晚报》2000 年 6 月 14 日）

③ 最近又读到一篇介绍了四位“贤内助”钱迷心窍，利令智昏，积极帮助甚至鼓励丈夫敛财受贿，结果把丈夫推进高墙电网的过程，提醒官员家庭引以为鉴。（牧惠《又一种女人祸水说》，《今晚报》2000 年 5 月 22 日）

④ 我想，也许这就是我们的足球虽大却和小小的乒乓球相差距离的原因之一吧？（肖复兴《想起容国团》，《今晚报》1999 年 9 月 16 日）

⑤ 他在 464 窟中发现到一桶回鹘文木活字。（冯骥才《敦煌痛史》，《今晚报》2000 年 7 月 16 日）

例①的“女篮”，是“女子篮球队”的缩略语，不存在“全体”与否的问题，当说“全体女篮队员”。例②中，代词“那”指代的是“南京大学”，不能说南京大学“是我的校友”，改“校友”为“母校”即可。例③中，与“一篇”搭配的，应该是“文章”“通讯”“消息”“调查报告”之类的词语，因为插入的修饰语太长，行文时只注意了“介绍”与“过程”的支配关系，忘记了前面还有“一篇”在，造成了“一篇”与“过程”牵合在一起，搭配上出了问题。例④中，与“相差”搭配的，应该是距离的大小（形容词性，如“甚远”“甚微”等）或具体的长度（名词性，如“五丈”“十万八千里”等），而“距离”作为名词，只泛指相距的长度。

可以说“有距离”“存在距离”，却不能说“相差距离”。例⑤中，“到”作动词的补语时，表示行为动作有结果，如“看到”“体会到”等；“发现”，指“经过研究、探索等，看到或找到前人没有看到的事物或规律”，如“发现新大陆”“发现人类基因”等。“发现”即包含了研究、探索后的结论或结果，与表示动作结果的“到”语义重复，不能搭配。可改为“发现了”；若保留“到”，可改为“找到”或“寻找到”。

## 四、自相矛盾

①这十九首古诗，是东汉末叶文人学习民歌而创作的五言抒情诗，不是一人一时之作，内容多是写宦游文人失意以后思乡念妇或少妇寡居以后想念在外丈夫的感情的。（荆贵生主编《古代汉语》修订本下册“古诗十九首”介绍，黄河出版社，1997年）

②我四大野战军如秋风扫落叶一般，将盘踞大陆上的国民党残部大部就要全部消灭。（王朝柱《毛泽东·1949—1954》，《今晚报》1999年10月13日）

例①，“寡居”即守寡，指妇女丧夫后不再结婚。既是“少妇寡居”，如何还有“在外丈夫”？二者不能并存，表述违反了矛盾律。例②，既然是“大部”，就不会是“全部”，二者程度不同。

## 五、误用虚词

①鲁迅原名周樟寿，是他的祖父介孚公给他所取的。（周作人《鲁迅的青年时代》，《今晚报》2000年8月17日摘）

②随着朝鲜战局的发展，毛泽东及其中共中央的忧虑逐步加深。（王朝柱《毛泽东·1949—1954》，《今晚报》1999年12月30日）

③ 艺术家创造了无数令人关心的人物，最终换来的是人们关心他的本人……同时我发现，我所拜谒这些人类文化史上巨匠们的墓地，全是出奇的简朴与寻常，又都堆满了鲜花。（蒋子龙《居住在拉雪兹的大师们》，《今晚报》2001 年 8 月 9 日）

例 ① 的“是……介乎公给他所取的”，文意欠通。介宾词组“给他”只能作状语，而“所取”则具名词性，名词性结构如何能受状语修饰？改正的办法是删去助词“所”。例 ② 的“其”是代词，相当于现代汉语的“他的”。“中共中央”并不隶属于领袖个人，句中的“其”字滥用，当删。例 ③ 中，“他的本人”多用了个助词“的”，“所拜谒”与“这些”之间少用了个助词“的”，均造成表述不清。“我所拜谒这些人类文化史上巨匠们的墓地”之所以表述含混，是因为动词“拜谒”既可以和助词“所”构成名词性的“所”字结构，又可以和其后的词语（这些……巨匠们）构成动宾关系；而作者的本意显然不是后者。在“所拜谒”之后加个“的”，既可表明“所拜谒”的定语身份，又可避免“拜谒”与其后的词语产生支配关系。

## 六、误引古语误用成语

① 每一个民族都有它的长处和短处，足球运动的某些条件我们先天不足，用不着“不可为之而为之”。（吴若增《巴西呀巴西》，《今晚报》2000 年 7 月 27 日）

② 孔子是否为书法家史焉不详。他那时候写什么字不清楚，大约是六国小篆的前身，因为秦始皇先生的“书同体”在孔子之后。（苏叔阳《越来越弄不明白的“书法”》，《今晚报》1999 年 11 月 9 日）

③ 还很少见到向比肩者翻脸不认人的气指颐使者。（苏叔阳

《“一阔脸就变”》,《今晚报》2000 年 11 月 15 日）

例①的“不可为之而为之”，大概是引用者自造的“古语”。正确的说法应该是“知其不可而为之”(《论语·宪问》)，反映的是积极用世的态度，用现在时兴的话说，叫“重在参与”或“要的是过程”。例②问题有三。其一，仿照“语焉不详”造的“史焉不详”，不通。“语”是动词，可带宾语“焉”（相当于“之”）;“史”是名词，如何能带宾语“焉”？其二，“六国小篆”的说法不妥。若是并列关系，当说“六国古文、小篆”；若是修饰关系，则“小篆”与“六国古文”无干。其三，秦始皇实行的是“书同文”政策，不知为何变成了“书同体”？例③的成语应当是“颐指气使”，用下巴的动作和口鼻出气来示意，形容有权势者指挥别人时的傲慢态度。颐者，颊也，腮也。说成“气指颐使”，弄颠倒了。

（原载于《语文建设》2001 年第 12 期）

附记:“气指颐使”在明清俗文学中偶有用例，如《玉镜新谭》卷一：“熹宗登大宝，加封近御诸人，而忠贤素所宠信，气指颐使，骤列大珰。”

# 训诂学研究

训诂学是“中国传统的主要以研究古代书面语言为内容的专门学问”，在古代是我国传统的“小学”门类之一。20 世纪的训诂学，走过了由衰落到复兴的艰难历程。

19 世纪末，中国逐渐沦为半殖民地半封建社会，西方现代学术思想及文化制度的东渐，极大地动摇了“国学”的根基，使得一向作为经学附庸的训诂学成了无本之木，迅速衰落下去。这一时期的训诂学家首推章太炎、黄侃。章太炎于 1907 年在日本东京办国学讲习会，著《文始》（1910）等。《文始》是 20 世纪第一部语源学著作。它以声转为理论，以《说文》为根据，取《说文》之独体字、半独体字为初文、准初文，共 510 字，以此为纲，统摄五六千字，分析文字的变异与孳乳关系。其贡献是，“令人看见了词汇不是一盘散沙，词与词之间往往有某种联系，词汇也是有条理的”（王力《中国语言学史》）。其缺点是：初文、准初文的确定欠科学，把初文当词根，混淆了字与词的界限；释义全依《说文》，《说文》释义有误的，亦强为之解。章太炎的弟子黄侃 20 世纪 20 年代即在高校开设训诂学课，他的《训诂述略》，号称纲领性的文献。20 世纪 40 年代，出现了一些颇具新意的训诂论著，试图以西方先进的语言学理论对传统训诂学加以改造。王力先生在《理想的字典》(1945)中客观地评价了古代近代字书的优缺点之后，提出理想的字典应做到三件事：(一)明字的孳乳；(二)分时代先后；(三)尽量以多字释一字(按即解释出语法功能来)。在《新训诂学》(1947)中，有对“旧训诂学的总清算”，也有建立“新训诂学”的主张，指出：“从历史上去观察语义的变迁，然后训诂学才有新的价值。”“等到训诂脱离了经学而归入了史的领域之后，新的训诂学才算成立。到了那时，训诂学已经不复带有古是今非的教训意味，而是纯粹观察、比较和解释的一种学问了。”齐佩瑢的《训诂学概论》是现有概论性质的训诂书中较好的一种。

20世纪50年代初至70年代末，学术界“左”的干扰不断，大批判的口号不绝，训诂学几成绝学。30年间，只有殷孟伦的《略谈训诂学这门科学的对象和任务》(1957)、王力的《训诂学上的一些问题》(1962)等文章和陆宗达的一本普及性的小册子《训诂浅谈》(1964)。

十年动乱结束后，百废待兴，而训诂学的复兴即始于斯时。1979年，南京大学的洪诚受教育部委托举办训诂学培训班，培养了一批教学科研人才；1981年成立了训诂学研究会，是较早的学术团体；1982年召开了全国高校训诂学教材编写经验交流会，影响所至便是80年代出现的训诂教材热。

属于通论性质的训诂学著作，20世纪大约出版了30多部，其中大部分是80年代以来应教学之需编写的。这对普及训诂知识，培养训诂学研究人才，无疑是有一定作用的。而几部或开风气之先，或在理论与实践上具独创性的著作，至今仍为人所乐道。如陆宗达的《训诂简论》(1980)以资料丰富、论述简明、深入浅出为特征；

周大璞的《训诂学要略》(1980)以注重基本知识的介绍见长；洪诚的《训诂学》(1984)是作者多年进行训诂教学与研究的结晶，该书的写作目的，是企图紧密结合古代汉语的教学实践，“提出一些重点问题进行研究，总结前人经验，阐述训诂学的一些基本原则，因此内容侧重以实例进行方法上的启发，而避免单纯地引述前人的议论”。全书紧密围绕“为阅读古代书面语服务”这一核心展开论述，做到了理论与实践的紧密结合，是同类著作中突出的一部。郭在贻在《训诂学》(1986)中提出了“独创性和实用性这两个性，作为自己力争达到的指标”。认为“居今日而讲训诂学，必须为今天的读者所乐于接受和易于掌握，必须为今天的语文教学、古籍整理、辞书编纂工作服务”(见该书“后记”)。作者在书中所举大量例证，大都是自己多年潜心研究的成果，真知灼见迭出，令人折服。而“训诂学的新领域——汉魏六朝以来方俗语词的研究”一章，冲破训诂学为经学服务的樊篱，扩大了训诂学的研究范围。这在概论性的著作中，更是首倡。张永言的《训诂学简论》(1985)将丰富的语言资料与语言学理论相结合，论述“为什么需要训诂学”及“训诂学和方言学”“训诂学和比较语言学”的关系，简明扼要，说理透彻。王宁的《训诂学原理》(1996)汇集了作者近十年来有关训诂学的系列论文，经过整理，分门别类，各篇论文相互联系配合，形成一部有严密系统的理论专著。正如作者在“自序”中所说，该书“把工作的重点放在训诂学的基础理论建设上，放在自觉的、可操作的训诂方法的完善上”。作者国学根基深厚，又熟悉语言学理论，且善于将训诂实践上升到理论的高度，因而对经验训诂学向理论训诂学的转化，对训诂学在现代语言学科中的定位，都有重要作用。

古籍的整理研究，是训诂学的重要内容。20世纪50年代以前，虽然有些学者对某些古籍做过整理研究工作，取得了一些成绩，但大都属零散的个人行为；从1958年国务院成立古籍整理出版规划小组开始，古籍整理才走上有组织、有计划的发展之路；而取得丰硕成果，则是20世纪80年代以后的事。1981年《中共中央关于整理我国古籍的指示》，专门对古籍整理与研究工作，对古文献学学科建设和人才培养做了部署。1983年，全国高校古籍整理研究工作委员会成立。这些举措，极大地推动了古籍整理工作的展开。据不完全统计，十几年间点、校、注、译的各类古籍有上千种。其中今注今译的数量最多，影响最大。用白话注古书，用语体文译文言，对古籍的普及，对提高国人的传统文化素质，起了不小的作用。一些精心用力之作，如杨伯峻的《论语译注》《孟子译注》《春秋左传注》、沈玉成的《左传译文》、陈子展的《诗经直解》、陈鼓应的《庄子今注今译》、屈万里的《尚书今注今译》、张双棣等的《吕氏春秋译注》、阴法鲁主编的《古文观止译注》、王宁主编的《评析本白话十三经》《评析本白话诸子集成》、许嘉璐和梅季坤主编的《文白对照十三经》《文白对照诸子集成》等，都受到好评。今注今译的弊病也是显而易见的：一是选题重复，浪费了人力财力。有些古籍，为之今注今译的不下十多种，其中多是“炒冷饭”，有的甚至是抄袭；二是质量不高，真正做到注释准确无误、译文“信达雅”的微乎其微。不少缺乏训诂学常识的人，甚至学过几篇文言文的人，也来赶时髦凑热闹，搞出的注释错误百出甚至千出，是难免的了。

对同源字的研究，继章太炎的《文始》之后，王力的《同源字典》堪称里程碑式的著作。王力是现代语言学大师，在汉语史和语言学各领域都有开创性建树。《同源字典》书首的“同源字论”，是纲领性的文献，对何谓同源字、如何从语音词义方面分析同源字、同源字的研究及其作用，都加以详尽论述。字典正文以韵部为纲，声组为目。古韵分为三类29部，各韵部之下依33声组列出同源字组，字组之内大量引用古人的训诂，这样从音、义、故训等多方面证明其同源关系，令人信服。该书的不足之处，一是把一些本来存在同源关系的词排除在同源词之外，二是没能为所收同源字组归纳出共同的核心义。

对近代汉语特有的词汇，主要是俗语词，以解经为主的传统训诂学很少予以关注。20世纪兴起的新文化运动，使得白话文取代了文言文，白话小说的地位大大提高，俗语词的研究开始受到重视。50年代以前，这方面的著作主要有胡朴安的《俗语典》(1922)、徐嘉瑞的《金元戏曲方言考》(1948)。对俗语词进行系统研究并取得突破性进展的，当推张相的《诗词曲语辞汇释》(1953)和蒋礼鸿的《敦煌变文字义通释》(1959)。前者收集唐诗宋词金元戏曲中的特殊词语600余条，主要采用排比归纳法，旁征博引，诠释其意义，剖析其用法，结论大都比较可靠，影响很大，深受读者欢迎。其缺点是，有些词语的释义过细，缺乏语法观念，注意语音关系不够，致使有些解释不够恰切甚至出现错误。后者所释虽为敦煌变文中的词语，但所引材料不限于变文，而是广泛涉及唐宋诗词、笔记、小说、史书、佛经、语录等；研究方法也较前者更为科学，释义的概括性，通假、音转关系的阐释以及虚词语法功能的说明，使此书达到了新的高度，产生了深远的影响。新时期以来，俗语词的研究空前活跃，有见地的考释文章在刊物上时有所见；一些专著也陆续出版，如王锳的《诗词曲语词例释》(1980)，顾学颉、王学奇的《元曲释词》(1—4，1983—1990)，龙潜庵的《宋元语言词典》(1985)，江蓝生的《魏晋南北朝小说词语汇释》(1988)，蔡镜浩的《魏晋南北朝词语汇释》(1990)，袁宾的《禅宗著作词语汇释》(1990)，朱庆之的《佛典与中古汉语词汇研究》(1992)，李维琦的《佛经释词》(1993)，王贵元、叶桂刚主编的《诗词曲小说词语大典》(1993)。

**主要参考文献：**

刘坚. 二十世纪的中国语言学. 北京：北京大学出版社，1998.

王力. 中国语言学史. 太原：山西人民出版社，1982.

黄侃. 训诂述略. 制言，1935（7）.

（原载于《20世纪中国学术大典 语言学》，
福建教育出版社，2002）

# 古代专书词汇研究

对某一部古代典籍的词汇进行研究，肇始于20世纪50年代。像杨伯峻《论语译注》(1958)所附《论语词典》那样的专书词典的编撰，本身也包含着对词汇的研究，只是由于体例所限，专书词典对词汇的研究是零散的，难以进行系统的宏观的阐述。

向熹的《诗经词典》(1987)第四章《诗经的词汇》首次对《诗经》词汇的几个重要方面作了客观的描写，讲到《诗经》的单义词和多义词，词的本义和引申义，同义词，复音词，还比较了《风》《雅》《颂》词汇运用的差别和特点，以及《诗经》对汉语词汇发展的影响。这是对古代专书词汇第一次较为系统的描写。张双棣的《吕氏春秋词汇研究》(1989)对《吕氏春秋》的词汇作了全面系统的描写，主要内容是对《吕氏春秋》的基本词汇、词的多义性、词类及其活用、词的书写形式等以及词的结构、意义系统进行多层次的深入的探讨。《吕氏春秋》有单音词、复音词约5000个，作者对这5000个词的语音形式、意义系统、语法特点都逐一进行研究，在此基础上提出了各种类型的具体数据。魏得胜的《韩非子语言研究》(1995)中也谈到《韩非子》词汇的一些问题，其中对新词新义作了讨论，尤其是对表现韩非核心思想的语义网络作了分析，很有参考价值。

对一部专书的某类词进行系统的研究，也取得了可喜的成绩。何乐士的《左传虚词研究》(1989)是研究专书虚词的重要著作，受到学术界重视；她的《左传范围副词》(1994)，在研究思想与方法原则上都有所创新，从语法、语用、语义三个方面对每个范围副词详加分析，是本书的最大特色。而计算机手段的采用，则标志着高新技术与传统内容的结合。此外，吴金华的《世说新语考释》(1994)，重点考释了《世说新语》一书中出现的新词及新词义，也有不少创建。

（原载于《20世纪中国学术大典 语言学》，
福建教育出版社，2002）

# 古代专书词典编纂

编纂古代专书词典，起步较晚。20 世纪 50 年代，杨伯峻撰述《论语译注》之先，编著有《论语词典》一稿，1958 年出版《论语译注》时，把《论语词典》未定稿加以整理，标注每词每义的出现次数及用例，附于《论语译注》之后。该词典的优点是简明扼要，词义频率的统计、词类的标注更是首创，便于读者全面地了解《论语》的词汇面貌。不足之处是，《论语词典》因与《论语译注》"交相为用"而缺乏独立性，体例及内容也只是初具轮廓。杨伯峻编著的《孟子译注》（1960）附有《孟子词典》，编写目的、体例等与《论语词典》相同。杨伯峻、徐提编的《春秋左传词典》（1985）也是与《春秋左传注》相辅相成的，不过已经独立成册了。该词典多义词义项的确立有的缺乏概括性，排列也缺乏系统性，而且缺少频率的统计，这些是主要缺点。

向熹《诗经词典》（1986）从内容到编排都很有特色。该词典收录《诗经》所有 2826 个单字为字头，复音词语近 1000 条排在相关单字字头后；且于义项下标明出现次数；单字字头除用汉语拼音字母注现代音外，还注明字的上古音和中古音，对了解《诗经》的语音全貌很有帮助。词典正文后附有《诗经》原文及用韵，便于核

查。缺点是:“(一)罗列众说，不分良莠。”“(二)对一个词的解释，多至十几个义项。”(《诗经词典》王力序)

张双棣、殷国光、陈涛合著的《吕氏春秋词典》(1993)是在完成了《吕氏春秋译注》，编制了《吕氏春秋索引》的基础上撰写的。该词典收录《吕氏春秋》全部单音词2972个，复音词2102个，以及凝固格式91条；按上古韵部、上古声母编排，单音词条标有现代汉语拼音、中古音；按词性列义项，并标明该词在句法结构中的地位，采用词义描写与用法描写相结合的方法，将音韵、词义、语法熔为一炉，是颇见功力的。不足之处是，有些多义词的义项确定有过细的倾向。

《世说新语》在汉语词汇史上的地位非常重要，为之编著的词典有张永言主编的《世说新语辞典》、张万起的《世说新语词典》。

随着近代汉语词汇研究的兴起，几部重要的古白话小说的词典也陆续编出。周汝昌主编的《红楼梦词典》(1987)、王利器主编的《金瓶梅辞典》(1988)、胡竹安的《水浒词典》(1989)、李法白与刘镜芙的《水浒语词词典》(1989)、白维国的《金瓶梅词典》(1991)，都是比较重要的著作。

(原载于《20世纪中国学术大典 语言学》，
福建教育出版社，2002)

# 《说文解字》研究

东汉许慎的《说文解字》(以下简称《说文》)，是我国传统文字学的奠基之作。其影响之深远，使近2000年的文字学几乎成为《说文》学（或称“许学”)。有清一代，对《说文》的研究达到空前兴盛的局面，有关《说文》的专著达300余种,《说文》专家多至数十人。作为清代朴学殿军的章太炎，1907年在日本东京设国学讲习会，曾逐字讲解《说文》；他的《文始》(1910）一书，结合音义探讨字形的变异和孳乳，把《说文》的研究提高到一个新水平。墨守《说文》而不相信甲骨文，音转过于宽泛，是章氏《说文》研究的最大缺憾。

殷墟甲骨文的发现，使中国文字学进入一个新时期，对《说文》的研究也步入一个崭新的阶段。从文字学中分化出来的，以甲骨文、金文等为主要研究对象的古文字学，必须以《说文》为桥梁；而古文字的考释研究，又为《说文》的研究提供了第一手珍贵资料。由单纯的文献研究到结合出土文字资料进行研究，是20世纪《说文》研究的重要特征。

关于汉字的起源问题，从战国到汉代广泛流传着仓颉造字的说法，经许慎在《说文·叙》中论定之后，直到清代，学者遵循《说文》，大都接受仓颉造字说。章太炎在《造字缘起说》中，根据荀子的论述，加以发挥，认为“仓颉以前，已先有造书者”，“仓颉者，盖始整齐划一，下笔不容增损。由是率尔箸形之符号，始为约定俗成之书契”。唐兰在《古文字学导论》（1935）中，根据大量古文字资料，指出：“文字的起源是绘画。”文字由图画发展而来，现已成为人们公认的事实。近年来，一些学者对汉字的形成问题作了进一步探讨，依据的主要材料是出土的属于原始社会晚期的陶器上的刻画记号和象形符号。郭沫若在《古代文字之辩证的发展》（1972）中认为：“彩陶上的那些刻画记号，可以肯定地说就是中国文字的起源，或中国原始文字的孑遗。”

对“六书”理论的研究，取得了突破性的进展。“六书”本是《周礼》规定的用来教学童的“六艺”科目之一，汉代学者附会为六种“造字之本”。许慎在《说文·叙》中分别给六书下了定义，举了例字，形成一套六书理论，一直统治了文字学界1000多年。清代戴震在《答江慎修先生论小学书》中将六书的前四书称为“字之体”，后二书称为“字之用”，前者为造字之法，后者为用字之法。直到今天，一般讲六书的人还沿用这种分法。对六书进行全面彻底批判的，是唐兰。他在《古文字学导论》中指出：“六书说的缺点，第一是不精密，我们不能把它来分析一切文字，第二是不清晰，我们很难知道它们确实的定义。这种学说是早应当废弃的。”并且提出了新的三书说：“第一是象形文字，第二是象意文字，这两种是属于上古期的图绘文字。第三是形声文字，是属于近古期的声符文字。”陈梦家在《殷墟卜辞综述》（1956）中修正唐说，认为“象形、假借和形声是从以象形为构造原则下逐渐产生的三种基本类型，是汉字的基本类型”。裘锡圭在《文字学概要》（1988）中，把陈氏的象形改为表意，阐述说："在三书中，表意字是使用意符的，也可以称为意符字；假借字是使用音符的，也可以称为表音字或音符字；形声字同时使用意符和音符，也可以称为半表意半表音字或意符音符字。"这样分类，既符合汉字的实际，又具有高度的概括性，已为文字学界广泛采纳。

作为一部字典，《说文》的最基本内容是通过分析字形说解字的本义。对许氏的析形释义，清代的《说文》研究者往往见仁见智，众说不一。丁福保于1928年编成《说文解字诂林》，每一字下将诸家解释依次列出，这为寻检各家成说，比较诸说短长，提供了很大的便利。缺点是，材料虽多而仍有遗漏，罗列众说却不辨良莠。

考释甲骨文所取得的巨大成绩，直接推动了对《说文》析形释义的研究。《说文》所出字形的正与讹，说解的是与非，学者们借助古文字的研究，重新给予评价，这方面的文章可谓汗牛充栋。张舜徽的《说文解字约注》（1983），可视为新注《说文》的代表性的著作。大致能择善而从，释语简明扼要，论双声通转多有创见，是本书的优点；守许说而强解，言通转而牵附，是其缺点。此外，古敬恒、刘利的《新编说文解字》（1991），也能对读者有所启迪。

一些通论性的著述，大都能以新的高度，新的视角，对《说文》的内容加以概括介绍，对《说文》的条例进行系统归纳，对《说文》涉及的理论问题给予深入论述。20世纪30年代，马叙伦的《说文解字研究法》（1933）就是较好的一部著作。该书就《说文》的部首、字体、说解、引文等70余个问题展开研究，或以甲骨文、金文为证，或以许证许，旁征博引，颇多新意，所论大多具有开创性质，对全面了解《说文》，深入研究《说文》，有很大帮助。陈晋的《说文研究法》（1934），侧重在研究方法的介绍与探讨上，也是颇见功力的一部书。20 世纪 50 年代，周祖谟的《许慎和他的说文解字》一文（1956），除一般知识性介绍外，重点论述了《说文》在今天的价值。20 世纪 80 年代，姚孝遂的《许慎与说文解字》(1983）出版，作为一部专著，介绍内容更加详尽，评价得失也很公允。80 年代这类著作中，影响较大的，当推陆宗达的《说文解字通论》(1981)。该书是作者多年研治《说文》的重要成果，对《说文》的内容和体例，如何运用《说文》解释古书,《说文》中保存的有关古代社会状况的资料以及《说文》的局限性，都深入浅出地加以论述。材料详尽，论述简要，涉及的理论问题，力求证据翔实，是将知识的普及与理论的提高结合得较好的一本书。

《说文》研究的深度广度也有新的拓展。举凡《说文》的部首，六书的理论,《说文》中的会意字、形声字，声旁表意问题，省形、省声问题,《说文》中的古文、籀文以及《说文》所反映的古代社会、古代文化诸方面的问题，都有学者进行研究，并不断有专著专论问世，其中不乏精深之作，有些已经产生了一定的影响。

（原载于《20 世纪中国学术大典 语言学》，
福建教育出版社，2002）

# 《释名》研究

《释名》的作者是东汉的刘熙。刘熙试图将各种事物名称的来源解释清楚，使用的方法则是汉代颇为流行的声训，即通过声音的线索探求事物命名的缘由。清代毕沅所撰《释名疏证》及《释名补遗》《续释名》，王先谦所撰《释名疏证补》，是清代研究《释名》的集成之作。

《释名》以往一直被视为训诂的重要著作，考语源、言声训者必称引之。20世纪对《释名》的研究，主要体现在两个方面：一是归纳其条例，二是论列其是非。杨树达的《释名新略例》(1925)，以声音为主，指出："《释名》音训之大例有三：一曰同音，二曰双声，三曰叠韵。其凡则有九：一曰以本字为训，二曰以同音字为训，三曰以同音符之字为训，四曰以音符之字为训，五曰以本字所孳乳之字为训，六曰以双声字为训，七曰以近纽双声字为训，八曰以旁纽双声字为训，此属于双声者也。九曰以叠韵字为训，此属于叠韵者也。"并分别举例加以说明。20世纪30年代末，胡朴安在《中国训诂学史》第三章就《释名》的训释与经典、《尔雅》、《说文》、诸子、纬书、传注等相比较，指明其同异，既分析了《释名》在训诂学上的价值，同时又概括出《释名》的条例，较杨氏详尽。

现代一些学者对《释名》给予了客观评价。最全面深入的是周祖谟作于1946年的《书刘熙〈释名〉后》一文，除考证其作者确为刘熙外，指出:“《释名》一书非为通晓经传而作，旨在探寻事物命名之含义，故以当时日常习用之词为主。虽俚语俗言，亦所不避。”“欲考察汉代之词汇，《释名》与史游《急就篇》当同为重要之资料。”“至于书中所出之音训，以及当时之方音俗语，尤为后人考索汉代语音者所重视。”但同时也指出，“《释名》之声训可取者诚不多”。“其中说解词义，多出于臆测，诚未可信”。此外，近年来一些评介性的文章，如孙德宣的《刘熙和他的〈释名〉》(1956)和一些训诂学史著作，对《释名》的评价也都比较客观、公允。

在其他一些专门的著述中，如王力的《同源字论》一文(1978)，谈到《释名》时，从语言学理论的高度加以评价:“他的《释名》，是企图把各种事物的名称的用意解释清楚。这实际上是认为概念和语音有必然的联系，而不承认荀子的约定俗成的原理。这样他就陷入了唯心主义的泥坑。”“概念语音天然结合论虽然是唯心主义的，但字有同源，则是唯物主义的。在语言发展的过程中，某词的语音分化或字形分化，但是词义相近，那就是同源。因此，《释名》有一小部分的解释还是正确的。”

《释名》所释名物，共1502条，将这些语言材料详加爬梳，客观地论列其得失，这对词汇史、语音史乃至文化史的研究，无疑都将是很有意义的。

(原载于《20世纪中国学术大典 语言学》，
福建教育出版社，2002)

# 通假字研究

“通假”以前通称为“假借”。“假借”本是“六书”之一，一般称为造字的假借或无本字的假借；另有一种情况是，“其始书之也，仓促无其字，或以音类比方假借为之，趣于近之而已”（《经典释文·序录》引郑玄语），本是古人写的别字，理应称为通假，但却被称为用字的假借或有本字的假借。对两种假借，清代学者王引之即已有了很好的认识。

20世纪语言学理论引进我国后，人们的认识达到了新的高度。王力先生主编的《古代汉语》（1962），使用了“古音通假”的名称，并阐释说：“所谓古音通假，就是古代汉语书面语言里同音或音近的字的通用和假借。”《汉语大词典》释“通假”说：“用音同或音近的字代替本字。严格说，与本无其字的假借不同，但习惯上也通称假借。”裘锡圭在《文字学概要》（1988）中把假借字分为无本字的假借字和有本字的假借字即通假字两类。学者们大都主张把无本字的假借与有本字的通假严格区分开来。

20世纪80年代以来，通假字研究的成绩，主要表现在如下几个方面：一是发表了上百篇有关通假字的文章，涉及许多重要问题。比如滥用通假的问题，张双棣在《论假借》（1980）中列举了三种不属于假借的情况，杨春霖在《古汉语通假新说》中列举了九种不是通假的情况，都能切中时弊。又比如关于通假字的读音，杨春霖主张，“为了减少读古书的困难，无须再提倡读本字音了，至于字典、词典里那些因通假而规定的字音，应该全部废除”。但多数人主张，通假字应该读本字之音；至于字典、词典是否为通假义另列音项，情况相当复杂，值得进一步讨论。二是对专书通假字进行研究，如丁忱的《〈诗经〉通假论》(1982)，钱宗武的《尚书通假研究》(1995)；张双棣在《吕氏春秋词汇研究》(1989)中对《吕氏春秋》全部179个通假字分四种类型加以分析，对了解一部书的词汇面貌，大有益处。三是通假字典的编纂，重要的有曹先擢的《通假字例释》(1985)，高启沃的《古籍通假字选释》(1985)，高亨、董治安的《古字通假会典》(1989)。

(原载于《20世纪中国学术大典 语言学》，
福建教育出版社，2002)

# "不志其大"解

先看人教版初中语文第六册所收苏辙《上枢密韩太尉书》中的一段文字：

且夫人之学也，不志其大，虽多而何为？辙之来也，于山见终南、嵩、华之高，于水见黄河之大且深，于人见欧阳公，而犹以为未见太尉也。故愿得观贤人之光耀，闻一言以自壮，然后可以尽天下之大观而无憾者矣。

其中的"不志其大"，课本注："没有立下大志。"这样理解，既不合语法，又与语意不符。"志其大"本是动宾结构，注者释为"立下大志"，会使结构变得无法分析；纵使把"志"解为"立志"，也仍然不合语法。结合语意，不管是从本句看，还是从整段看，所论均非立大志问题。"于山见终南、嵩、华之高，于水见黄河之大且深，于人见欧阳公"，可证所见不在"多"，而在"大"；"而犹以为未见太尉也"一句，更巧妙地将韩太尉视为欧阳修一类的"大"贤人。可见，"志其大"之"大"，不是就立大志而言的，而是从天下之"大观"方面来说的。

这里的关键是注者对"志"的理解有误。句中之"志"并非"志向"或"立志"义，而是"记住"义。"志"的"记住"义，古书习见。例如：

① 旦而皆召其徒，无之，且曰：“志也。”（《左传·昭公四年》，杜预注：“志，识也。”识，记住。）

② 晋侯求之不获，以绵上为之田，曰：“以志吾过，且旌善人。”（《左传·僖公二十四年》）

③ 仲尼闻之曰：“弟子志之：季氏之妇不淫矣。”（《国语·鲁语下》，韦昭注：“志，识也。”）

④ 孔子曰：“由志之，吾语女。”（《荀子·子道》）

⑤ 博闻强志，明于治乱，娴于辞令。（《屈原列传》）

⑥ 居是官者，当志其大，舍其细，先其急，后其缓，专利国家，而不为身谋。（司马光《谏院题名记》）

最后一例颇具启发性。“志其大”与“舍其细”相对，可证“大”非就立志而言。

“且夫人之学也，不志其大，虽多而何为”的意思是：况且，人们学习，不记住大的，即使学的多又有什么用呢？

（原载于《语文建设》2003 年第 7 期）

# 文言文注音指误

人教版高中语文文言文的注释中，注音出现了几处失误。

1. 第一册《烛之武退秦师》“晋军函陵，秦军氾南”中的“氾”，注音为 fàn，误。

按读 fàn 音之“氾”(《广韵》孚梵切，去声梵韵，敷母，释为“滥也”)，义为水漫溢即泛滥，这个意义的“氾”，现在已作为“泛”的异体废弃。表示水名或地名的“氾”，音 fán (《广韵》符咸切，平声凡韵，奉母。古浊声母平声字今读阳平 )。上引文，杜预注:“此东氾也，在荥阳中牟县南。”《经典释文》:“氾南，音凡。”杨伯峻《春秋左传注》:“氾音凡，水名，此指东氾水，在今中牟县南，惟早已湮涸。”《汉语大词典》《汉语大字典》等均注地名之“氾”音 fán。

2. 同篇“若不阙秦，将焉取之”之“阙”，注为 jué 音，亦误。按读 jué 音之“阙”乃是“挖掘”之“掘”的通假字。《集韵》:“掘，穿也。或作阙。”例如《左传·隐公元年》:“若阙地及泉，隧而相见，其谁曰不然? ”《国语·吴语》:“阙为深沟，通于商、鲁之间。”( 韦昭注:“阙，穿也。”) 而“阙秦”之“阙”，显然不是挖掘义，因此不能读 jué 音。

“阙”本是城门、宫门两边的楼观。《说文》：“阙，门观也。”《尔雅·释宫》：“观谓之阙。”《释名·释宫室》：“阙，阙也，在门两旁、中央阙然为道也。”《说文系传》：“盖为二台于门外，人君作楼观于上，上员下方。以其阙然为道，谓之阙；以其上可远观，谓之观；以其悬法，谓之象魏。”这个意义的“阙”音 què（《广韵》去月切，入声月韵，溪母）。

两阙之间有通道，故引申出空隙、空缺义。例如《左传·昭公二十年》：“执盖以当其阙。”《水经注·江水》：“自三峡七百里中，两岸连山，略无阙处。”再引申出缺乏义（如《吕氏春秋·君守》：“故博闻之人、强识之士阙矣”）、缺点过失义（如诸葛亮《出师表》：“愚以为宫中之事，事无大小，悉以咨之，然后施行，必能裨补阙漏，有所广益”）、亏缺减损义（如《礼记·礼运》：“是以三五而盈，三五而阙”）等。为了与本义之“阙”读音相区别，诸引申义之“阙”读 quē（与“缺”的音义均同，只是先秦多用“阙”，汉以后二者混用）。“阙秦”之“阙”，义为减损，当读 quē。

3. 同册《过秦论》“秦孝公据崤函之固”中的“崤”，注为 yáo 音，不妥。崤，《广韵》有异读：一为胡茅切，平声肴韵，匣母。折合今音为 xiáo；一为胡刀切，平声豪韵，匣母，折合今音为 háo。从谐声的角度考虑，以取 xiáo 音为宜（淆、殽等从“肴”声之字均读 xiáo）。故《汉语大词典》《王力古汉语字典》于 xiáo 音下加括号标明“又读 yáo”，或为课本注者所据。

读“崤”为 yáo，大概是受了声旁字今读的影响。按“肴”旧读 xiáo（《广韵》胡茅切，与“崤”在同一小韵），今从俗读 yáo；而“崤山”之“崤”，《左传·僖公三十二年》作“殽”（《经典释文》："殽，本又作崤"）。《广韵》中"肴""崤""殽"同音。人们依照"肴"的今读 yáo 来读"崤""殽"，于是就成了 yáo 音。其实，字的读音是不能这样类推的。

4. 第二册《石钟山记》"因笑谓迈曰：'汝识之乎……'"中的"识"，注者解为"知道"，是对的；但注为 zhì 音，则误矣。

按"识"的本义是知道、认识。《说文》："识……一曰知也。"例如《论语·阳货》："多识于鸟兽草木之名。"《孙子·谋攻》："识众寡之用者胜。"贺知章《回乡偶书》："儿童相见不相识，笑问客从何处来。"这个意义的"识"音 shí（《广韵》赏职切，入声职韵，书母）。"汝识之乎"之"识"，义为知道，故当读 shí 音。

由"知道"义引申，"识"有"记住"义。例如《论语·述而》："默而识之，学而不厌，诲人不倦。"（朱熹《论语集注》："识，记也。"）又《子张》："文武之道，未坠于地，在人，贤者识其大者，不贤者识其小者。"（识一作"志"，志亦"记住"义。）《礼记·檀弓下》："小子识之：苛政猛于虎也。"《汉书·匈奴传上》："以记识其人众畜牧。"颜师古注："识亦记。"为了与"知道"义的"识"从读音上相区别，于"记住"义之"识"读 zhì（《广韵》职吏切，去声志韵，章母）。段玉裁《说文解字注》于"识"下注曰："按凡知识、记识、标识，今人分入去二声；古无入去分别，三者实一义也。"讲明了它们义同源及音分化的关系。

5. 第四册《逍遥游》"彼其于世，未数数然也"中的"数"，注为 shuó 音，声调误。按"数"有四种不同读音：shù（数目、气数义）、shǔ（计算、数说义）、shuò（屡次、疾速义）、cù（细密义）；却无读 shuó 音者。那么"数数"当读何音呢？《经典释文》曰："数数，音朔……司马云：‘犹汲汲也。’崔云：‘迫促意也。’”所以，“数数然”是迫切的样子，“数”应读 shuò。

（原载于《语文建设》2003 年第 10 期）

# “长物”并非“好东西”

《谢国桢与饮冰室》（载2001年8月13日《今晚报》）一文有如下一段话：“梁（启超）先生还送给谢国桢他仿效秦权所写的长条，以及余绍宗画竹梁题字的横幅。这个横幅后来被谢的朋友郑振铎拿去，一直挂在郑的书斋中，作为西谛书斋中的长物。”观文意，作者是将“长物”当作“优长之物”即“好东西”来使用的，这与人们通常的理解大相径庭。《汉语大词典》收“长 cháng 物”条目，释为“好的东西”，举例是清富察敦崇《燕京岁时记·土地庙》：“市无长物，惟花厂鸽市差为可观。”所立条目及释义颇可疑，因为书证之“长物”并不作如是解。

按“长”有多余、剩余义。《玉篇·长部》：“长，多也。”《集韵》漾韵：“长，余。”如《孟子·告子下》：“交（曹交自称己名）闻文王十尺，汤九尺；今交九尺四寸以长，食粟而已。”《诗品·宋徵士陶潜》：“文体省净，殆无长语。”

“长物”一词，始见于南朝宋刘义庆《世说新语·德行》：“王恭从会稽还，王大看之。见其坐六尺簟，因语恭：‘卿东来，故应有此物，可以一领及我。’恭无言。大去后，即举所坐者送之。既无余席，便坐荐上。后大闻之甚惊，曰：‘吾本谓卿多，故求耳。’对曰：'丈人不悉恭，恭作人无长物。'"（又见《晋书·王恭传》）所谓"长物"，即多余之物。文言文中一直是这样使用的，如唐白居易《销暑》："眼前无长物，窗下有清风。"宋陆游《岁事有望》："已弃胡床无长物，尚携拄杖有同行。"明张岱《家传》："先子暮年，身无长物。"清黄宗羲《申自然传》："匡床布被之外，更无长物。"白话中亦沿用此义，如《歧路灯》第七回："几上一块黝黑的大英石，东墙上一张大瑶琴，此外更无长物。"《老残游记续集》第五回："原来不过一张炕，一个书桌，一架书而已，别无长物。"毛泽东《中国社会各阶级的分析》："他们除双手外，别无长物，其经济地位和产业工人相似。"李国文《买书记》："因为自1957年划右以后，又经三年灾荒，饿得把能变卖的东西，都脱手了，家无长物，自不怕抄。""长物"本指多余的东西，后偶尔也指"像样儿的东西"，《汉语大词典》所举"市无长物，惟花厂鸽市差为可观"之"长物"，即指"像样儿的东西"，而非"好的东西"，二者程度有别。

"长物"之"长"的读音，字典辞书标注有异。《玉篇》"除亮切"，《广韵》"直亮切"，折合今音为zhàng；《辞源》《汉语大字典》《汉语大词典》均注zhàng音；《汉语成语大词典》（河南人民出版社）注为zhǎng音；《现代汉语词典》注为cháng音，于括号内标明旧读zhàng。古汉语词典及大型字典词典重历史渊源，注zhàng音是应该的；标注zhǎng音，则缺乏依据，因为从理据看，"长"的多余义是由长短之"长"引申出来的，与生长之"长"无关；现代汉语的语音趋于简单，在《普通话异读词审音表》未对此字审定的情况下，具有规范作用的《现代汉语词典》的注音，既从俗读，又兼及旧读，不失为一种两全的办法。

由此联想到古代一些有区别词义作用的变读，现代汉语仍沿用的，如“好 hǎo”变读“好 hào”之类，无疑应当保留；现代汉语不再沿用的，该如何处理呢？如当“穿（衣服）；拿衣服给人穿”讲的“衣”，当“君王有天下”讲的“王”，当“把女子嫁给（某人）”讲的“妻”，均读去声，《现代汉语词典》分别为它们单立音项 yì、wàng、qì。它们与当“多余”讲的“长”，属同类现象，处理方法却不同，让人不好理解。愚以为，动词义的“衣”“王”“妻”，似无单列音项的必要。把它们归于平声下，于动词义标明旧读，与当“多余”讲的“长”处理一律，是否更恰当些呢？

（原载于《语文建设》2004 年第 2 期）

# 《史记》标点商榷

中华书局出版的由顾颉刚先生等标点的《史记》，自1959年第1版刊行以来，经1982年再版，总印数达数十万，为史书印数之最，于此可见其影响之大，流传之广。古人云："学识何如观点书。"这个本子在句读方面广泛参考以往的点勘本及前人成说，择善而从，间出己意，给阅读提供了便利。不过，智者千虑，或有一失；且标点出于多人之手，而多人不能无生得失。我们在阅读该书的纪传时，发现了标点欠妥或失误之处。现不揣谫陋，分类举例分析，以就正于方家及同好。

## 一、当属上而属下

尧崩，三年之丧毕，舜让辟丹朱于南河之南。诸侯朝觐者不之丹朱而之舜，狱讼者不之丹朱而之舜，讴歌者不讴歌丹朱而讴歌舜。舜曰"天也"，夫而后之中国践天子位焉，是为帝舜。(《五帝本纪》)

于"舜曰'天也'"下点断，"夫"字属下，误。如是断句，显然把"夫"当成句首语气词了。按"夫"作句首语气词，其作用是引出议论或说明；"而后之中国践天子位焉"乃是陈述句，句意已足，其上再冠以“夫”，反成赘疣。可见，这个“夫”不应属下。古书中，“夫”常用作句末语气词，表示感叹等语气。例子颇多，毋庸列举。在上引文中，“夫”同样应视为句末语气词，句读应为：“舜曰：‘天也夫！’而后之中国践天子位焉。”“也夫”乃是两个语气词连用，“也”表判断或确认语气，“夫”表感叹语气。“也夫”连用的例子如《左传·成公十六年》：“王曰：‘天败楚也夫！余不可以待。’”又《昭公二十七年》：“呜呼！为无望也夫！”《论语·宪问》：“子曰：‘莫我知也夫！’”《庄子·逍遥游》：“今子有五石之瓠，何不虑以为大樽而浮乎江湖，而忧其瓠落无所容，则夫子犹有蓬之心也夫！”又《大宗师》：“天无私覆，地无私载，天地岂私贫我哉！求其为之者而不得也；然而至此极者，命也夫！”

其在高宗（按指武丁），久劳于外，为与小人，作其即位，乃有亮闇，三年不言，言乃欢。（《鲁周公世家》）

断为“为与小人，作其即位”，形式上皆为四字句，句式虽整齐，只是“为与小人”“作其即位”均难明其意，不合语法。《集解》引孔安国曰：“父小乙使之久居人间，劳是稼穑，与小人出入同事也。”引马融曰：“武丁为太子时，其父小乙使行役，有所劳役于外，与小人从事，知小人艰难劳苦也。”所谓“与小人出入同事”“与小人从事”，即是对“为与小人作”的诠释。故当断为：“其在高宗，久劳于外，为与小人作，其即位，乃有亮闇，三年不言，言乃欢。”

## 二、当属下而属上

燕人卢生使入海还，以鬼神事，因奏录图书，曰“亡秦者胡也”。始皇乃使将军蒙恬发兵三十万人北击胡，略取河南地。（《秦始皇本纪》）

将“因奏录图书”作一读，不妥。《集解》引郑玄曰：“胡，胡亥，秦二世名也。秦见图书，不知此为人名，反备北胡。”可见早在汉代，郑玄就把“图书”当成一词了。按“录图”为一词。《淮南子·人间》“秦王挟录图，见其传曰：‘亡秦者，胡也’”可以为证。“录图”又称“图录”“绿图”，录、绿均通“箓”，古时帝王自称受命于天的神秘文书，如“河图”之类。《秦始皇本纪》“盖得圣人之威，河神授图”下《正义》曰：“言始皇之威，能吞并天下称帝，疑得圣人之威灵，河神之图录。”《墨子·非攻下》：“天命周文王伐殷有国，泰颠来宾，河出绿图，地出乘黄。”《吕氏春秋·观表》：“圣人上知千岁，下知千岁，非意之也，盖有自云也，绿图幡薄，从此生也。”录图（绿图、图录）颇似汉代谶纬书。张衡《东京赋》：“高祖膺箓受图，顺天行诛。”李善注：“膺箓，谓当五胜之箓；受图，卯金刀之语。”所以，前引文，当断为“因奏录图，书曰‘亡秦者胡也’”。意为：于是献上录图，（录图上）写着“灭亡秦的是胡”。

于是尊荆卿为上卿，舍上舍。太子日造门下，供太牢具，异物间进，车骑美女恣荆轲所欲，以顺适其意。（《刺客列传》）

如此标点，四字句虽整齐，惜乎“供太牢具”句法不通，“恣荆轲所欲”的亦不限于“车骑美女”，所以，句读欠妥。其实，“供太牢，具异物，间进车骑美女”是三个并列的动宾短语；“恣荆轲所欲，以顺适其意”乃是总结之语。这样断句，才符合文意。《项羽本纪》有这样的话：“项王使者来，为太牢具，举欲进之。”“具”由“准备饭食”义（如《汉书·灌夫传》：“请语魏其具，将军旦日蚤临”）引申指饭食（如《战国策·齐策四》：“左右以君贱之也，食以草具”），“为太牢具”，即准备有牛、羊、猪肉的饭食。标点者大概受了“为太牢具”的影响，才点作“供太牢具”的。“具”字既属上，则“异物”缺了主语，无奈，才点出了“异物间进，车骑美女恣荆轲所欲”这样的句子。

何闻信亡，不及以闻，自追之。人有言上曰：“丞相何亡。”上大怒，如失左右手。居一二日，何来谒上，上且怒且喜，骂何曰：“若亡，何也？”何曰：“臣不敢亡也，臣追亡者。”上曰：“若所追者谁何？”曰：“韩信也。”上复骂曰：“诸将亡者以十数，公无所追；追信，诈也。”何曰：“诸将易得耳。至如信者，国士无双。”（《淮阴侯列传》）

专名萧何之“何”，与疑问词“何”同形，标点者未加区分，将“何曰：‘韩信也’”中的“何”，与上句“若所追者谁”连读，形成“若所追者谁何”这种不伦不类的句子，失误是明显的。再从整段对话看，凡萧何所言均标明“何曰”；标点者将“何”上属，下面仅剩一“曰”字，与全段例不统一，单从形式上亦可看出断句之误。中国社会科学院语言研究所古代汉语研究室编写的《古代汉语虚词词典》（商务印书馆1999年版）于复合虚词“谁何”下，举《史记·淮阴侯列传》例：“上曰：‘若所追者谁何？’曰：‘韩信也。’”照录《史记》标点，不察之甚。

（灌婴）以骑渡河南，送汉王到洛阳，使北迎相国韩信军于邯郸。（《樊郦滕灌列传》）

“骑”所渡为“河”，而非“河南”，故当断为“以骑渡河”；“南”属下，作“南送汉王到洛阳”，与下“北迎相国韩信军于邯郸”相对。“南”“北”均为状语，表示趋向，译为“向南”“向北”。

又同篇“婴度（当作‘渡’）淮北，击破项声、郯公下邳”亦当作“婴渡淮，北击破项声、郯公下邳”。

孝文帝后二年，使使遗匈奴书曰：“……朕闻天不颇覆，地不偏载。朕与单于皆捐往细故，俱蹈大道，堕坏前恶，以图长久，使两国之民若一家子。元元万民，下及鱼鳖，上及飞鸟……”（《匈奴列传》）

断作“使两国之民若一家子”，误。按“一家子”乃现代汉语语词，汉代断然无有；且“子”属上，则“元元万民”无所附丽，亦可证标点之误。当如此标点：“使两国之民若一家，子元元万民，……”“子元元万民”，即以元元万民为子，“子”为名词的意动用法。古代统治者总是标榜自己爱民如子，于是“子万民”“子其民”成了套话。如《战国策·齐策四》：“此二士弗业，一女不朝，何以王齐国、子万民乎？”又：“今君有区区之薛，不拊爱子其民，因而贾利之。”

## 三、当断而未断

尧老，使舜摄行天子政，巡狩。舜得举用事二十年，而尧使摄政。摄政八年而尧崩。（《五帝本纪》）

“舜得举用事二十年”作一读，不妥。“舜得举”与“用事二十年，而尧使摄政”，是时间相隔甚远的两件事，中间应点断。

项籍少时，学书不成，去学剑，又不成。（《项羽本纪》）

将“去学剑”连读，把“去”理解为“往”义，不妥。上古汉语中，“去”只当“离开”（引申为去掉、距离等）讲；中古以后，“去”才产生“往”义。故上引文当断为：“学书不成，去；学剑，又不成。”句中之“去”，犹言“舍弃”。

（五年）正月，诸侯及将相相与共请尊汉王为皇帝。汉王曰：“吾闻帝贤者有也，空言虚语非所守也，吾不敢当帝位。”（《高祖本纪》）

以“吾闻帝贤者有也”为一读，不妥。如此标点，则“帝贤者”

可构成“者”字结构，与文意不符。当于“帝”后点断，“帝，贤者有也”成为判断句，意为：唯贤者才能称帝。

群臣皆顿首言：“皇太后为天下齐民计所以安宗庙社稷甚深，群臣顿首奉诏。”（《吕太后本纪》）

以“皇太后为天下齐民计所以安宗庙社稷甚深”为一读，不妥。当于“计”下点断，“为天下齐民计”构成偏正（状中）结构，“所以安宗庙社稷甚深”乃是对太后计虑的称颂。

桓公之中钩，详死以误管仲，已而载温车中驰行，亦有高、国内应，故得先入立，发兵距鲁。秋，与鲁战于乾时，鲁兵败走，齐兵掩绝鲁归道。齐遗鲁书曰：“子纠兄弟，弗忍诛，请鲁自杀之。召忽、管仲雠也，请得而甘心醢之。不然，将围鲁。”（《齐太公世家》）

以“子纠兄弟”为一读，不妥。此为判断句，公子小白（即齐桓公）与公子纠为同父异母兄弟，故当断为“子纠，兄弟”；又“召忽、管仲雠也”断法亦不妥，当断为：“召忽、管仲，雠也。”意为此二人皆为桓公之仇人。

太史公曰：禹之功大矣，渐九川，定九州，至于今诸夏艾安。及苗裔勾践，苦身焦思，终灭强吴，北观兵中国，以尊周室，号称霸王。勾践可不谓贤哉！盖有禹之遗烈焉。范蠡三迁皆有荣名，名垂后世。臣主若此，欲毋显得乎！（《越王勾践世家》）

将“欲毋显得乎”为一读，不妥。当于“欲毋显”后点断。

于是平原君欲封鲁连，鲁连辞让使者三，终不肯受。平原君乃置酒，酒酣起前，以千金为鲁连寿。（《鲁仲连邹阳列传》）

以“酒酣起前”为一读，不妥。“酒酣”“起”“前”本是三个相承的动作，当以逗号隔开。

河东人李文尝与（张）汤有郤，已而为御史中丞，恚，数从中文书事有可以伤汤者，不能为地。汤有所爱史鲁谒居，知汤不平，使人上蜚变告文奸事，下汤，汤治论杀文，而汤心知谒居为之。（《酷吏列传》）

将“知汤不平”作一读，则不平者为“汤”，原文意非如此。不平者应为鲁谒居，他“知（即了解）汤”，为之不平，因“使人上蜚变告文奸事”。所以，当断为：“汤有所爱史鲁谒居知汤，不平，使人上蜚变告文奸事……”

褚先生曰：臣幸得以经术为郎，而好读外家传语。窃不逊让，复作故事滑稽之语六章，编之于左。可以览观扬意，以示后世好事者读之，以游心骇耳，以附益上方太史公之三章。（《滑稽列传》）

把“以示后世好事者读之”作一读，句法不通，结构亦无法分析。当于“以示后世”下点断。

## 四、不当断而断

汉王则引兵渡河，复取成皋，军广武，就敖仓食。项王已定东海来，西，与汉俱临广武而军，相守数月。（《项羽本纪》）

点作“项王已定东海来，西”，不成话。当断为“项王已定东海，来西”。

尧乃赐舜絺衣，与琴，为筑仓廪，予牛羊。……舜复事瞽叟爱弟弥谨。于是尧乃试舜五典百官，皆治。（《五帝本纪》）

上引文标点可商者二。其一，把“与琴”独立出来，将“与”当成动词（“给予”义），不妥。“絺衣”“琴”均为尧所赐，“与”应视为连词，“与琴”当连上为读。于“给予”义，文中用“予”，下文“予牛羊”可以为证。其二，将“舜复事瞽叟爱弟弥谨”作一读，亦不妥。“舜复事瞽叟”与“爱弟弥谨”分别讲了两件事，中间当点断。

后二年，上曰："朕既不明，不能远德，是以使方外之国或不宁息。夫四荒之外不安其生，封畿之内勤劳不处，二者之咎，皆自于朕之德薄而不能远达也。间者累年，匈奴并暴边境，多杀吏民，边臣兵吏又不能谕吾内志，以重吾不德也。"(《孝文本纪》)

从"间者累年"后点断，不成话。按"间 jiān"有"近来"义，如《汉书·叙传上》："帝间颜色黑瘦。"嵇康《与山巨源绝交书》："间闻足下迁，惕然不喜。""间者"义与单用"间"同。如《孝文本纪》："间者诸吕用事擅权，谋为大逆，欲以危刘氏宗庙。"曹丕《与吴质书》："间者历览诸子之文，对之抆泪，既痛逝者，行自念也。""累年"义为连年。上引文，或作一句读，即"间者累年匈奴并暴边境"；或于"间者"后逗开，作"间者，累年匈奴并暴边境"。

## 五、引语误标

于是缪公乃自茅津渡河，封殽中尸，为发丧，哭之三日。乃誓于军曰："嗟士卒！听无哗，余誓告汝。古之人谋黄发番番，则无所过。"以申思不用蹇叔、百里傒之谋，故作此誓，令后世以记余过。君子闻之，皆为垂涕，曰："嗟乎！秦缪公之与人周也，卒得孟明之庆。"(《秦本纪》)

上引誓词乃是秦缪公于鲁僖公三十六年使孟明大败晋人从而报"殽之战"之仇后对军士讲的，誓词当于"令后世以记余过"止；如标点者所标，誓词于"则无所过"止，则以下成了叙述语，叙述语中，如何能出现第一人称代词"余"（令后世以记余过）？可见引号当后延。

酒罢，吕媪怒吕公曰："公始常欲奇此女，与贵人。沛令善公，求之不与，何自妄许与刘季？"吕公曰：此"非儿女子所知也。"卒与刘季。（《高祖本纪》）

"此非儿女子所知也"为吕公语，将"此"字标于引号外，误。

鲁相初到，民自言相，讼王取其财物百余人。田叔取其渠率二十人，各笞五十，余各搏二十，怒之曰："王非若主邪？何自敢言若主！"鲁王闻之大惭，发中府钱，使相偿之。相曰："王自夺之，使相偿之，是王为恶而相为善也。"相毋与偿之。于是王乃尽偿之。（《田叔列传》）

细玩文意，"王自夺之，使相偿之，是王为恶而相为善也"，旨在说明如此做的后果；"相毋与偿之"，则是表明自己的态度，故"相毋与偿之"仍为鲁相田叔语，而非叙述语。

另外，反问句当用问号或叹号而不用者颇多。如《孝文本纪》："死者天地之理，物之自然者，奚可甚哀。"《晋世家》："盾曰：'弃人用狗，虽猛何为。'"《萧相国世家》："且秦以不闻其过亡天下，李斯之分过，又何足法哉。陛下何疑丞相之浅也。"《留侯世家》："留侯曰：'始上数在困急之中，幸用臣策。今天下安定，以爱欲易太子，骨肉之间，虽臣等百余人何益。'"《张耳陈余列传》："太史公曰：……然张耳、陈余始居约时，相然信以死，岂顾问哉。……"《司马相如列传》："太史公曰：……相如虽多虚辞滥说，然其要归引之节俭，此与《诗》之风谏何异。"《龟策列传》："今龟使来抵网，而遭渔者得之，见梦自言，是国之宝也，王何忧焉。"

（原载于《盐城工学院学报》2004年第2期）

# 初中语文文言文注释商榷二则

## 一、傍地走

《木兰诗》被收入多家教材，对其中的“双兔傍地走，安能辨我是雄雌”，有的教材注释为：“雄雌两兔一起并排着跑，怎能辨别哪个是雄兔，哪个是雌兔呢？傍地走，并排着跑。”把“傍地走”解为“并排着跑”，恐不确，因为“傍”并无“并排”义。

“傍”的本义是靠近，贴近。《说文》：“傍，近也。”例如：

① 尔乃邑居隐赈，夹江傍山。（左思《蜀都赋》）

② 藤垂岛易陟，崖倾屿难傍。（丘迟《旦发渔浦潭》）

③ 一夫怒临关，百万未可傍。（杜甫《剑门》）

④ 白日登山望烽火，黄昏饮马傍交河。（李颀《古从军行》）

所谓“双兔傍地走”，即双兔贴着地面跑，“傍”正用“贴近”义。

“傍”可由本义引申出“伴随、陪伴”义。例如《新书·胎教》：“成王生，仁者养之，孝者襁之，四贤傍之。”《清平山堂话本·快嘴李翠莲记》：“爹先睡，娘先睡，爹娘不比我班辈。哥哥嫂嫂相傍我，前后收拾自理会。”此或为教材注“傍地走”为“并排着跑”之依据。其实，“傍地走”之“傍”，与“伴随”义有别，不可等同视之。

## 二、呼不得

杜甫《茅屋为秋风所破歌》:“南村群童欺我老无力，忍能对面为盗贼。公然抱茅入竹去，唇焦口燥呼不得。”教材解“呼不得”为“喝止不住”。注者之意，盖谓群童竟公然抱茅草跑入竹林，主人虽唇焦口燥地呼喊仍喝止不住。如此解释，于情理、语意均难说通。既然是唇焦口燥，如何还能呼喊？且“不得”亦无“不住”义。所以，其解释是不恰当的。为了辨明句意，让我们先看“得”的意义。助词“得”的一种语法功能是，用在动词后，表示可以或能够。例如:

①猕猴尚教得，人何不愤发!（拾得《诗》之十九）

②谁言农家不入时，小姑画得城中眉。（陆游《岳池农家》）

③纺得纱，织得苎，能裁能补能绣刺。（《清平山堂话本·快嘴李翠莲记》）

也可用“不”否定，构成“不得”的说法，用在动词或动宾短语后，表示该动作行为的不可以或不能够。例如:

④今壹受诏如此，且使妾摇手不得。（《汉书·孝成许皇后传》）

⑤田为王田，买卖不得。（《后汉书·隗嚣传》）

⑥局促一室之内，欲出不得。（袁宏道《满井游记》）

⑦偷来的锣鼓儿打不得。（《红楼梦》第六十五回）

“唇焦口燥呼不得”中的“不得”，同样表示“不能够”；再从事理上看，正是由于“唇焦口燥”，所以才不能够呼喊。

（原载于《语文建设》2004年第6期）

# 高中语文文言文注释商榷四则

## 一、“期”

陶潜《归去来兮辞》中的“富贵非吾愿，帝乡不可期”，教材注释“帝乡不可期”为：“神仙居住的地方没法到。……期，至，及。”解“期”为“至，及”，只是随文而释，其实并不确切，因为古代汉语中“期”并无此义。

按“期”有期望、期待义，此常训。例如：

①是以圣人不期修古，不法常可。（《韩非子·五蠹》）

②良剑期乎断，不期乎镆铘；良马期乎千里，不期乎骥骜。（《察今》）

③今日之事，不容复言，卿当期克复之效耳。（《世说新语·方正》）

④彼于刑者、缚者，非相仇也，期有得耳。（方苞《狱中杂记》）

“帝乡不可期”之“期”，同样是“期望”义，与上句“富贵非所愿”之“愿”为互文。

## 二、“须”

李白《梦游天姥吟留别》中的“且放白鹿青崖间，须行即骑访名山”，教材是这样注释的：“暂且把白鹿放在青青的山崖间，等到要行走的时候就骑上它去访问名山。……须，等待。”把“须”解为“等待”，不妥。

按“等待”义的“须”，是动词，其后一般带宾语。例如《诗经·邶风·匏有苦叶》：“人涉卬否，卬须我友。”《楚辞·九歌·少司命》：“夕宿兮帝郊，君谁须兮云之际？”《韩非子·初见秦》：“大王垂拱以须之，天下编随而服矣。”而“须行”之“须”，处于状语位置，乃是助动词，故不能训为“等待”。

作为助动词，“须”的一个意义是用在动词前，表示该动作行为是施事者所需要的。例如：

① 奉世上言愿得其众，不须复烦大将。（《汉书·冯奉世传》）

② 使孔子知颜渊愈子贡，则不须问子贡。（《论衡·问孔》）

③ 卿不须忧此，慎莫使人闻也。（《三国志·魏书·钟会传》）

④ 羌笛何须怨杨柳，春风不度玉门关。（王之涣《凉州词》）

⑤ 青箬笠，绿蓑衣，斜风细雨不须归。（张志和《渔歌子》）

“须行即骑访名山”之“须”，同样是用在动词前，亦应解为“需要”。句意为：需要出行就骑上它探访名山。

## 三、“抑”

《齐桓晋文之事》中的“抑王兴甲兵，危士臣，构怨于诸侯，然后快于心与”，有的教材注句中的“抑”为：“难道，岂，副词。”此盖本于《汉语大词典》。该词典于“抑”的“难道，岂。表示反诘”义项下，正引此例为书证。不过，细玩句意，表示反诘的，应该是疑问语气词“与”，而不是“抑”；况且，遍查古书，再难找出相同用例，孤证难为确诂。

按“抑”可做副词，用在主语或谓语前，表示不很肯定的推测语气，义为“或者、或许”。例如：

① 然操遂能克绍，以弱为强者，非惟天时，抑亦人谋也。(《三国志·蜀书·诸葛亮传》)

② 物极必反，抑斯之谓欤？(《晋书·姚泓载记》)

③ 岂得之难而失之易欤？抑本其成败之迹，而皆自于人欤？(《新五代史·伶官传序》)

也作“抑者”。例如：

④ 嚣问彪曰：“往者周亡，战国并争，天下分裂，数世然后乃定，其抑者纵横之事复起于今乎？”(《汉书·叙传上》，刘淇《助字辨略》：“此抑字，辞之不定，犹云或者也。”)

其中例③颇有启发性。该句形式上与含有连词“抑”的选择复句（如《孟子·梁惠王上》：“为肥甘不足于口与？轻暖不足于体与？抑为采色不足于目与？”）相似，不过细加分析，却并非选择复句。“岂得之难而失之易欤”中的“岂”，是表测度的副词，可译为“莫非、是不是”。下句“抑本其成败之迹，而皆自于人欤”中的“抑”，同样应视为表测度的副词，译为“或许”，与上句“岂”相呼应。

“抑王兴甲兵……”中的“抑”，也应看成表测度的副词，义为“或许”。王力先生主编的《古代汉语》释此“抑”为“还是”。句非抉择，“抑”不宜视为连词。

## 四、“毋”

《廉颇蔺相如列传》中的“秦王使使者告赵王，欲与王为好，会于西河外渑池。赵王畏秦，欲毋行”，教材注“欲毋行”为：“想要不去。毋，不要。”释“毋”为“不要”，当成表禁止的副词，不妥。表禁止的副词“毋”，意义相当于现在的“不要”，用在祈使句中的动词前。例如《礼记·曲礼上》：“临财毋苟得，临难毋苟免。”《史记·项羽本纪》：“距关，毋内诸侯，秦地可尽王也。”而“赵王畏秦，欲毋行”并非祈使句，故“毋”亦非表禁止之词。

按“毋”用在非祈使句的动词、形容词前，只表示对动作行为、状态的否定，相当于“不”。例如：

①子绝四：毋意，毋必，毋固，毋我。(《论语·子罕》)

②伊尹毋变殷，太公毋变周，则汤、武不王矣。(《韩非子·南面》)

③曩者使女狗白而往，黑而来，子岂能毋怪哉？(《韩非子·说林下》)

“赵王畏秦，欲毋行”中的“毋”，用法与上举诸例中的“毋”相同，只表示一般的否定；“欲毋行”，意为“想不去”。

（原载于《语文建设》2004 年第 9 期）

# 关于《南柯太守传》的几处注释

某版中学《语文读本》第四册收李公佐的《南柯太守传》。几处注释出现失误，辨正如下。

## 一、郛郭

前行数十里，有郛郭城堞。车舆人物，不绝于路。

［郛郭城堞］郛，外城；郭，内城。城堞，城上矮墙。

注者谓“郭”为内城，误。“郭”，指外城，即在城外加筑的一道城墙，此常训。如《礼记·礼运》：“城郭沟池以为固。”（孔颖达疏：“郭，外城也。”）《管子·度地》：“内为之城，城外为之郭。”《孟子·公孙丑下》：“三里之城，七里之郭。”皆“城”“郭”对举，“城”指内城，“郭”指外城。注者舍常训而如此注释，盖谓“郛”既指外城，那么“郭”当然指内城了。其实“郛”与“郭”本是同义词，“郛郭”为两个同义语素构成的复合词，其义即为外城。例如《韩非子·难二》：“赵简子围卫之郛郭。”左思《吴都赋》：“郛郭周匝，重城结隅。”“有郛郭城堞”之“郛郭”，同样是指外城。

## 二、竟夕

王命生与群僚备武卫，大猎于国西灵龟山。山阜峻秀，川泽广远，林树丰茂，飞禽走兽，无不蓄之。师徒大获，竟夕而还。

［竟夕］过了黄昏。竟，暮。

解“竟夕”为“过了黄昏”，释“竟”为“暮”，皆误。“竟”由“乐曲尽”（《说文》）引申出“终、完毕”义。《玉篇》：“竟，终也。”例如《廉颇蔺相如列传》：“秦王竟酒，终不能加胜于赵。”曹操《步出夏门行·龟虽寿》：“神龟虽寿，犹有竟时。”又指“从头到尾、自始至终”的整段时间。例如《列子·说符》：“不笑者竟日。”归有光《项脊轩志》：“何竟日默默在此，大类女郎也？”杜甫《昔游》：“林暗罢幽磬，竟夜伏石阁。”邵长蘅《阎典史传》：“歌声与刁斗、茄吹声相应，竟三夜罢。”所谓“竟日”，即终日，整天；“竟夜”，即终夜，整夜；“竟三夜”，即终三夜，过了三夜。“竟夕而还”中的“竟”，也是这个意义。

再看“夕”，其本义是傍晚，但可引申指夜。例如《诗经·唐风·绸缪》：“今夕何夕，见此良人。”《左传·僖公三十三年》：“居则具一日之积，行则备一夕之卫。”苏洵《六国论》：“今日割五城，明日割十城，然后得一夕安寝。”“竟夕而还”之“夕”，同样是指夜晚。所谓“竟夕”，即终夜，整夜，通宵。相同的用例如《后汉书·第五伦传》：“吾子有疾，虽不省视，而竟夕不眠。”孔尚任《桃花扇·辞院》：“小弟有许多心事，要为竟夕之谈，不知可否？”

## 三、不回

伏见司隶颍川周弁，忠亮刚直，守法不回，有毗佐之器。

［不回］不屈。

释“不回”为“不屈”，误。“回”并无“屈”义。按“回”有邪、邪僻义。《广雅·释诂二》：“回，邪也。”例如《诗经·小雅·钟鼓》：“淑人君子，其德不回。”（毛传：“回，邪也。”）又《大雅·大明》：“厥德不回，以受方国。”（朱熹《诗集传》：“回，邪也。”）《国语·晋语八》：“公族之不恭，公室之有回，内事之邪，大夫之贪，是吾罪也。”（韦昭注：“回，邪也。”）《论衡·变虚》：“若德回乱，民将流亡。”“守法不回”之“回”，亦邪僻义。“不回”即不邪僻，是以否定形式补充说明“守法”的。

## 四、袤

遂命仆夫荷斤斧，断拥肿，折查枿，寻穴究源。旁可袤丈，有大穴，根洞然明朗，可容一榻。

［袤］直。

解“袤”为“直”，不妥。“袤”指南北距离的长度，即纵长。《说文》：“袤，……一曰南北曰袤，东西曰广。”例如《墨子·杂守》：“三十步一弩庐，庐广十尺，袤丈二尺。”鲍照《芜城赋》：“格高五岳，袤广三坟。”（李善注：“南北曰袤。”）泛指长、长度。《广雅·释诂二》：“袤，长也。”（王念孙疏证：“对文则横长谓之广，从长谓之袤……散文则横长亦谓之袤，周长亦谓之袤。”）例如《史记·蒙恬列传》：“筑长城，因地形，用制险塞，起临洮，至辽东，延袤万余里。”《汉书·扬雄传上》：“北绕黄山，濒渭而东，周袤数百里。”“旁可袤丈”之“袤”，同样是“长”义，指距离，而不是指“直”。

（原载于《语文建设》2004年第12期）

# “何命焉为”与“焉用”

## 一、“何命焉为”

《公输》：“公输盘为楚造云梯之械，成，将以攻宋。子墨子闻之，起于鲁，行十日十夜而至于郢，见公输盘。公输盘曰：‘夫子何命焉为？’”

其中的“何命焉为”，某初中教材注曰：“（有）什么见教呢？‘焉’，与‘为’合用，表示疑问语气。”说“焉”与“为”合用表示疑问语气，不妥。

“焉”用于句末时，可与句中的疑问词相呼应，表示疑问语气。例如《论语·子张》：“君子之道，孰先传焉？”《左传·闵公二年》：“寡人有子，未知其谁立焉？”《孟子·梁惠王上》：“王若隐其无罪而就死地，则牛羊何择焉？”又《告子上》：“万钟于我何加焉？”试加比较，“夫子何命焉为”中的“焉”，显然不是这种用法。

“为”可用于反问句句末，表示反问语气，这是因为句中已有谓语动词，故“为”虚化为语气词了。例如《论语·季氏》：“是社稷之臣也，何以伐为？”《史记·项羽本纪》：“如今人方为刀俎，我为鱼肉，何辞为？”又《屈原列传》：“何故怀瑾握瑜，而自令见放为？”比较可知，“夫子何命焉为”之“为”，也不是这种用法；如果视“为”为语气词，则句中缺少了谓语动词。

至于说“焉为”合用表示疑问语气，古籍中实难找出另外的用例来，所以，课本的解释难以令人信服。

我们认为，在“何命焉为”中，“为”是动词，“何命”构成的定中偏正词组作“为”的前置宾语，“焉”是助词，用于宾语前置的句子。“焉”的这种用法并不罕见，例如：

① 我周之东迁，晋郑焉依。(《左传·隐公六年》，杜预注：“幽王为犬戎所杀，平王东迁，晋文侯、郑武公左右王室，故曰‘晋郑焉依’。”)

② 安定国家，必大焉先。(《左传·襄公三十年》，杨伯峻注：“必大焉先，必先大之倒装句。焉是句中助词，用于倒装。”)

③ 今王播弃黎老，而孩童焉比谋。(《国语·吴语》)

④ 先圣王之患之也，固在前矣，是以书之竹帛，镂之金石，琢之盘盂，传遗后世子孙。曰：“何书焉存？”(《墨子·非命下》，孙诒让《墨子间诂》：“此例句犹云‘存于何书’？”)

“晋郑焉依”，即“依晋郑”，余例皆仿此。这种“焉”，用法与“是”相同，均用于宾语前置句。“晋郑焉依”，《水经注·渭水》引作“晋郑是依”，《国语·周语》亦作“晋郑是依”。另外，“之”亦有此用法，例如《左传·成公十二年》：“若让之以一矢，祸之大者，其何福之为？”又《僖公三十三年》：“秦不哀吾丧而伐吾同姓，秦则无礼，何施之为？”又《昭公十三年》：“国不竞，亦陵，何国之为？”

“何命焉为”中的“焉”，同样是起提宾作用的助词。“何命焉为”，即“为何命”，意思是“作何吩咐”或“有何见教”。如课本所注，将“为”视为语气词，则句子缺了谓语动词，难以成立。注者大概也感到缺少动词则句意难通，故释句意时不得不在前面加括号补上一个“有”，可见释“为”为语气词是不恰当的。

## 二、“焉用”

某高中教材对《烛之武退秦师》中的“焉用亡郑以陪邻”是这样解释的:“为什么要灭掉郑国而给邻国增加土地呢？焉，何。用，介词，表原因。陪，增加。邻，邻国，指晋国。”把“用”当成表原因的介词，将“焉用”当成宾语提前的介宾结构，不妥。

诚然，古代汉语中，“用”可以用作引出原因的介词，用法与“以”同，可译为“因为”“由于”等；其宾语如果是“何”“是”等代词，一般要前置，构成“何用”“是用”等格式。例如《谷梁传·庄公二十四年》:“何用不受也？以宗庙弗受也。”又《庄公七年》:“何用见其中也？失变而录其时，则夜中矣。”《左传·成公十二年》:“不谷恶其无成德，是用宣之，以惩不壹。”《论语·公冶长》:“伯夷、叔齐不念旧恶，怨是用希。”但未见“焉”作“用”的宾语构成“焉用”之例证。

“用”本是动词，当它与“焉”构成“焉用”的格式出现在句子中时，其后或带体词性宾语，例如《左传·隐公三年》:“行之以礼，又焉用质？”又《文公十四年》:“杀其子，焉用其母？”或带谓词性宾语，例如：

① 身将隐，焉用文之？(《左传·僖公二十年》)

② 苟得志焉，焉用有信？(《左传·襄公二十七年》)

③ 子为政，焉用杀？(《论语·颜渊》)

④ 夫如是，则四方之民襁负其子而至矣，焉用稼？(《论语·子路》)

⑤ 征之为言正也，各欲正己也，焉用战？(《孟子·尽心下》)

上举诸例的“焉”，都是疑问代词，可译为“哪里”，“焉用”，即“哪里用得着”。

“焉用亡郑以陪邻”中的“焉用”，与上述“焉用”无论是语意还是语法地位全同，因此应作同样解释。杨伯峻《春秋左传注》释此句为“何用灭亡郑国以厚邻国”，王力先生主编的《古代汉语》注此“焉用”为“哪里用得着”，均是。

（原载于《语文建设》2005 年第 8 期）

# 词语辨正二则

## 一、“府中”不是“朝廷中”

诸葛亮《出师表》:“宫中府中，俱为一体，陟罚臧否，不宜异同。”某教材注句中的“宫中”为“皇宫中”，是正确的；但注“府中”为“指朝廷中”，则误，因为“府”并无朝廷义。

按“府”的本义是古代国家藏文书或财物的地方。《说文》:“府，文书藏也。”引申为官署的通称。段玉裁于“府”下注曰:“文书所藏之处曰府，引申之为府史胥徒之府。”此引申义古书习见，例如:

① 以八法治官府。(《周礼·天官·大宰》，郑玄注:“百官所居曰府。”)

② 府不积货，藏于民也。(《管子·权修》，尹知章注:“府，官府。”)

③ 十五府小吏，二十朝大夫。(《乐府诗集·陌上桑》)

④ 且暂还家去，吾今且赴府。(《玉台新咏·古诗为焦仲卿妻作》)

⑤ 刘庆孙在太傅府，于时人士多为所构。(《世说新语·雅量》)

“宫中府中”之“府”，同样指官署，文中具体指丞相府。蜀汉彰武元年(公元221年)，刘备即帝位，封诸葛亮为丞相；后主建兴元年（公元223年），“封亮武乡侯，开府治事”。建兴五年，诸葛亮“率诸军北驻汉中，临发，上疏”，即著名的《出师表》。所以，“府中”即指丞相府中。“宫中府中”，指宫廷中的近臣和丞相府中的官吏；“俱为一体”，谓关系密切，犹如一个整体。古有“君臣一体”之说。《汉书·魏相丙吉传赞》：“故经谓君为元首，臣为股肱，明其一体，相待而成也。”杜甫《咏怀古迹五首》之四：“武侯祠屋常邻近，一体君臣祭祀同。”诗圣正用“宫中府中，俱为一体”之典。

## 二、“加勇”并非“增加勇气”

某版高中《语文读本》第一册《齐桓公求管仲》（选自《国语·齐语》）中有鲍叔辞为宰语：“臣之所不若夷吾者五：宽惠柔民，弗若也；治国家不失其柄，弗若也；忠信可结于百姓，弗若也；制礼义可法于四方，弗若也；执枹鼓立于军门，使百姓皆加勇焉，弗若也。”编者解其中的“加勇”为“增加勇气”，把“加”当成动词，误。

查《国语·齐语》韦昭注：“加，益也。”按此“益”非动词“增加”义，而是副词，“更、更加”义。“加”由动词“增加”义虚化，可作副词，用于形容词或动词前，表示程度、数量的增加或减少，义为“更、更加”。例如：

① 事大国，无失班爵而加敬焉，礼也。（《左传·成公十八年》）

② 传为速也，若俟吾避，则加迟矣，不如捷而行。（《国语·晋语五》，韦昭注：“加，益也。”）

③ 邻国之民不加少，寡人之民不加多，何也？（《孟子·梁惠王上》）

④ 若夫益之而不加益，损之而不加损者，圣人之所保也。（《庄

子·知北游》)

⑤ 登高而招，臂非加长也，而见者远；顺风而呼，声非加疾也，而闻者彰。(《劝学》)

⑥ 故市木之价，不加贵于山。(《韩非子·外储说右上》)

⑦ 盖其又深，则其至又加少矣。(王安石《游褒禅山记》)

如果说，像“加多”“加长”之类，把“加”理解为“增”还勉强可通，那么，与之相对的“加迟”“加少”“加损”等，“加”是无论如何不得解为“增”的。可见，用于形容词或动词前的“加”，不是动词，不是“增加”义，而是副词，是“更加”义。

（原载于《语文建设》2005 年第 11 期）

# 也说膑刑

近读苗得雨先生的《“孙子膑脚”怎成了割膝盖骨》(《今晚报》副刊 2011 年 4 月 26 日）一文，苗先生对古代的膑刑被解释为割膝盖骨提出了疑问。笔者仅就所学，试作阐释，以求教于方家。

要知膑刑为何种刑罚，先要弄清“膑”字的意义。按“膑”字，《说文》作“髌”，释曰：“髌，膝耑也。”（耑，“端”的本字）即膝盖的端头，就是髌骨，膝盖骨。“膑”同“髌”。古书中用本义的例子很多，兹不赘述。引申之，指古代一种挖去膝盖骨的酷刑。请看古书中的例句。《汉书 · 武帝纪》“朕闻昔在唐虞，画象而民不犯”颜师古注引《白虎通》“……犯髌者以墨蒙其髌，象而画之”后释曰：“髌，去膝盖骨也。”《后汉书 · 陈宠传》“其后遂诏有司，绝钻钻诸惨酷之科”，李贤注：“钻，膑刑，谓钻去其髌骨也。”膑刑也叫钻刑。《汉书 · 刑法志》“其次用钻凿”颜师古注：“钻，钻去其髌骨也。”

那么，什么是“髌脚”（或“膑脚”）呢？还是先看例句。《史记 · 鲁仲连邹阳列传》：“昔者司马喜髌脚于宋，卒相中山。”司马迁《报任少卿书》：“孙子膑脚，兵法修列。”“髌”（或“膑”）是膑刑；古代的“脚”可不是现在意义的“腿的下端接触地面支持身体的部分”，而是小腿。《说文》：“脚，胫也。”（胫，小腿）所谓“髌脚”（或“膑脚”），即挖去膝盖骨，使小腿丧失功能。这样看来，电影《战国》把孙膑受膑刑处理为挖去膝盖骨，是完全正确的。

附带谈一下。苗先生说：“春秋战国时代，是有姓无名与名、姓尚不规范的时期，孙子的爷爷名孙武，可是，他本人就名不详，因受过膑刑，人称孙膑。”首先，说“春秋战国时代，是有姓无名与名、姓尚不规范的时期”，恐不妥。实际上，先秦时期，姓、氏、名、字是相当严格的。“姓”字从“女”从“生”，意为同一女子所生之人，显示出姓产生于母系氏族社会的痕迹。我国古老的姓多以“女”为意符（如姬、姚、姜、姒、嬴等），亦可为证。可见，“姓”是表示家族血缘关系的称号。同姓之人繁衍越来越多，对不同的支脉需要有不同的称号，于是细化为“氏”，“氏”是“姓”的分支。同氏必同姓，同姓则不一定同氏。如屈原，本是“楚之同姓”，即与楚王同姓“熊”，而氏则是“屈”。秦汉之后，人们以氏为姓，姓与氏就合一了。如今，“姓氏”则成为一个复音词。再看“名”和“字”。先秦时，男子一般有“名”又有“字”，“名”是出生后父母给取的，“字”是二十岁行冠礼时宾客给取的，“名”与“字”一般有意义的联系。一部《论语》，孔丘及其弟子都是有“名”有“字”的。其次，说“孙子的爷爷名孙武”，也不妥。《史记·孙子吴起列传》只说“膑亦孙武之后世子孙也”，并未坐实是祖孙关系。至于其人名已不可考求，因受过膑刑，故称之为“孙膑”，则是正确的。

（原载于《今晚报》2011 年 5 月 21 日）

# “博士”考

本文要说的“博士”考，不是“考博”，是要考察一下“博士”一词的古往今来。

我国早在战国时代，就有了“博士”一词。所谓“博士”，顾名思义，本是“博学之士”的意思，即学识渊博的人。《战国策·赵策三》记载：郑同北见赵王，赵王曰：“子南方之博士（一本作‘传士’）也，何以教之？”郑同曰：“臣南方草鄙之人也，何足问？”——郑同到北方见赵王，赵王说：“您是南方知识渊博的人，有何见教呀？”郑同说：“我是南方乡野孤陋寡闻的人，哪里值得垂问？”

六国时，“博士”成为学官。六国有博士，秦因之，诗赋、诸子、方技等都立博士。汉承秦制，文帝时，申公为《诗》最精，为博士，是为单科博士；武帝时，置五经博士，“博士”的职责是教授经术、课试，或议政、奉使。晋置国子博士。唐有太学国子诸博士、太医博士、律学博士、算学博士、医学博士等，都是教授官。明清沿袭。由学官引申，“博士”可泛指专精某种技艺或专司某种职业的人，犹后世称人为师傅。如“茶博士”“酒博士”等。

现在，“博士”成为学位名，学位的最高一级。我国高校根据专业学术水平授予学生的学位分为学士（本科毕业时授予）、硕士

（高于学士）、博士（高于硕士）三级。流行的“考博”，全称应该是“报考攻读博士学位研究生”；“读博”，全称应该是“攻读博士学位”。而所谓“在读博士”“在职博士”的说法，其实是不准确的。

还有一种误解，以为“博士后”是比“博士”更高的学位。其实，所谓“博士后”，只是获得博士学位后在高等院校或研究机构从事研究工作并继续深造的阶段（见《现代汉语词典》）。该阶段结束后，这些人或留在该院校、该研究机构工作，或求职于他处。所以，以为“博士后”是比“博士”学位更高，以及时下流行的“读博士后”或“博士后毕业”的说法，也都是不准确的。

（原载于《今晚报》2011 年 8 月 30 日）

# 旧体诗词“韵脚”的读音

近年来，随着“国学”热的升温，旧体诗（主要指格律诗）词（又名“长短句”）的写作也风靡一时。热衷此道者，不仅有老年人，也有不少中青年。旧体诗词的知识相当繁难。如：每首诗词字数有不同的规定；一首之中字的声调要讲究平仄；一句之中用字要讲究平仄的交互；句与句之间或者平仄协调，或者相互属对，也是错不得的；押韵的位置是固定的，而且要与隋唐时期的韵书《广韵》相符，等等。掌握这些知识尚且很难，何况是运用这些知识亲自写作？至于今人写作旧体诗词是否束缚思想，该不该提倡，见仁见智，兹不论述。下面仅就旧体诗词“韵脚”的读音问题，谈谈粗浅的意见，以就教于方家。

所谓“韵脚”，指的是韵文句末押韵的字。下面先看几首诗。

《敕勒歌》（北朝民歌）：“敕勒川，阴山下，天似穹庐，笼罩四野。天苍苍，野茫茫，风吹草低见牛羊。”

《回乡偶书》（贺知章）：“少小离家老大回，乡音无改鬓毛衰。儿童相见不相识，笑问客从何处来。”

《山行》（杜牧）：“远上寒山石径斜，白云生处有人家。停车坐爱枫林晚，霜叶红于二月花。”

诗句中，韵脚“下”与“野”、“回”“衰”与“来”、“斜”与“家”“花”，在现代汉语普通话中，都不押韵了。可在当时，本来都是押韵的：“下”与“野”，同属“马”韵。“回”属“灰”韵，“衰”属“脂”韵，上古同属“微”部，“来”属“咍”韵，与“灰”韵同用。“斜”与“家”“花”，同属“麻”韵。

那么，现在读古诗，这些不押韵的字，应该如何读呢？

一种意见主张，变读以求押韵。如某出版社出版的中学语文教材注“笼罩四野”之“野”曰：音 yǎ。注“乡音无改鬓毛衰”之“衰”曰：音 cuī。苗得雨先生也说，“少小离乡老大回，乡音难（无）改鬓毛衰”，此处“回”得念“徊”。“远上寒山石径斜，白云生处有人家”，此处“斜”得念“霞”。（见《今晚副刊》2011 年 8 月 30 日《旧体诗可以写得通俗些》）

这种主张其实是受了“叶（读 xié，同‘协’）韵”说的影响。所谓“叶韵”，本是南北朝时的学者按当时语音读《诗经》感到韵多不和，以为某些字需临时改读某音以求和谐。这是因为他们不了解“时有古今，地有南北，字有更革，音有转移”。我们知道，语音是发展变化的。我们现在读《诗经》等先秦韵文，经常会遇到音不和谐的情况；读唐宋诗词，有时也会遇到这种情况。这只能有一种解释，即入韵的字，当时本来是押韵的，由于字音的发展演变，到后来变得不押韵了。应该承认这种客观存在的事实，不能勉为其难地硬要读得押韵。何况有些诗词，即便用“叶韵”说，也是无法读押韵的。《诗经》中的许多诗篇，今天很难读押韵；即便唐诗中的有些诗，也是难以读押韵的。如李白的《蜀道难》中，“朝避猛虎，夕避长蛇。磨牙吮血，杀人如麻。锦城虽云乐，不如早还家。蜀道之难，难于上青天，侧身西望长咨嗟。”其中“蛇”“麻”“家”“嗟”

押韵，同属“麻”韵。今天是无法读押韵的。再如崔颢的《长干行》之二：“家临九江水，来去九江侧。同是长干人，生小不相识。”“侧”与“识”均为入声“职”韵，在当时是押韵的，而现代汉语普通话中已无入声，今天无论如何变读，也是无法让它们押韵的。上举《回乡偶书》中的入韵字“回”“衰”“来”，中学语文教材的注者为了让“衰”与“回”押韵，把“衰”读成 cuī，不过，这样一来，它们与后面的“来”就不押韵了（除非把“来”读成 lēi）；而苗得雨先生说，此处“回”得念“徊”（huái），那么“衰”自然得念 shuāi 了，又跟中学语文教材的注音冲突了。这就让人无所适从了。这也证明，随意变读字音以求和谐，是不科学的，也是行不通的。

语言学家们大都主张，读古诗，不管现在押韵与否，都应该完全按照现代汉语普通话的语音来读；对于那些现在不押韵的，只要知道它们在古代是押韵的就行了。笔者认为，这主张是恰当的，是可以遵从的。

（原载于《今晚报》2011 年 9 月 22 日）

# 也谈《木兰诗》的年代

近日读到苗得雨先生的《〈木兰诗〉不是唐朝以前的诗》（载2012年5月26日《今晚报》），文中说："老家有一位古文化研究家……他在1959年上高中时，就发现《木兰诗》不像唐前的诗。"此论倘能成立，真可谓对学界定论的颠覆。不过，看其所列几个主要"理由"，均难令人信服。兹逐一分析之。

其一，《木兰诗》中说到"可汗"，论者认为"从三皇五帝到如今，汉天子兼称可汗的，只有唐太宗"。论者在这里把木兰代父从军的故事坐实为发生在唐太宗贞观三年对突厥颉利可汗的战事，取胜后西域小国给唐太宗上"天子可汗"尊号。其实，不只是古代华夏族称帝王为"天子"，汉代北方匈奴自称"天之骄子"，后泛称少数民族首领，也可简称"天骄"或"天子"。《木兰诗》中，或称"可汗"，或称"天子"，只是为了避免重复，其实皆指北朝少数民族政权首领。从诗中地名（如黑山、燕山）看，首领进行的是对东北库莫奚、契丹的战争。

其二，说"策勋制，北魏时还没有，自西魏时立"。此说与史实不符。按"策勋"本指记功勋于简策之上，周代已有此制，其后历代相沿。《左传·桓公二年》："凡公行，告于宗庙；反行，饮至、舍爵、策勋焉，礼也。”晋杜预注：“既饮置爵，则书勋劳于策，言速纪有功也。”《后汉书·光武帝纪下》：“大司马吴汉自蜀还京师，于是大飨将士，班劳策勋。”唐李贤注：“其有功者，以策书纪其勋也。”至于“策勋十二转”（封赐分为十二个等级，十二转为最高等级），亦不必与《唐六典》的“凡勋十有二等……”对照。古代常常用“十二”表示多。即以《木兰诗》为例：前面说“壮士十年归”，后面说“同行十二年”，战争到底进行了十年，还是十二年？其实，“十”也好，“十二”也好，都是言其时间之长而已。

其三，文章说“‘明驼千里足’，是颉利可汗的坐骑”，实属附会。“明驼”只是善走的骆驼。《乐府诗集·横吹曲辞五·木兰诗》本作“愿驰千里足”，唐段成式《酉阳杂俎·毛篇》引作“愿借明驼千里脚”。“千里足”本指千里马，泛指能行千里者。

其四，说贴花黄“是唐代开始的风俗。北魏时还没有”。不知有何依据？按“花黄”是古时妇女的面饰。南朝梁费昶的《咏照镜》中写道：“留心散广黛，轻手约花黄。”可见在南朝梁代，就有贴花黄的习俗了。

理由既然不能成立，那么其结论自然就不足信了。

查《木兰诗》，《乐府诗集》收入《横吹曲辞·梁鼓角横吹曲》中。据《乐府诗集》的编者宋代的郭茂倩说，此诗最早著录于南朝陈智匠（梁武帝时任乐官）的《古今乐录》。至唐代已广为传诵，唐人韦元甫有拟作《木兰歌》，可以为证。所以，学者们大都认为，《木兰诗》产生于北朝后期。

（原载于《今晚报》2012年6月9日）

# “北狩”并非“到北方打猎”

近读冯磊先生的大作《茴香》（载2012年7月21日《今晚报》），讲的是北宋末年宋徽宗赵佶被金兵俘虏押至北边囚禁，幻想“回乡”之事，读来饶有兴味。只是，作者对所谓“北狩”的意思理解似有不妥。

文章说：“宋徽宗赵佶被掳，史称‘北狩’。这里的北狩，本质当然是做俘虏。但人家当过皇帝，所以大家就客气一些，意思是‘皇帝不在家，到北方打猎去了’。与北狩相对应的，清末八国联军进北京，慈禧太后和光绪帝向西逃命，时人称为‘庚子西狩’，意思是太后和皇帝到西边打猎去了。”冯先生把“北狩”“西狩”之“狩”理解为“打猎”，恐欠妥帖。

诚然，“狩”本指打猎。《说文》：“狩，犬田也。从犬，守声。”（按许慎对字义的说解，一般要结合字形，所谓“犬田”，义为用犬田猎。）古书用例如《逸周书·世俘》：“武王狩，禽虎二十有二。”

因为古音相同，典籍中狩猎之“狩”常假借为“守”（职守义）。如《孟子·梁惠王下》：“天子适诸侯曰巡狩。巡狩者，巡所守也。”意思是：天子到诸侯的封国去，叫作巡狩。巡狩，就是巡视诸侯受命守治的地方。其实，春秋时期的齐相晏婴就说过：“闻天子之诸侯为巡狩，诸侯之天子为述职。”（《晏子春秋·内篇问下》）由此引申出天子出巡的意义。《白虎通·巡狩》：“王者所以巡狩者何？巡者循也，狩牧也，为天下巡行守牧民也。”《列子·汤问》：“周穆王西巡狩，越昆仑。”这个意义也单说“巡”（如孟郊《湘妃怨》：“南巡竟不返，二妃怨逾积。”南巡，指舜巡视南方）或“狩”（如《史记·周本纪》说周武王“乃罢兵西归。行狩，记政事，作《武成》”）。再进一步引申，“狩”用为帝王逃亡或被俘的婉辞。如陈鸿《长恨传》：“既而玄宗狩成都，肃宗禅灵武。”（狩成都，指安史之乱时唐玄宗逃亡巴蜀。）《旧唐书·王处存传》：“处存家在京师，世受国恩，以贼寇未平，銮舆出狩，每言及时事，未尝不喑呜流涕。”（銮舆出狩，指黄巢起义时唐僖宗车驾逃出长安。）岳飞《永州祁阳县大营驿题记》：“痛念二圣远狩沙漠，天下靡宁。”（二圣远狩沙漠，即指宋徽宗、钦宗被俘后囚禁于遥远的北方沙漠之地。）

可见，无论是宋徽宗“北狩”，还是慈禧、光绪“西狩”，“狩”都是“守”的通假字，是“被俘”或“逃亡”之义，而不能解释为“打猎”。

（原载于《今晚报》2012 年 7 月 31 日）

# 话说成语的古今差异

“脱颖而出”，比喻人的才能全部显示出来。古代本作“颖脱而出”，出自《史记·平原君列传》。平原君有门客毛遂，自荐于平原君，平原君说：“夫贤士之处世也，譬若锥之处囊中，其末立见。”毛遂投靠平原君三年而无所知名，平原君用锥子放在口袋中，尖儿立刻显露出来，喻指毛遂无甚才能。毛遂回答说：“使遂蚤（通‘早’）得处囊中，乃颖脱而出，非特其末见而已。”意思是：假使早让我处于口袋中，连锥子把儿上的环儿都会露出来，不只是锥子尖儿露出而已。“颖脱而出”，主语是“颖”——将锥子尖头固定在锥子把儿上的环。如今变成“脱颖而出”，读起来倒是抑扬顿挫了，可是结构却没法儿分析了。

“每况愈下”，这是近代由“每下愈况”讹变而成的成语。“每下愈况”，出自《庄子·知北游》：“正获之问于监市履狶也，每下愈况。”所谓“每下愈况”，意思是愈下愈甚。后来，“每下愈况”用来指情况越来越坏。说成“每况愈下”，就无法分析了。记得鲁迅先生曾在一篇杂文中讽刺某学者把“每下愈况”写成“每况愈下”，可见那时是不兴这样写或说的。如今大都说成或写成“每况愈下”，这或许是因为“愈下”在字面上有“越来越差”的意思吧。

词语的构成，除了要讲理据之外，还有一条更重要的原则，就是“约定俗成”。有的词语尽管不合理据，但是只要得到众人的首肯，得到社会的公认，也就约定俗成了。所谓习非成是，就是这个道理。

（原载于《语言文字报》2012 年 12 月 26 日）

# 也谈“嬛”字的读音

电视剧《甄嬛传》的“嬛”字，剧中人以及该剧的广大观众，无一例外地都读成 huán。现在，这一读法被《咬文嚼字》主编郝铭鉴先生彻底颠覆了：“甄嬛”之“嬛”读 huán 是错的，应该读 xuān。其理由是，剧中的甄嬛刚出场参加选秀时，自报闺名“甄嬛”，皇帝问她是哪个“嬛”，她回答说是“嬛嬛一袅楚宫腰”的“嬛”。皇帝说，那是取自宋代蔡伸的词，并赞美她“‘柔桡嬛嬛，妩媚姌袅’，你果然当得起这个名字”！郝先生认为，既然电视剧设计了选秀问名字来历的情节，而“嬛嬛”是形容女子婀娜妩媚之姿的，那么，甄嬛之“嬛”就应该按照“嬛嬛（xuānxuān）”的音，读成 xuān 才对。

把形容女子婀娜妩媚之姿的“嬛嬛”读成 xuānxuān，当本于《汉语大词典》。该词典在 xuān 音下收双音词“嬛嬛”，释义为“轻柔美丽貌”；不过，未举书证。

“嬛嬛”，这是一个双音节单纯词，古代称为“叠字”，是不能拆开解释的。古代韵书未见为叠音词“嬛嬛”注音者，读为 xuānxuān，也就失去了依据。《汉语大词典》释“嬛嬛”为“轻柔美丽貌”，结合蔡伸的《一剪梅》看，应该是正确的。现把该词录出："堆枕乌云堕翠翘。午梦惊回，满眼春娇。嬛嬛一袅楚宫腰。那更春来，玉减香消。柳下朱门傍小桥。几度红窗，误认鸣镳。断肠风月可怜宵。忍使恹恹，两处无聊。"这是一首写思妇想念从军丈夫的伤春词。其中的"嬛嬛"的确是形容女子身材轻柔的样子，下文的"楚宫腰"可以证明；但不能由此断定其中的一个"嬛"字也有轻柔美丽义。

"嬛"是冷僻字，考察其读音，只能依据古代的韵书。大家知道，古代没有拼音字母，要给一个字注音，就用两个汉字相拼，上字取声，下字取韵，即"反切"，简称"切"。"嬛"字，《广韵·仙韵》标明"许缘切"（读 xuān），释为："嬛，便嬛，轻丽貌。""便嬛"是联绵词，是不能拆开解释的。就是说，"便嬛"才是"轻柔美丽貌"，其中的"嬛"只是个没有意义的音节字。

又"嬛"字，《集韵》标明"胡关切"（读 huán），释为："嬛，女字。"明确指明"嬛"是女人的名字。可见，《甄嬛传》剧中的演员以及该剧观众把"嬛"读成 huán 是不错的；况且，"嬛"是形声字，把"嬛"读 huán，与"缳""澴""镮""寰""圜""鬟""阛"等形声字读音相同，符合一般人的认字习惯。

（原载于《语言文字报》2013 年 1 月 30 日）

# 是“说（shuō）服”还是“说（shuì）服”

在中央电视台1频道热播的电视剧《感动生命》中，当医生韩子航为了不违背对姥姥的承诺，意欲放弃傅洪波的肿瘤切除手术时，从实习医生、代培医生，直到医院院长，都千方百计地说服他；而“说服”一词，都无一例外地读成shuìfú。同是这部电视剧，剧中的小学生司马小超要说服母亲与父亲司马博铭和好，“说服”一词就读成shuōfú。同一部电视剧的同一个词，剧中人或读此音，或读彼音，到底哪个正确呢？给受众造成了困惑。笔者以为，把“说服”的“说”读成shuì，其实并不恰当。

表示“用理由充分的话使对方心服”（见《现代汉语词典》）意义的“说服”一词，据笔者所查资料，始见于清代中晚期的白话小说。如《野叟曝言》第一百一十四回：“这一段话，把诸人都说服了。”《施公案》第四百一十六回：“（黄）天霸晓以大义，说服了准备应王朗之邀入伙琅琊山的二寨主王杰，一路向沂州而来。”文言文中，未见用例。至于其读音，作为大型工具书的《汉语大词典》收录该词，“说”读shuō。所举例句是当代的。以记录普通话语汇为主的《现代汉语词典》，则明确为“说服”注音为shuō//fú（《现代汉语规范词典》注音同）。《现代汉语词典》“是为推广普通话、促进汉语规范化服务的”（见该词典“前言”），其注音是应该遵从的。

那么，为什么会把“说服”读成 shuìfú 呢？如果笔者没有记错的话，这读法肇始于改革开放初期播出的港台影视剧。其后南风北渐，影响到大陆的某些影视人，他们舍弃了通常的读法，也随着 shuìfú 起来，以为这读法挺“文雅”。

众所周知，由于历史的原因，港台地区保留的文言词语较大陆为多。在文言中，“说”读 shuì 时，其意义是“劝说别人听从自己的意见”（见《汉语大词典》）。人们由此推想，所谓“说服”，即劝说使之服从，于是，就把“说服”之“说”顺理成章地读 shuì 了。表面上看，这种推想似乎可以说出道理来；其实，严格说，因为“说服”并不是文言词，所以，这一读法也就失去了根基。退一步说，即使有一天在浩如烟海的古籍中找出表示“劝说使听从”意义的文言词“说服”，也不能用来作为把“说服”读成 shuìfú 的依据。须知，语言的首要原则是“约定俗成”，大陆上早就把“说服”读 shuōfú 了，实在没有改读为 shuìfú 的必要。

在现代汉语普通话中，“说”保留 shuì 这一读音的词语，《现代汉语词典》只举了“游说”；《汉语大词典》《现代汉语规范词典》举了“游说”和“说客”。应该说，这是完全符合语言实际的。所以，除“游说”“说客”外，其他词语中的“说”，只读 shuō，不读 shuì。

（原载于《语言文字报》2013 年 4 月 3 日）

# 一封银子到底是多少？

最近翻阅王艾录先生编著的《汉语理据词典》（北京语言学院出版社 1995 年版），该词典为词条“二百五”释义说：“不知深浅，做事鲁莽的人。”理据是：“银子以五百两为‘一封’，二百五为‘半封’。‘半封’谐音‘半疯’。”这解释颇为新颖，如果“银子以五百两为‘一封’”的所谓“理据”确实无疑，这个解释当然也正确。但遗憾的是，笔者查遍现存古书，单是明清时代的著作，就有数十处提到“一封银子”，并未发现一封银子是五百两的用例。

那么，一封银子到底是多少呢？我们发现，在实际语用中，“一封”所指数额并不相同：

或曰一百两。《负曝闲谈》第二十八回：“他跟手把一封银子打开了，数了数，整整的一百两。”《野叟曝言》卷二：“因在袖中取出一枝玉如意，一封银子，说道：‘这白金百两，请先生收作路费。’”

或曰六十两。《野叟曝言》卷一：“在怀内摸出一封银子道：‘这是六十两纹银，送与相公盘缠的。’”

说五十两的出处最多。《梼杌闲评》第二十九回：“旁边小内侍捧过五十两一封银子、四表礼，做画字礼拜表仪。”《绣像金瓶梅词话》第八十回："又挐出五十两一封银子来。"《儒林外史》第三回："随在跟的家人手里，拿过一封银子来说道：'弟却也无以为敬，谨具贺仪五十两，世先生权且收着。'" 在《二十年目睹之怪现状》第十一回、《儿女英雄传》第三回、《再生缘》第三十回中，一封银子都表明是五十两。

或曰三十两。《绣像金瓶梅词话》第五十七回："取出一封银子，准准三十两足色松纹，便交付薛姑子与那王姑子。"

或曰二十两。《春柳莺》第一回："见一管家，手持一书，还拿了二十两一封银子。"

或曰十两。《儒林外史》第十五回："当下开箱子，取出十两一封银子。"《野叟曝言》卷二："便将身边带着的十两一封银子安放桌上。"

在《照世杯》卷二中，一封银子指的是八两；在《姑妄言》十三卷和《樵史演义》第九回中，指的是五两；在《初刻拍案惊奇》卷十八中，指的是三两；在《儒林外史》第四十八回中，指的是一两。

如上所言，一封银子有一百两、六十两、五十两、三十两、二十两、十两、八两、五两、三两、一两十种说法。

另外，还有大概的数目。如《姑妄言》第六卷："闵氏起身开了柜子，在一个皮匣内，拿出有十多两一封银子过来。"《乾隆南巡记》第三十七回："张氏取出一封银子，约有数十两。"

根据上引诸例，似乎可以得出这样的结论："封"是一个不定量词，用于封缄物。旧时用于计量银子，大致相当于量词"包"。所谓"一封银子"，即"一包银子"。这"封（包）"可大可小，重量并不固定，完全由"封缄"者根据需要而临时决定。

所以,“银子以五百两为‘一封’”的说法，是没有语用根据的，因此是不能成立的。

（原载于《语言文字报》2013 年 4 月 24 日）

# 树倒猢狲散

电视剧《大宅门》中，青帮老大田子行失势、徒弟们东逃西散之际，杨亦增的跟班说：“田子行的人已经树倒猢狲散了。”“树倒猢狲散”这个俗语，其字面意思一目了然：树倒了，树上的猴子就四散逃走了；其比喻义也很明显：一旦主子垮台，依附他的人就散去了。据宋代庞元英《谈薮·曹咏妻》以及《宋稗类钞》卷六记载：南宋时的曹咏，因依附奸相秦桧而受到重用，官运亨通，逐步做到侍郎。当他权势显赫时，他的同乡之人，大都争先恐后地奉承他，依附他的人很多。唯独他的妻兄厉德斯不但不买账，而且还挺看不起他。厉德斯时为里正，大致相当于现在的村主任。曹咏多次授意县官，挖空心思，百般威胁厉德斯，企图胁迫他顺从自己，厉德斯始终不肯屈服。因为有一层亲戚关系，曹咏也奈何他不得。等到秦桧一死，厉德斯派入送给曹咏一封书信，曹咏启封一看，原来是一篇赋:《树倒猢狲散》。这篇赋的内容虽然阙如，不过仅从题目，便可想见是如何讽刺挖苦了。主子秦桧死后，曹咏被贬新州，厉德斯写诗为他“送行”。诗中把他比喻成“断尾雉鸡”，颇有点儿“痛打落水狗”的意味。曹咏看了虽然愤怒至极，然而也无可奈何。凡是靠谋私利勾结在一起的团伙，结局也只能是“树倒猢狲散”，古今中外，概莫能外。

（原载于《今晚报》2013 年 6 月 22 日）

# 话说“翘辫子”

“翘辫子”这个词，现实生活中已经很少使用，因为人们大都不清楚其含义了。人们只知道“翘尾巴”这个词，狗在得意时尾巴翘得高且不停摇摆，因而用“翘尾巴”比喻人有点儿成绩就骄傲自大。至于“翘辫子”，现在的男人不留辫子，女人扎辫子的也不多，辫子翘起来的情况极为罕见。《现代汉语词典》对“翘辫子”的解释是：“指人死亡（含讥笑或诙谐意）。”《汉语大词典》也说，“跷辫子”（跷同“翘”）是“死的谑称”。词典这样解释的根据何在？为何人死亡可以谑称“翘辫子”？

清代以前，男人既不剃头也不剪发。《孝经》说：“身体发肤，受之父母，不敢毁伤。”在清代以前，给人剃去头发，乃是一种刑罚，叫“髡刑”（剃发之刑）。不剪发，头发会越长越长，披散着总不行，那该怎么办呢？办法是：未成年的男子，把头发扎成左右两个髻，如同两个角，叫“总角”，《诗经·卫风·氓》中就有“总角之宴，言笑晏晏”的诗句；成年男子，则把头发盘起来，用一根长针即簪固定于头顶，如同我们在时下播出的古装电视剧中看到的那样。几千年来，男人都不留辫子，自然就无从出现“翘辫子”的说法了。清兵入关，明朝覆亡，统治者下达了严酷的“剃发令”，就是所谓“留头不留发，留发不留头”。逐渐地，清朝统治下的成年男人便都剃去头发的大半，留下的头发编成辫子垂于身后，就像现在播出的清宫戏里的男子那样。“翘辫子”的出现，应该和清朝的统治有关。

那么，辫子为何会翘起来呢？这应该与处决死刑犯有关。清代处决死刑犯，一般仍沿用斩首即砍头。清代斩首成年男子时，那条下垂的辫子成为施斩刑的障碍。为了斩首快捷，刽子手们想出一个办法：行刑前，用胶或竹竿把犯人的辫子向上固定住，辫子翘起在头上，这样，刽子手一刀横砍，挥刀头落。于是，“翘辫子”就和死亡联系在一起，并逐渐发展成对人死亡的带有贬义的谑称。后来，砍头之刑虽然废除了，但“翘辫子”一词却留存下来。

在清代的一些作品、文献里，可以找到“翘辫子”的用例。如《官场现形记》第二十三回里写道：“谁知道他的药吃错了，第二天他就翘了辫子了。”又《皇朝经世文统编》卷五十二记载，中国近代史上著名的思想家、外交家薛福成，曾揭露倭寇如何虐待、羞辱劫掠去的清兵：“今倭劫我操江兵轮，将兵丁驱至彼国，押令头戴官帽，游行街市；甚至用竹竿扎缚我兵背后，而以辫发吊起，谓之翘辫子。翘辫子者，言其死也……作此恶剧，无非尽情凌辱俘虏而已。”倭寇的暴行，于此可见一斑。

（原载于《语言文字报》2013 年 10 月 9 日）

# 称名称字有讲究

中华民族自古堪称文明礼仪之邦，这也体现在“名”与“字”的称呼上。古人大都有“名”有“字”。旧说，婴儿出生三个月，由父亲命“名”。起初，取名有很大的随意性。如春秋郑庄公出生时，不是顺产，于是命名为“寤生”（寤通“牾”，义为逆，倒着。“寤生”，即脚先生出来，相当于现在的难产）。孔子的儿子出生时，适逢国君赠送鲤鱼，于是起名曰“鲤”。“字”就是“名”以外的别名。古代男子二十岁举行“冠礼”即成人礼时，由宾朋为之取“字”。“字”与“名”一般都有内在意义方面的联系。一个人有了“字”之后，只有长辈、老师才称其名，学生在老师面前言及同学也称其名，此外，直呼其名则是大不敬。和长辈、平辈相见则要称其字，称人之字乃是尊称。自称时，一般称己之名，以示谦虚，而不能称己之字。一部《论语》，完全遵照了这些规矩，连孔子对学生也自称己名，说“丘也……”。

今人于名之外也有取字的。如毛泽东，字润之，泽有滋润义；陈毅，字仲弘，《论语·泰伯》中说：“士不可以不弘毅，任重而道远。”仲表示排行；张学良，字汉卿，汉代张良被封为留侯；黄侃，字季刚（季表示排行），侃，义为刚直。

时下一些电视历史剧的编导，由于不了解“名”与“字”的关系以及称名称字的规矩，往往出现差错：或让长辈面称晚辈之字，如20世纪80年代播出的某电视剧，编导让张衡的祖母称幼年的张衡为“平子”。张衡的“字”是“平子”，且不说张衡幼年根本无字，即使成年后有了字，长辈也只称其名，而不称其字，编导大概以为“平子”是其乳名吧。

在出版物中，还有的让长辈对人称己子之字，如1995年版的《三国演义》，曹操对人称其子曹丕为“子桓”。曹丕字“子桓”，丕、桓皆有“大”义。曹植字“子建”，植有“建立”义。曹操在《让县自明本志令》中说：“孤祖父以至孤身，皆当亲重之任，可谓见信者也，以及子桓兄弟，过于三世矣。”这则讲话见于《三国志·魏书·武帝纪》裴松之注引《武帝故事》，后收入《全三国文·魏二》。这里曹操称曹丕之字为“子桓”，是曹魏人所改，盖因避君名讳。其时曹丕代汉称帝，即魏文帝。现在用避讳来打破传统，恐怕难以说得通。

还有的电视剧中，有人对别人自称己字。如某电视剧中司马迁对人自称“子长”（司马迁字子长），古人可没有这么不谦虚。古籍中偶有自称其字的例子，不过那是对敌人，以表示蔑视。如《三国志·蜀书·张飞传》：“飞据水断桥，瞋目横矛曰：‘身是张益德也，可来共决死！’敌皆无敢近者。”（身：第一人称，相当于“我”。）

顺带说一句，张飞，字益德（见《三国志》）。《三国演义》的作者不明词语出处以及通假关系，妄改“益德”为“翼德”，本是一个错误，但因《三国演义》的传世，张翼德反而占据了主导地位。

（原载于《语言文字报》2014年4月2日）

# 漫谈异体字

所谓异体字，指的是跟规范汉字同音、同义而形体不同的字。汉字在几千年的使用过程中，出现了不少这类音、义相同而写法不同的字。汉字的数量本来就很庞大，再记住这些毫无积极作用的异体字，只会加重认知困难。有鉴于此，国家有关部门于1955年发布了《第一批异体字整理表》，又于1986年、1988年进行了部分调整，共淘汰了异体字千余个。根据近年的使用情况，2013年发布了《规范字与繁体字、异体字对照表》（见《通用规范汉字表》附件一），对52个字在特定情况下的使用予以认定。如“脩”字，本是从“肉”“攸”声的形声字，本义是干肉。《论语·述而》：“子曰：‘自行束脩以上，吾未尝无诲焉。’”意思是：凡是自己带一小捆干肉（作为拜师礼品）来的，我全都教。这“束脩”之“脩”，古代是不写作“修”的，可见，在这个意义上，“脩”是应该作为规范字保留的。其他如人名用字“喆”“淼”等，也明确为规范字。

不过，就笔者所见，对异体字的处理，仍然难以令人满意。

其一，规范字与异体字音、义并非相同的，未做说明。如“哄（鬨閧）”（括号内是异体字，下同）。“哄 hòng”只是在“喧闹”的意义上，与“鬨閧”相同，如“起哄”；“哄”尚有“多人同时发出笑声”的意义，如“哄堂大笑”，这个意义的“哄”音 hōng，而“閧閧”既无此音，亦无此义。又如“适（適）”。二者本是音、义完全不同的两个字。“适”音 kuò，本义是疾速，古代多用于人名，如孔子的学生有南宫适（见《论语·宪问》），唐代有李适（即唐德宗），宋代有洪适（金石学家、诗人、词人，著有《隶释》等）；“適”音 shì，本义是“往，到……去”。如《诗经·魏风·硕鼠》：“逝将去女，適彼乐土。”用作人名，唐朝有位著名的边塞诗人高適，有的语文课本选其诗，作者标为高适，这与把魏徵之“徵”简化为“征”，属于同样问题：名从主人，为古人更名改字，似乎不妥。前些年播出的电视剧《封神榜》，剧中有位将军名叫南宫适（kuò），播出时，剧中人无一例外地都称其为南宫适（shì），这是不知“适”与“適”音、义有别而闹出的笑话！又如“强（強彊）”。按“强”（声旁不成字）是晚近出现的，是“強”的俗字，古籍中一般不用；“強”是从“虫”“弘”声的形声字，本义是虫子（见《说文》）；“彊”是从“弓”“畺”声的形声字，本义是弓有力（见《说文》），引申为力量大、势力大。“彊”的所有意义古籍多借用“強”字。如此看来，把古籍中不用而且无法分析其结构的“强”作为规范字，是否欠考虑？即便数笔画，它也比“強”多出一笔。所以，我们这次修订《辞源》（第三版），“强”字一律改为“強”。

其二，古籍中特别是选作中学语文教材古诗文中的音、义相同而形体不同的字，《规范字与繁体字、异体字对照表》未能做出调整。例如“蚌”（淡水中软体有壳动物），古代也作“蜯”，二者音、义相同。《韩非子·五蠹》：“民食果蓏蜯蛤，腥臊恶臭而伤害腹胃，民多疾病。”“蜯”字《通用规范汉字表》未收，有的教材用“蜯”字，有的则改“蜯”为“蚌”（缺少依据），造成用字混乱。再如

“蚯蚓”的“蚓”字,《劝学》:“螾无爪牙之利,筋骨之强,上食埃土,下饮黄泉,用心一也。”“螾”字《第一批异体字整理表》未列为“蚓”的异体字,中学语文教材改“螾”为“蚓”,同样缺少依据;而大学用书《古代汉语》(采用繁体字)则用“螾”。二字音、义相同,《规范字与繁体字、异体字对照表》理应调整为异体字关系。笔者主编的《古汉语常用字字典》于字头“蚓”后括加“螾”字,即标明后者是异体字。

(原载于《今晚报》2015 年 8 月 21 日)

# 漫谈“异文”

所谓“异文”，指同一书由于版本不同（或不同的书记载同一事物）而有差异的字句。同一古籍因传抄、刊刻者不同而出现异文的情况并不罕见，现在选编或阅读古诗文时，遇到这种情况，就有一个恰当选取和正确理解的问题。兹举数例加以说明。

《世说新语·自新》：“周处年少时，凶强侠气，为乡里所患。又义兴水中有蛟，山中有邅迹（一作‘白额’）虎，并皆暴犯百姓。”因为“邅迹虎”（跛足老虎）之“邅迹”一词比较冷僻，且“跛足老虎”缺少凶猛感，不足以衬托周处的强悍，所以，中学教材《周处》选用了“邅迹”的异文“白额”。“白额虎”既好理解，又能显示此虎的凶猛，这样的选择是恰当的。

杜甫的《石壕吏》中，同样有异文。为了便于说明问题，笔者引出前四句：“暮投石壕村，有吏夜捉人。老翁逾墙走，老妇出门看。”第四句，清代的仇兆鳌在《杜诗详注》中举出三种版本：老妇出看门、老妇出门看、老妇出门首。20 世纪 50 年代的语文教材取的是“老妇出看门”，现在中学教材多取“老妇出门看”。目前影响较大的本子，朱东润主编的《中国历代文学作品选》作“老妇出看门”，《全唐诗》作“老妇出门看”。那么，到底哪种更符合作者原意呢？笔者以为，应从诗的韵脚上分析。此诗每四句一换韵。“村”“门”是魂韵，“人”是真韵，魂韵、真韵可以通押；而“看”读 kān 是寒韵，读 kàn 是翰韵，均难与“村”“人”押韵。可见，还是以采用“老妇出看门”为宜。

中学语文教材《触龙说赵太后》中有这么一句：“今三世以前，至于赵之为赵，赵王之子孙侯者，其继有在者乎？”此篇选自《战国策·赵策四》。《战国策》有两个版本：一是清代黄丕烈重刊的南宋姚宏本，一是《四部丛刊》影印的南宋鲍彪注本。“赵王之子孙侯者”，是鲍彪本，姚宏本作“赵主之子孙侯者”。到底应该是“赵主”，还是“赵王”呢？窃以为应该从《战国策》本身找答案。遍查《战国策》全书，除姚宏本外，再无一处“赵主”，而“赵王”则出现数十次。非但赵，其他六国国君，均不称“主”，而称“王”，如“齐王”“楚王”等。可见，中学教材选“赵王”而不取“赵主”，是符合战国时代对诸侯国国君的称呼的。附带说一下，本来，“王”是商周时代最高统治者的称呼，如“商纣王”“周武王”，诸侯国的统治者，按五等爵，分别称为公、侯、伯、子、男，如“鲁隐公”“齐侯”“郑伯”“楚子”“许男”。只是到了战国时期，各大国的国君都想统一天下，因而僭称“王”了。

引起争论的还有王维的《鸟鸣涧》，虽然不算真正的异文，但也与因汉字的简化、整理而出现不同的字形有关。《中国历代文学作品选》作：“人间桂花落，夜静春山空。月出惊山鸟，时鸣春涧中。”并对首句注释说：“‘桂花落人间’的倒文。意谓月光照亮了大地。古代神话说月中有桂，所以桂往往成为月的代称，如月魄称桂魄。”中学教材选该诗，首句作“人闲桂花落”，赏析者谓“闲”表明诗人内心闲静，故桂花从枝上落下才能被觉察到。到底是“间”，还是“闲”？其实，字本作“閒”（后来写作“間”），从“門”从“月”会意。门闭而见月，表明有缝隙，本义是缝隙。这个意义的“閒”读 jiàn；引申为中间、房间等，变读 jiān。缝隙是两物间的空隙，引申指两段时间的空隙，即空闲，这个意义的“閒”读 xián；又引申为闲暇、安闲等。再看“闲”字，从“门”从“木”会意，表示用木材制作的具有门一样禁卫作用的东西，本义是栅栏。因读音相同，假借为空闲义。如白居易《观刈麦》：“田家少闲月，五月人倍忙。”汉字简化时规定：读 jiàn、jiān 的“閒”，类推简化作“间”；读 xián 的“閒”，作为“闲”的异体字被淘汰。所以，古籍中的“閒”，现在或变成“间”，或变成“闲”。至于是“人间桂花落”，还是“人闲桂花落”，只能是仁者见仁、智者见智了。

（原载于《今晚报》2015 年 9 月 14 日）

# 字的本义

古代汉语（这里主要指秦汉及以前的汉语）以单音词为主，一个字往往就是一个词（联绵词、叠音词等除外）。所谓字的本义，一般来说，指的是一个字的初始意义。这初始的意义，是造字者赋予的而且能被文献使用情况证明的。我们的方块汉字（特别是古汉字），通过分析字的形体结构，或者能看出其本义，或者能看出其本义所属的范畴；如果再有故训和典籍用例为支撑，字的本义应该是可以确定的。遗憾的是，一些颇具影响的字典词典在解释字的本义方面，存在不少问题。

今年是大型词典《辞源》出版100周年。几年前，商务印书馆聘请有关学者对《辞源》（第二版）进行修订，笔者应邀参与了修订、审稿、统稿、审读等工作。现将修订中发现的原书解释本义方面存在的问题，举例加以说明。

“行”，古汉字像四通八达的道路，本义是道路，音háng。《诗经》中有“微行”（小路）、“周行”（大路）等词语。《吕氏春秋·下贤》：“桃李之垂于行者，莫之援也。”意思是：桃树、李树的果枝下垂到道路上方的，没有人摘取（表现路不拾遗的社会风尚）。道路是让人行走的，引申出行走义，音xíng。《辞源》把“行走”列为首义，误。

“何”，古汉字像人肩膀扛物意，本义是用肩扛、担，音 hè。《诗经 · 曹风 · 候人》有“何戈与祋”（祋是古代一种用于撞击的兵器）的诗句。这个意义后来借“荷 hè”表示。《辞源》把通假义“荷 hè”列为首义，误。

“莫”，古汉字像太阳落在草丛之中，本义是日落之时，傍晚，音 mù。《诗经》中有“不夙则莫”（夙是早晨）的诗句，“莫”正用本义。这个意义后来写作“暮”。“莫”假借为“无，没有”义，音 mò。《辞源》把假借义列为首义，误。

“睡”，《辞源》释本义为“睡觉”，不妥。按“睡”的本义是“坐寐”（见《说文》），即坐着打盹，瞌睡。《战国策 · 秦策一》说苏秦“读书欲睡，引锥自刺其股”（股是大腿），《史记 · 商君列传》说商鞅跟秦孝公谈话，而“孝公时时睡”，“睡”皆为瞌睡义。后来词义扩大，指睡觉。

“眼”，《辞源》释本义为“目，眼睛”，不妥。按“眼”的本义是眼球，眼珠子。《庄子 · 盗跖》说伍子胥被吴王“抉眼”（抠出眼珠子），《晋书 · 阮籍传》说阮籍“见礼俗之士，以白眼对之”，“眼”都指眼球。后来词义扩大，指整个眼睛。

“脚”，《辞源》释曰：“人和动物的行走器官。”误以引申义为本义。按“脚”的本义是小腿。《说文》：“脚，胫也。”段玉裁于“胫”下注：“厀（膝）下踝上曰胫。”司马迁《报任少卿书》说“孙子膑脚”，所谓膑脚，指挖去膝盖骨，使小腿失去功能。“脚”由小腿义引申指人和某些动物行走时腿下端接触地面的部分，是词义的转移。

“履”，《辞源》释本义为“鞋”。按释“履”的本义为鞋，本于《说文》（《说文》：“履，足所依也”）。其实，《说文》是以“履”

的汉代通行义为释，殊不足据。还是朱骏声在《说文通训定声》中说得好："此字本义训践，转注（引申）为所以践之具也。"典籍使用的情况亦可证明"履"的本义是踩，践踏。如《诗经·小雅·小旻》："战战兢兢，如临深渊，如履薄冰。"大约到了战国中后期，"履"才由践踏义引申出鞋子义。如《韩非子·外储说左上》："郑人有且置履者，先自度其足，而置之其坐。"

（原载于《今晚报》2015 年 10 月 28 日）

# 词的误用

语言是人类最重要的交际工具，是由语音、词汇和语法构成的。词是语言里最小的、可以自由运用的单位，被称为语言的建筑材料。人们用语言交流，用词准确，是最基本的要求。要做到用词准确，必须了解词的意义以及使用规范，否则，就会造成词的误用。

今年，中央电视台依旧举办了“汉字听写大会”，其利弊姑且不论，单是解说人员的用词错误，实在大煞风景。每当主持人说出一个词让参赛者书写时，解说者必对观众解释：“这是一个 ×× 词汇，这个词汇……”把“词”说成“词汇”，误。请看《现代汉语词典》对“词汇”的解释：“一种语言里所使用的词和固定词组的总称……”可见，“词汇”与“人群”一样，是集合名词，而“一个词汇”是说不通的，就如同不能说“一个人群”一样。央视办这个栏目的目的本来是让学生（包括观众）正确使用语言文字，自己却频繁出现这样的错误，实在不应该。

笔者不时听到有人介绍自己的妻子说：“这是我夫人。”对别人称自己的妻子为“夫人”，实属不当。按“夫人”本是古代对诸侯妻子的称呼，如《论语·季氏》：“邦君之妻，君称之曰夫人。”（邦君之妻指诸侯之夫人）选作中学语文教材的《郑伯克段于鄢》有“（大叔）将袭郑，夫人将启之”语，这“夫人”即郑武公之妻。后来也指帝王的妾，如刘禹锡的《子刘子自传》说自己的先祖是“汉景帝贾夫人子胜，封中山王，谥曰靖”，这“贾夫人”即汉景帝的姬妾。后来才用来尊称一般人的妻子。可见，“夫人”一词乃是尊称他人之妻，对别人称自己的妻子为“夫人”，有违“谦己”之良俗。这些人如此说，也许是觉得说“这是我妻子”欠文雅？其实，对“妻”这个常用字，许慎在《说文解字》中是这样解释的：“妇与夫齐者也。”许氏这里用的是所谓声训，即通过声音的关系解释词的命名缘由，意思是，“妻”是与“夫”地位“齐”的人。你看，“妻”本来含有夫妻齐等的意思。所以，男人对人直接称自己的配偶为“妻子”，并不粗俗。

经常听到主持人或艺人说：“今天由我们几位给大家主持节目。”“现在由我们二位给大家说段相声。”按“位”本是由“人”“立”组成的会意字，本指人臣在朝堂上站立的位置。如《孟子·离娄下》：“礼，朝廷不历位而相与言。”引申指地位，职位。如《廉颇蔺相如列传》：“我为赵将，有攻城野战之大功，而蔺相如徒以口舌为劳，而位居我上。”近代以来引申为量词，用于人（含敬意）。如“各位先生”“诸位来宾”等。可见，称自己为“位”是不恰当的。量词丰富是汉语的一大特点，用于人的量词可以选用“名”“个”等。

“业户”，本指“经营工商业的集体或个人”。笔者去年迁入某居民小区，小区物业公司印发的通知，开头都是“尊敬的各位业户”，让人百思不得其解：住户怎么都成了“经营工商业”的人了？查词典，居民小区的房主，应该叫“业主”，即产业的所有者。该物业公司把“业主”改成“业户”（物业公司的住户），是不是不愿称住户为“主”，而自以为是“主”呢？看他们的工作人员，均冠以“主任”（如“环境主任”“维修主任”等，实际都是光杆主任），而且擅自和某些业主签下口头协议，允许他们在草坪里种桃树、枣树、核桃树等，美其名曰绿化（实则据公共绿地为己有）。商业上有所谓“店大欺客”之说，难道物业界也有“业大欺主”的吗？

（原载于《今晚报》2015 年 11 月 4 日）

# 句读问题例析

编纂大型汉语词典，经常引用文言书证。面临的首要问题，就是正确为书证加标点。古人云："学识何如观点书。"只有明句读，才能正确理解文意。误断古书句读，势必造成语义难晓甚至乖谬，这是编写辞书的大忌，应该算是硬伤。下面笔者把在《汉语大词典》修订稿部分稿件中发现的句读问题罗列出来并略加分类，以就教于方家。

## 一、不明词义、文意而致误

**【士素】**士人与庶民。《晋书·郗鉴传》："归乡里。于时所在饥荒，州中之士素……遂共推鉴为主。"

所引文字有省略，为便于理解，补足如下："鉴得归乡里。于时所在饥荒，州中之士素有感其恩义者，相与资赡……遂共推鉴为主。"按其中的"素"为平素、一向义。类似的如《史记·魏其武安侯列传》："魏其贵久矣，天下士素归之。"所谓"士素"，是编者截取"州中之士"的"士"与"素有感其恩义者"之"素"拼凑而成。"士素"非词，此条当删。

**【坐床富贵】**（此条系编委新补）旧时一种婚俗。新妇入洞房坐床。宋吴自牧《梦粱录·嫁娶》:“或径迎入房室，内坐于床上，谓之‘坐床富贵’。”

“内坐”不辞。编者或把“内外”之“内”视为同“纳”了。按当断为:“或径迎入房室内，坐于床上，谓之‘坐床富贵’。”

**【埋葬】**①掩埋尸体。晋张华《博物志》卷七:“女，年四岁病殁，故埋葬，五日复生。”

引文截取不当；又其中的“故”，义为亡故，动词，非连词，当属上。补完整，作:“魏大司马曹休所统中郎谢璋部曲义兵奚侬息女，年四岁病殁故，埋葬，五日复生。”（按四库本“病殁故”作“病疫故”）又“息女”义为亲生女，不应割裂。

**【培】**①于植物根部或墙堤等的根基部分堆土。《吕氏春秋·辩土》:“高而危则泽，夺陂则埒，见风则僷，高培则拔。”（书证系编委新补）

按“夺”，义为散失，字当属上;“泽夺”，谓水分散失。补完整，作:“实（是）其为亩（田垄）也，高而危则泽夺，陂则埒（倾颓），见风则僷，高培则拔。”

**【堀虚】**窟穴。《淮南子·修务训》:“蚁知为垤，獾貉为曲穴，虎豹有茂草，野彘有艽莦槎栉，堀虚连比，以像宫室。”

按“艽莦”，禽兽巢穴中杂乱的垫草;“槎栉”，即槎桎，关野兽的木栏；堀虚，即窟穴。引文当断为:“蚁知为垤，獾貉为曲穴，虎豹有茂草，野彘有艽莦，槎栉堀虚，连比以像宫室。”

**【堕坠】**①跌落。晋葛洪《抱朴子·酒诫》:“或登危蹋颓虽堕坠，而不觉以吕梁之渊为牛迹也。”

如此断句，与文意乖谬。当断为:“或登危蹋颓，虽堕坠而不觉，以吕梁之渊为牛迹也。”

## 二、截取不当

**【土酥】**① 本地出产的酥酪。…… 宋苏轼《泗州除夜雪中黄实送酥酒》诗之二："使君半夜分酥酒，惊起妻孥一笑哗。关右土酥黄似酒，扬州云液却如酥。"

编者将诗之一的最后两句，移到诗之二作为首二句，致使诗句失韵。

诗之一："暮雪纷纷投碎米，春流咽咽走黄沙。……使君半夜分酥酒，惊起妻孥一笑哗。"

诗之二："关右土酥黄似酒，扬州云液却如酥。欲从元放觅拄杖，忽有曲生来坐隅。……明朝积玉深三尺，高枕床头尚一壶。"

**【地棍】**地痞。《儒林外史》第十三回："兰若庵僧慧远，具控伊徒尼僧心远被地棍权勿用奸拐霸占。"

原文系综述案件，补完整，如下："为地棍奸拐事：案据兰若庵僧慧远，具控伊徒尼僧心远，被地棍权勿用奸拐霸占在家一案。"

**【均和】**调和；协调。《管子·四称》："四时不贷，民亦不忧；五谷蕃殖，外内均和。"

引文截取不当，致使骈句搭配错误。补完整，作："形正明察，四时不贷；民亦不忧，五谷蕃殖；外内均和，诸侯臣伏。"

**【坐地虎】**地方上的恶霸。犹言地头蛇。（书证系编委新补）《金瓶梅词话》第九十九回："他是守备老爷府中管事张虞候的小舅子，有名坐地虎刘二。"

编者把句子的谓词部分"不知"省去，不妥。补完整，如下："王六儿你新来，不知他是守备老爷府中管事张虞候的小舅子，有名坐地虎刘二。"

**【垂胡】**①胡须下垂。宋苏轼《送乔仝寄贺君》诗之一："尔来八十胸垂胡，上山如飞嗔人扶。"

所引诗句，系将"岂知仙人混屠沽，尔来八十胸垂胡"的下句，与"上山如飞嗔人扶，东归有约不敢渝"的上句凑成。

且看全诗："君年二十美且都，初得恶疾堕眉须。红颜白发惊妻孥，览镜自嫌欲弃躯。……岂知仙人混屠沽，尔来八十胸垂胡。上山如飞嗔人扶，东归有约不敢渝。……"

**【封瘗】**埋葬。南朝宋鲍照《请假启》："天伦同气，实惟一妹，存没永诀。不获计见，封瘗泉壤临送。"此系《汉语大词典》原文；编委修订稿将引文改为："天伦同气，实惟一妹，存没永诀，不获计见封瘗。"

《汉语大词典》原文"封瘗泉壤临送"及编委修订稿"不获计见封瘗"所截取之句，令人不知所云。"封瘗"，义为埋葬。引文补完整，作："天伦同气，实惟一妹，存没永诀，不获计见，封瘗泉壤，临送私怀感恨，情痛兼深。"

**【埋名】**②隐藏姓名，不让人知。南朝宋颜延之《七绎》："北岳生划迹埋名，身闲事尽。"

书证原是韵文，所引既脱"孤"字，又因截取不当而失韵。补完整，为："北岳孤生，划迹埋名；身闲事尽，道畜山扃。"

**【埽灭】**扫荡剪除。……晋袁宏《后汉纪·桓帝纪上》："穆前在冀州，弹纠豪桀，埽灭饕恶，肃清万里不仁者。"

编者截取的"肃清万里不仁者"，意思与原文乖互。编者盖因对文意理解有误，致使截取不当。补完整，作："穆前在冀州，弹纠豪桀，埽灭饕恶，肃清万里，不仁者远。"

**【坚劲】**②坚强不屈。……明李东阳《祭张亨父文》："亨父方其始仕也，神采逸发，而忧患摧其势；志气坚劲，而疾疢缠其体。”

因截取不当，致使句子散乱。补齐如下：“呜呼亨父，方其始仕也，神采逸发，而忧患摧其势；志气坚劲，而疾疢缠其体。”

**【壹郁】**沉郁不畅。多指情怀抑郁。……宋欧阳修《新营小斋凿地炉辄成五言三十七韵》：“气候常壹郁，天日每阴翳。”

编者把诗的下句与其后的上句拼在一起，致使所引失韵。上下诗句补齐，作：“荆蛮苦卑陋，气候常壹郁。天日每阴翳，风飙多凛冽。”

**【压逆】**（此条系编委新补）第一；超越一切。元周德清《红绣鞋·赏雪偶成》曲：“休说羊羔味偏佳，调情须酒兴，压逆索茶芽。”

截取的书证与该曲韵律不符。补完整，作：“共妾围炉说话，呼童扫雪烹茶，休说羊羔味偏佳。调情须酒兴，压逆索茶芽，酒和茶都俊煞。”

**【壅培】**施肥培土。……宋晁补之《水龙吟》词：“幽葩细萼，小园低槛，壅培未就，吹尽繁红。”

请看原词的上阕：“问春何苦匆匆，带风伴雨如驰骤。幽葩细萼，小园低槛，壅培未就。吹尽繁红，占春长久，不如垂柳。……”书证因截取不当而失韵。可截取：“幽葩细萼，小园低槛，壅培未就。吹尽繁红，占春长久，不如垂柳。”

**【尊年】**① 高龄。……唐吕岩《忆江南》诗：“百岁梦中看即过，劝君修炼保尊年。”

按《忆江南》是词牌名，吕岩《忆江南》词凡十二首，所引为第十一首；所引截取不当，致使失韵。补完整，作：“治生客，审细察微言。百岁梦中看即过，劝君修炼保尊年，不久是神仙。”

**【坌集】**聚集。唐刘禹锡《山南西道新修驿路记》：“令既下，奋行之徒坌集。”

按“令既下”之上，有“说使之”三字，不应省去。

## 三、不当断而误断

**【垂】**⑩（原⑪）将近。《东观汉记·韦豹传》：“今岁垂尽当辟，御史意在相荐。”

编者把“当辟”与“御史”分割开，致使语意与原意相左。引文当断为：“今岁垂尽，当辟御史，意在相荐。”“当辟御史”，意为“应当征召为御史”。

**【在三】**《国语·晋语一》：“‘民生于三，事之如一。’父生之，师教之，君食之。非父不生，非食不长，非教不知，生之族也，故壹事之，唯其所在，则致死焉。”韦昭注：“三，君、父、师也。”后以“在三”为礼敬君、父、师的典故。

编者把“非教不知生之族也”点断为“非教不知，生之族也”，不妥。因为“生之族也”是“知”的宾语，动宾如何能断开？“非教不知生之族也，故壹事之”是阐释“师教”的重要，故“师”得以与“父”“君”一样侍奉。

**【在下】**谦词。用于自称。坐席时，尊者在上座，故云。元无名氏《神奴儿》第一折：“哥哥，休怪是在下不是了也。”

编者把“哥哥”与“休怪”点断，把“休怪”与“是在下不是了也”连读，均不妥。当断为：“哥哥休怪，是在下不是了也。”

**【地羊】**①犬的别名。明李时珍《本草纲目·兽一·狗》：“犬，齐人名地羊，俗又讳之以龙，释狗，有乌龙、白龙之号。”

引文有误字（释乃称之误），断句亦不妥。当作：“犬，齐人名地羊，俗又讳之以龙，称狗有乌龙、白龙之号。”

【壶飡】用壶盛的汤饭或其他熟食。《战国策·中山策》："司马子期……说楚王伐中山，中山君亡，有二人挈戈而随其后者，中山君顾谓二人：'子奚为者也？'二人对曰：'臣有父，尝饿且死，君下壶飡饵之。臣父且死，曰："中山有事，汝必死之！"故来死君也。'中山君喟然而仰叹曰：'……吾以一杯羊羹，亡国；以一壶飡，得士二人。'"

"以一杯羊羹"是"亡国"的状语，"以一壶飡"是"得士"的状语，状语与中心语之间不应点断。改为："吾以一杯羊羹亡国，以一壶飡得士二人。"

【墨面】①脏黑的面容。《淮南子·览冥训》："美人挐首，墨面而不容；曼声吞炭，内闭而不歌。"

"挐首"，犹蓬头，与"墨面"系并列结构，二者皆"不容"，中间不得逗开。下句仿此。改为："美人挐首墨面而不容，曼声吞炭内闭而不歌。"

## 四、当断而未断

【均调】均衡协调；均匀和谐。《庄子·天道》："所以均调天下，与人和者也。"成玄英疏："均平调顺也。"

编者以"均平调顺也"（平后脱也字）作一读，不妥。此系分别诠释"均"与"调"的，应断为："均，平也；调，顺也。"

【坻场】蚁鼠穴外的积土。《文选·潘岳〈藉田赋〉》："坻场染屦，洪縻在手。"李善注："《方言》曰：坻，场也。蚍蜉犂鼠之场，谓之坻场。浮壤之名也。音伤。"

按李善注所引，并非《方言》原文，而是既有省略，又有李所加的解释和音读。编者将二者合而为一，令人看后不知所云。查

《方言》第六:“坻,场也。梁宋之间蚍蜉犂鼠之场谓之坻。”而“场,浮壤之名也,音伤”乃是李善所加的解释和音读。所以,上引李善注当断为:《方言》曰:“坻,场也,蚍蜉犂鼠之场谓之坻。场,浮壤之名也,音伤。”《汉语大词典》“场 shāng”①蚂蚁、田鼠、蚯蚓等翻起的松散泥土或堆在穴口的小土堆。《文选·潘岳〈藉田赋〉》:“坻场染屦,洪縻在手。”李善注:“场,浮壤之名也,音伤。”未把“坻场”连读,是。

**【均[2]工】**乐工。《新唐书·李纲传》:“周家均工乐胥不得预士伍,虽复妙如师襄,才如子野,皆继世不易业。”

“均工乐胥”系并列关系,中间如不断开,易造成误解。点校本《新唐书·李纲传》未点断,不妥;点校本《旧唐书·李纲传》:“谨案《周礼》,均工、乐胥不得预于仕伍。”加顿号隔开,当依。

**【填[4]寡】**穷苦无靠。填,通“殄”。一说贫病交加。《诗·小雅·小宛》:“哀我填寡,宜岸宜狱。”毛传:“填,尽也……可哀哉我穷尽寡财之人,仍有狱讼之事。”

所引毛传:“填,尽也……可哀哉我穷尽寡财之人,仍有狱讼之事。”实为毛传与郑笺文,编者混而为一,误。编委修订稿虽将二者分开,但引毛传为:“填,尽岸讼也。”仍不妥。

按毛传乃是一并解释“填”“岸”二者之意义,当断为:“填,尽;岸,讼也。”岸,通“犴”,狱讼义,上引“哀我填寡,宜岸宜狱”朱熹集传:“岸,亦狱也。韩诗作‘犴’。”

**【对合子】**对合(义为“对半”——笔者注)。《儿女英雄传》第二回:“这是有去有来的买卖,不过拿国家库里钱捣库里的眼,弄的好巧了,还是个对合子的利儿呢。”

编者将“弄的好巧了”作一读,语欠顺畅。当断为“弄的好,巧了”。

【**壮长**】① 成年人，尊长。汉袁康《越绝书·外传记越地传》：“句践与吴战于浙江，石买为将，耆老壮长进谏曰：‘夫石买，人与为怨，家与为仇，贪而好利，细人也，无长策。’”

“耆老（老年人）壮长（壮年人）”是并列结构，中间宜加顿号，避免把“耆老壮长”当成四个词。

【**尉律**】汉律令为廷尉所掌管，故称“尉律”。《说文·叙》：“尉律：学僮十七已上，始试讽籀书九千字，乃得为吏。又以八体试之，郡移太史并课，最者以为尚书史，书或不正，辄举劾之。”段玉裁注：“谓汉廷尉所守律令也。”

按段玉裁于“学僮十七已上始试”后，特别注明：“句绝，谓始应考试也。”故引文当断为：“尉律：学僮十七已上始试，讽籀书九千字，乃得为吏。”

## 五、当属上而属下

【**土姓**】古时因土赐姓，即以生地、居处或封地的地名为姓，以显扬之。《书·禹贡》：“锡土姓。”孔传：“天子建德，因生以赐姓，谓有德之人，生此地以此地名赐为姓以显之。”

“生此地以此地名赐为姓以显之”，扞格难通，且有误字（为当作之）。句中的“生此地”应属上，孔传全句当断作：“天子建德，因生以赐姓，谓有德之人生此地，以此地名赐之姓以显之。”

【**壤力**】（此条系编委新补）土壤生殖的能力。《管子·国蓄》：“食岁适凶，则市籴釜十繦，而道有饿民。然则岂壤力固不足而食固不赡也哉？”

按“食岁适凶”之“食”当属上句。补出上文，作：“岁适美，则市粜无予，而狗彘食人食。”“岁适美”云云，与下文“岁适凶，则市籴釜十襁，而道有饿民”相对。

**【坐墩】**瓷制的坐具，多为鼓形或覆盂形。清朱琰《陶说·说器下》：“漏空花纹填五彩坐墩……又以五采实填花纹，绚艳悦目，二种皆深，青地子有蓝地，填画五采，如石青剔花……”

“二种皆深，青地子有蓝地”不成话。当断为：“二种皆深青，地子有蓝地。”

## 六、其他

### （一）引号漏加或引号后延

**【尊大】**①至高至大；尊贵伟大。汉董仲舒《春秋繁露·奉本》：“孔子曰：‘唯天为大；唯尧则之。’则之者，大也，巍巍乎其有成功也，言其尊大以成功也。”

“巍巍乎其有成功也”系引《论语·泰伯》语：“大哉，尧之为君也！巍巍乎，唯天为大，唯尧则之。荡荡乎，民无能名焉！巍巍乎，其有成功也！”故“巍巍乎其有成功也”应加引号。又“则之者，大也”后应改句号。

**【尧舜千钟】**（此条系编委新补）喻酒量大，像尧舜那样一次能饮许多钟酒。《孔丛子·儒服》：“平原君与子高饮，强子高酒曰：昔有遗谚：‘尧舜千钟，孔子百觚；子路嗑嗑，尚饮十榼。古之圣贤，无不能饮也。’”

“古之圣贤，无不能饮也”下，还有一句：“吾子何辞焉？”可见“古之圣贤，无不能饮也”乃是平原君对子高说的话，不是遗谚，故“遗谚”的后引号当在“尚饮十榼”后。补齐了，即：“平原君与子高饮，强子高酒曰：昔有遗谚：'尧舜千钟，孔子百觚；子路嗑嗑，尚饮十榼。'古之圣贤，无不能饮也，吾子何辞焉？"

### （二）书名号误标、未标

**【士】**② 成年男子的通称。……《吕氏春秋·爱类》："《神农之教》曰：'士有当年而不耕者，则天下或受其饥矣；女有当年而不绩者，则天下或受其寒矣。'"（书证系编委新补）

按"神农之教"非书名，书名号当取消。

**【填膺】**充塞于胸膛。汉王充《论衡·程材》："孔子曰：'孝悌之至，通于神明。'张释之曰：'秦任刀笔小吏，陵迟至于二世，天下土崩。'张汤、赵禹，汉之惠吏，太史公序累置于酷部，而致土崩。孰与通于神明、令人填膺也！"

"太史公序累"当即《太史公书》，即《史记》（说见刘盼遂《论衡校释》），故"太史公序累"应加书名号。

**【寻访】**访求寻找。…… 宋罗大经《鹤林玉露》卷十："独所谓家乘者，仓忙间为人窃去，寻访了不可得。"

按所引书证上文云："山谷晚年作日录，题曰《家乘》，取《孟子》晋之《乘》之义。谪死宜州。永州有唐生者从之游，为之经纪后事，收拾遗文。"可见，"独所谓家乘者"之"家乘"，应加书名号。

### （三）疑问句、反问句后未加问号或叹号

此类颇多，略举数例。

**【土崩】**比喻崩溃破败，无法收拾。《史记·平津侯主父列传》："臣闻天下之患在于土崩，不在于瓦解，古今一也。何谓土崩，秦之末世是也。"

“何谓土崩”后应加问号。

**【在】**⑬在乎；看重。元无名氏《冯玉兰》第四折：“我那在这些酒食。”

引文过简，补出下文：“你快去分付着各官咱。（驿官云）这个老爷，真个清廉，你不吃便罢。”可见引文“我那在这些酒食”是反问句（那后来写作哪），句末当加问号或叹号。

**【在处】**到处；处处。……宋欧阳修《与王龙图书》：“所云少朋俦宴处为乐，此乃在处皆然，何独济也。”

“何独济也”后应为问号或叹号。

（收入《古代汉语大型辞书编纂问题研讨会会议论文集》，待出）

# 附录一　词类活用

所谓词类，指词的语法分类。分类的标准，首先根据词的语法功能即能否独立充当句子成分、充当何种成分以及词的组合能力，同时参考词的意义、词的形态。例如，能够独立充当句子成分的是实词，不能独立充当句子成分的是虚词；经常充当主语、宾语、定语，不能受副词修饰，表示人或事物名称的词是名词；经常充当谓语、不能受程度副词修饰，表示人或事物的动作、存在、变化的词是动词；经常充当谓语、定语、状语，表示人或事物的性质或状态的词是形容词；等等。这些，古今都是相同的。

不过，古代汉语里，某类词进入句子后，可以临时灵活用作其他词类，具有该词类的语法特点，这种现象被称为词类活用。

## 一、名词

### （一）名词活用作动词

1. 名词用为一般动词

在句子中，一个名词带有宾语、补语，或受副词、助动词修饰，或被连词“而”连接，或与“所”构成“所”字结构，那么这个名词活用作动词了。例如：

① 驴不胜怒，蹄之。（柳宗元《黔之驴》）

② 策蹇驴，囊图书。（马中锡《中山狼传）》

③ 师还，馆于虞。（《左传·僖公五年》）

④ 鹪鹩巢于深林。（《庄子·逍遥游》）

⑤ 今京不度，非制也。（《郑伯克段于鄢》）

⑥ 小信未孚，神弗福也。（《曹刿论战》）

⑦ 假舟楫者，非能水也，而绝江河。（《劝学》）

⑧ 若阙地及泉，隧而相见，其谁曰不然？（《郑伯克段于鄢》）

⑨ 乃丹书帛曰“陈胜王”，置人所罾鱼腹中。（《陈涉世家》）

方位名词也可以活用作动词，表示动作的趋向。例如：

① 魏将庞涓闻之，去韩而归，齐军既已过而西矣。（《孙膑》）

② 背负青天而莫之夭阏者，而后乃今图南。（《庄子·逍遥游》）

注意：词类活用与词的兼类不同。词的兼类是指一个词经常具有两类以上词的语法特点，而词类活用则是一类词临时灵活用为其他的词类。要对二者严格加以区分，必须树立历史观点，切忌以今律古。例如：“雨”“鼓”“军”等在上古汉语中本都是名、动兼类的词，因为它们现在只用作名词，其古代的动词义常常被误认为名词义的活用。

2. 名词的使动用法

所谓名词的使动用法，是指名词用作动词谓语，主语使宾语成为这个名词所表示的人或事物。可以用“使成式”来解释。例如：

① 文王以百里之壤而臣诸侯。（《毛遂自荐》）

② 然得而腊之以为饵，可以已大风、挛踠、瘘、疠。（柳宗元《捕蛇者说》）

③ 先生之恩，生死而肉骨也。（马中锡《中山狼传》）

"臣诸侯"，即使诸侯成为臣子。其余可类推。

3. 名词的意动用法

所谓名词的意动用法，是指名词用作动词谓语，主语主观上认为宾语是这个名词所表示的人或事物。可以用"以为式"来解释。例如：

① 孟尝君客我。(《冯谖客孟尝君》)

② 今君有区区之薛，不拊爱子其民。(《冯谖客孟尝君》)

③ 故人不独亲其亲，不独子其子。(《大同》)

④ 后人哀之而不鉴之，亦使后人而复哀后人也。(杜牧《阿房宫赋》)

"客我"，即以我为客；"子其民"，即以其民为子 。其余可类推。

**（二）名词用作状语**

1. 普通名词用作状语

古代汉语中的某些名词，它们用在动词前，并非作主语，而是充当状语，表示种种修饰关系。

（1）表示比喻。例如：

① 天下云集而响应，赢粮而景从。(贾谊《过秦论》)

② 其后秦稍蚕食魏。(《信陵君窃符救赵》)

③ 有狼当道，人立而啼。(马中锡《中山狼传》)

"云集"，即像云彩一样聚集；"响应"，即像回声一样应和。其余可类推。

（2）表示对待人的态度。例如：

① 君为我呼入，吾得兄事之。(《鸿门宴》)

② 齐将田忌善而客待之。(《孙膑》)

③ 生男女，必货视之。(柳宗元《童区寄传》)

“兄事之”，即用对待兄长的态度对待他。其余可类推。

（3）表示处所。例如：

① 群臣吏民，能面刺寡人之过者，受上赏。（《邹忌讽齐王纳谏》）

② 卒廷见相如，毕礼而归之。（《廉颇蔺相如列传》）

③ 变姓名，诡踪迹，草行露宿。（文天祥《指南录后序》）

“面刺”，即当面指责。其余可类推。

（4）表示工具。例如：

① 叩石垦壤，箕畚运于渤海之尾。（《愚公移山》）

② 黔无驴，有好事者船载以入。（柳宗元《黔之驴》）

③ 事不目见耳闻而臆断其有无，可乎？（苏轼《石钟山记》）

“箕畚”，意为用箕畚。其余可类推。

2. 时间名词用作状语

古代汉语中的某些时间名词用在动词前作状语时，其意义与平时的意义有别。可分为两种情况。

（1）“岁（年）”“月”“日”用在具有行动意义的动词前作状语，表示动作的经常，含有“每年”“每月”“每天”的意思。例如：

① 良庖岁更刀，割也；族庖月更刀，折也。（《庖丁解牛》）

② 君子博学而日参省乎己，则知明而行无过矣。（《劝学》）

③ 宣德间，宫中尚促织之戏，岁征民间。（蒲松龄《促织》）

“岁更刀”，即每年更换一把刀。其余可类推。

（2）“日”用在某些动词或形容词前作状语，表示动作的渐进或情况的逐渐发展，含有“一天天”“一天比一天”的意思。例如：

① 君子敬其在己者，而不慕其在天者，是以日进也；小人错其在己者，而慕其在天者，是以日退也。（《荀子·天论》）

② 于是与亮情好日密。(《隆中对》)

③ 自吾氏三世居是乡，积于今六十岁矣，而乡邻之生日蹙。(柳宗元《捕蛇者说》)

“日进”，即一天天进步，“日密”即一天比一天亲密。其余可类推。

3. 方位名词用作状语

方位名词“上”“下”“东”“西”“南”“北”等用在动词前作状语，表示动作的朝向。例如：

① 蚓无爪牙之利，筋骨之强，上食埃土，下饮黄泉，用心一也。(《劝学》)

② 赵王于是遂遣相如奉璧西入秦。(《廉颇蔺相如列传》)

③ 时墨者东郭先生将北适中山以干仕。(马中锡《中山狼传》)

“上”，即向上。其余可类推。

## 二、动词

### (一) 动词的使动用法

所谓动词的使动用法，是指该动词所表示的动作并非由主语施行，而是主语使宾语完成。可以用“使成式”来解释。可分为两类。

1. 及物动词的使动用法

及物动词对其宾语本来有支配作用，但宾语有时不受动词的支配，而是动作的施行者，即主语使宾语完成该动作。例如：

① 然则王之所大欲可知已：欲辟土地，朝秦楚，莅中国，而抚四夷也。(《齐桓晋文之事》)

② 左右以君贱之也，食以草具。(《冯谖客孟尝君》)

③ 沛公旦日从百余骑来见项王。(《鸿门宴》)

“朝秦楚”，即使秦楚朝拜自己；“食以草具”，即拿粗劣的饭食让他吃；“从百余骑”，即使百余骑跟从自己。

2. 不及物动词的使动用法

不及物动词本来不带宾语，当它在句子中带有宾语，表示的是主语使宾语完成该动作，那么它用作使动词了。例如：

① 秦时与臣游，项伯杀人，臣活之。(《鸿门宴》)

② 君将哀而生之乎？(柳宗元《捕蛇者说》)

③ 舞幽壑之潜蛟，泣孤舟之嫠妇。(苏轼《前赤壁赋》)

“活之”，即使之活。其余可类推。

**(二) 动词活用作名词**

有些动词在句子中被当成与其意义有关的事物，这就使之具有了名词的性质。例如：

① 生亦我所欲，所欲有甚于生者，故不为苟得也。(《鱼我所欲也》)

② 赵氏求救于齐。(《触龙说赵太后》)

③ 殚其地之出，竭其庐之入。(柳宗元《捕蛇者说》)

“生”，指活着这件事。其余可类推。

**(三) 动词用作状语**

古代汉语中，某些动词可以用在其他动词前作状语，表示动作行为的方式方法。可分为两种情况。

1. 直接用在动词谓语前作状语。例如：

① 邻人京城氏之孀妻有遗男，始龀，跳往助之。(《愚公移山》)

② 争割地而赂秦。(贾谊《过秦论》)

③ 西门豹簪笔磬折，向河立待良久。(《西门豹治邺》)

④ 然往来视之，觉无异能者。（柳宗元《黔之驴》）

⑤ 折藏之，归以示成。（蒲松龄《促织》）

“跳”作状语，是蹦蹦跳跳的意思。其余可类推。

2. 动词作状语，与动词谓语之间用连词相连接。例如：

① 夜缒而出。（《烛之武退秦师》）

② 哙拜谢，起，立而饮之。（《鸿门宴》）

③ 黔无驴，有好事者船载以入。（柳宗元《黔之驴》）

④ 先生伏踬就地，匍匐以进。（马中锡《中山狼传》）

更多的情况是，动宾词组作状语。例如：

① 太后曰：“老妇恃辇而行。”（《触龙说赵太后》）

② 项王按剑而跽，曰：“客何为者？”（《鸿门宴》）

③ 余与四人拥火以入。（王安石《游褒禅山记》）

④ 有狼当道，人立而啼。（马中锡《中山狼传》）

## 三、形容词

### （一）形容词活用作动词

古代汉语中，某些形容词在句子里可以带有宾语，这表明它们活用作动词了。可分为三种情况。

1. 形容词的使动用法

所谓形容词的使动用法，指形容词带有宾语，主语使宾语具有这个形容词所表示的性质或状态。可以用“使成式”来解释。例如：

① 今媪尊长安君之位，而封之以膏腴之地。（《触龙说赵太后》）

② 故天将降大任于是人也，必先苦其心志，劳其筋骨，饿其体肤，空乏其身。（《生于忧患，死于安乐》）

③ 我但画江而守，轻傜薄赋，以宽民力，四方孰不敛衽来朝？

（方勺《方腊起义》）

④乃出图书，空囊橐，徐徐焉实狼其中。（马中锡《中山狼传》）

“尊长安君之位”，即使长安君之位尊贵。其余可类推。

有时形容词后虽然没有带宾语，但从全句的意思看，仍然是使动用法。例如：

⑤强本而节用，则天不能贫。（《荀子·天论》）

“不能贫”，即不能使之贫。

2. 形容词的意动用法

所谓形容词的意动用法，指形容词带有宾语，主语主观上认为宾语具有这个形容词所表示的性质或状态。可以用“以为式”来解释。例如：

①吾妻之美我者，私我也；妾之美我者，畏我也；客之美我者，欲有求于我也。（《邹忌讽齐王纳谏》）

②是故明君贵五谷而贱金玉。（晁错《论贵粟疏》）

③巫医乐师百工之人，不耻相师。（韩愈《师说》）

④每闻琴瑟之声，则应节而舞，益奇之。（蒲松龄《促织》）

“美我”，即以我为美，认为我美。其余可类推。

3. 形容词活用作一般动词

指的是形容词带有宾语，既非使动，又非意动，而是表示与该形容词意义有关的行为动作。例如：

①大王必欲急臣，臣头今与璧俱碎于柱矣。（《廉颇蔺相如列传》）

②令尹子兰闻之，大怒，卒使上官大夫短屈原于顷襄王，顷襄王怒而迁之。（《屈原列传》）

③敌人远吾，欲以火器困吾也。（徐珂《冯婉贞》）

"急"，意为逼迫；"短"，意为说短处，诋毁；"远"，意为远离。

要确定形容词在句子中是否活用作动词，如果活用作动词，到底是哪种用法，唯一的办法是仔细玩味句意。如"孔子登东山而小鲁，登泰山而小天下"(《孟子·尽心上》)与"工师得大木，则王喜；匠人斫而小之，则王怒"(《孟子·梁惠王下》)，"小"都活用作动词，带有宾语。但前例中的"小"是意动用法，后例中的"小"是使动用法，这完全是由上下文文意决定的。

**（二）形容词活用作名词**

古代汉语中，某些形容词可以活用作名词，在句子里充当主语或宾语。例如：

① 老吾老，以及人之老；幼吾幼，以及人之幼；天下可运于掌。(《齐桓晋文之事》)

② 天之苍苍，其正色邪，其远而无所至极邪？(《庄子·逍遥游》)

③ 千里游敖，冠盖相望，乘坚策肥，履丝曳缟。(晁错《论贵粟疏》)

④ 将军身被坚执锐，伐无道，诛暴秦，复立楚国之社稷，功宜为王。(《陈涉世家》)

例①加着重号的"老""幼"，指年老之人、年幼之人；例②的"苍苍"，指苍青色；例③的"坚"指坚固的车辆，"肥"指肥壮的马匹；例④的"坚"指坚固的铠甲，"锐"指锐利的兵器。这些形容词在句子中都临时具有了名词的意义和语法功能，这是用表示人或事物性状的形容词代表人或事物本身。

## 四、数词

### （一）数词活用作动词

古代汉语中，数词有时可以活用作动词。可分为两种情况。

1. 数词用作一般动词

有时数词在句子中作谓语，不是表示人或事物的数目，而是表示人或事物成为该数词所表明的情况。这样的数词用如动词。例如：

① 此三子者，皆布衣之士也，怀怒未发，休祲降于天，与臣而将四矣。（《唐雎不辱使命》）

② 先帝创业未半，而中道崩殂。（诸葛亮《出师表》）

③ 六王毕，四海一。（杜牧《阿房宫赋》）

“四”，是成为四个的意思；“半”，是完成一半的意思；“一”，是归于统一的意思。

2. 数词的使动用法

有时数词在句子中带有宾语，但不对宾语起支配作用，而是主语使宾语具有该数词所表示的意义。这样的数词用如使动。例如：

① 女也不爽，士贰其行；士也罔极，二三其德。（《诗经·卫风·氓》）

② 夫金鼓旌旗者，所以一人之耳目也。（《孙子·军争》）

③ 不嗜杀人者能一之。（《孟子见梁襄王》）

“贰其行”，即使其品行不专一；“二三其德”，即使其品德反复无常；“一人之耳目”，即使人之耳目统一；“一之”，即使之统一。

### （二）数词用作状语

上古汉语没有动量词，要表示动作的数量，就将数词直接放在动词前，它是作为状语来修饰动词的。例如：

① 齐人三鼓。(《曹刿论战》)

② 寒暑易节，始一反焉。(《愚公移山》)

③ 于是秦王不怿，为一击缶。(《廉颇蔺相如列传》)

④ 他日，驴一鸣，虎大骇。(柳宗元《黔之驴》)

“三鼓”，即三次击鼓。其余可类推。

**（三）数词用作谓语**

古代汉语中，有时为了强调某一动作的数量，把表示动量的数词从动词前移到句末充当谓语，其前加一“者”字，使主语部分成为名词性的“者”字结构。例如：

① 范增数目项王，举所佩玉玦以示之者三。(《鸿门宴》)

② 顺于民心，所补者三：一曰主用足，二曰民赋少，三曰劝农耕。(晁错《论贵粟疏》)

③ 盖一岁之犯死者二焉，其余则熙熙而乐。(柳宗元《捕蛇者说》)

（原载于陈涛主编《古代语常用字字典》附录一
《古汉语语法知识》，外语教学与研究出版社，
2011 年 9 月第 1 版）

# 附录二　判断句和被动句

## 一、判断句

对人或事物是否具有某种属性表示肯定或否定的句子，是判断句。现代汉语里的判断句，一般要用判断词“是”，表示主语和谓语存在某种关系。古代汉语特别是上古汉语中，判断句一般不用“是”，而是采用另外的形式。

（一）不用判断词的判断句

1. 用语气助词“也”帮助判断

先秦时期，判断句的形式是在名词性的谓语后加上语气助词“也”煞尾。例如：

① 制，岩邑也。（《郑伯克段于鄢》）

② 和氏璧，天下所共传宝也。（《廉颇蔺相如列传》）

③ 南阳刘子骥，高尚士也。（陶潜《桃花源记》）

④ 我，子瑜友也。（《赤壁之战》）

2. 在主语后加上助词“者”表示提顿，谓语后加“也”煞尾。例如：

① 南冥者，天池也。（《庄子·逍遥游》）

② 陈胜者，阳城人也，字涉。（《陈涉世家》）

③ 子瑜者，亮兄瑾也。(《赤壁之战》)

④ 开火者，军中发枪之号也。(徐珂《冯婉贞》)

以上是古代汉语表示判断的典型形式。另外，还有一些变通形式。

3. 有时只在主语后用“者”提顿，谓语后不用“也”。例如：

① 粟者，王者大用，政之本务。(晁错《论贵粟疏》)

② 裴子者，裴秀。(傅玄《马钧传》)

4. 有时“者”“也”都不用。例如：

① 秦，虎狼之国。(《屈原列传》)

② 刘备，天下枭雄。(《赤壁之战》)

有时，“……，……也”“……者，……也”的格式并非表示判断，而是用判断句的格式推论原因。例如：

① 良庖岁更刀，割也；族庖月更刀，折也。(《庖丁解牛》)

② 蟹六跪而二螯，非蛇鳝之穴无可寄托者，用心躁也。(《劝学》)

③ 吾所以为此者，以先国家之急而后私仇也。(《廉颇蔺相如列传》)

（二）“是”用作判断词

古代汉语中，“是”经常作指示代词，义为“此”。行文中，当被判断的事物前面已经出现时，经常用“是”复指该事物，构成判断句。这个“是”在句子中处于主语的位置。例如《论语·为政》：“知之为知之，不知为不知，是知也。”《荀子·天论》：“夫星之队、木之鸣，是天地之变、阴阳之化，物之罕至者也。”“是”用作判断词，就是由这种用法发展而来的。“是”作判断词，大约出现在战国后期。长沙楚墓中出土的帛书中有“是=帚彗”的话，“=”是重文符号，这重复的“是”字显然已经是判断词了。传世的秦汉典籍中，

“是”偶尔用作判断词。例如：

① 此是何种也？（《韩非子·外储说左上》）

② 此必是豫让也。（《史记·刺客列传》）

两汉以后，典范的文言文中，判断句一般沿用先秦的格式；“是”作判断词，多出现在接近口语的作品中。例如：

① 巫妪、弟子是女子也，不能白事。（《西门豹治邺》）

② 问今是何世，乃不知有汉，无论魏晋。（陶潜《桃花源记》）

③ 同行十二年，不知木兰是女郎。（《木兰诗》）

④ 同是天涯沦落人，相逢何必曾相识？（白居易《琵琶行》）

⑤ 巨是凡人，偏在远郡，行将为人所并。（《赤壁之战》）

（三）用动词“为”表示判断

“为”用在判断句中，并不是真正的判断词，而仍然保留着动词的意义。例如：

① 知之为知之，不知为不知，是知也。（《论语·为政》）

② 四体不勤，五谷不分，孰为夫子？（《论语·微子》）

③ 以后典籍，皆为板本。（沈括《活板》）

例①②中的“为”，含有“算是、算作”的意思；例③中的“为”，含有“变成”的意思。

（四）用“乃”“即”“则”“皆”等帮助判断。例如：

① 吾闻二世少子也，不当立，当立者乃公子扶苏。（《陈涉世家》）

② 嬴乃夷门抱关者也。（《信陵君窃符救赵》）

③ 梁父即楚将项燕。（《鸿门宴》）

④ 神即形也，形即神也。（范缜《神灭论》）

⑤ 非死则徙尔。（柳宗元《捕蛇者说》）

⑥ 此则岳阳楼之大观也。（范仲淹《岳阳楼记》）

⑦ 吾村十里皆平原。（徐珂《冯婉贞》）

（五）用副词“非”表示否定判断。“非”否定的是整个谓语，表示谓语和主语不存在某种关系。例如：

① 假舆马者，非利足也，而致千里。（《劝学》）

② 吾非固欲负汝。（马中锡《中山狼传》）

## 二、被动句

主语是谓语动词所表示的动作行为的受事者，这样的句法格式就是被动句。从有无形式标志上看，被动句可分为两类，这些是古今相同的。无形式标志的被动句即意念上的被动句，数量很少，下面是古代汉语的用例：

① 蔓草犹不可除，况君之宠弟乎？（《郑伯克段于鄢》）

② 兵挫地削，亡其六郡。（《屈原列传》）

③ 后数日，陵败书闻，主上为之食不甘味，听朝不怡。（司马迁《报任安书》）

“蔓草”是被除的，是“除”的受事。其余可类推。

有形式标志的被动句，古代汉语与现代汉语有很大不同。古代的被动句可分为如下几种格式。

1. 在动词后加介词“于”，引出动作行为的施事者，构成“动词＋于＋名词（施事者）”的格式。例如：

① 怀王以不知忠臣之分，故内惑于郑袖，外欺于张仪。（《屈原列传》）

② 此非孟德之困于周郎者乎？（苏轼《前赤壁赋》）

③ 与其饥死道路，为群兽食，毋宁毙于虞人。（马中锡《中山狼传》）

“惑于郑袖”，即被郑袖迷惑。其余可类推。这类被动句译成现代汉语时，要把介宾词组提到动词前。

2. 在动词前加介词“为”引出动作行为的施事者，构成“为+名词（施事者）+动词”的格式。例如：

① 兔不可复得，而身为宋国笑。(《韩非子·五蠹》)

② 身客死于秦，为天下笑。(《屈原列传》)

③ 适为虞人逐，其来甚速，幸先生生我。(马中锡《中山狼传》)

有时介词“为”后的施事者不出现，“为”直接加在动词前，也能构成被动句。例如：

① 父母宗族，皆为戮没。(《荆轲刺秦王》)

② 吴广素爱人，士卒多为用者。(《陈涉世家》)

3. 用介词“为”引出动作行为的施事者，在动词前加助动词“所”，构成“为+名词（施事者）+所+动词”的格式。例如：

① 嬴闻如姬父为人所杀。(《信陵君窃符救赵》)

② 今不速往，恐为操所先。(《赤壁之战》)

③ 其印为予群从所得。(沈括《活板》)

这种用“为……所……”表示被动的格式，一直沿用到现代汉语中。

古代汉语中，这种句式也可省略施事者。例如：

① 不者，若属皆且为所虏。(《鸿门宴》)

② 官军加讨，屡为所败。(《旧唐书·黄巢传》)

4. 在动词前加助动词“见”（义为“被”），构成“见+动词”的格式。例如：

① 百姓之不见保，为不用恩焉。(《齐桓晋文之事》)

② 众人皆醉而我独醒，是以见放。(《屈原列传》)

③ 欲与秦，秦城恐不可得，徒见欺。(《廉颇蔺相如列传》)

由此发展出“见……于……”式，“于”加在动词后，引出动作行为的施事者。例如：

① 吾长见笑于大方之家。(《庄子·秋水》)

② 臣诚恐见欺于王而负赵，故令人持璧归，间至赵矣。(《廉颇蔺相如列传》)

③ 公不见信于人，私不见信于友。(韩愈《进学解》)

5. 在动词前加助动词“被”，构成“被＋动词”的格式。

在上古汉语里，“被”本来用作及物动词，意思是遭受、蒙受等。例如《荆轲刺秦王》：“秦王复击轲，被八创。”贾谊《论积贮疏》：“世之有饥穰，天之行也，禹汤被之矣。”

当“被”用在动词前，就虚化为助动词了。例如：

① 信而见疑，忠而被谤，能无怨乎？(《屈原列传》)

② 虽万被戮，岂有悔哉？(司马迁《报任安书》)

后来又发展出“被＋施事者＋动词”的格式。例如：

① 被尚书召问。(蔡邕《被收时表》)

② 臣亮子被苏峻害。(《世说新语·方正》)

(原载于陈涛主编《古代语常用字字典》附录一《古汉语语法知识》，外语教学与研究出版社，2011年9月第1版)

# 附录三　古代汉语的语序（词序）

所谓语序（词序），指语法成分在短语或句子中的先后次序。在汉语里，语序是一种重要的语法手段。语法具有相对的稳定性，其稳定性主要体现在语序的相对稳固上。古今汉语的语序基本相同：主谓结构，主语在前，谓语在后；动宾结构，动语在前，宾语在后；偏正结构，修饰语在前，中心语在后；动补结构，动语在前，补语在后。不过，古代汉语的语序也有不同于现代汉语之处，对此应引起特别的注意。

## 一、宾语的位置

古代汉语中，在一定的条件下，宾语要提到动词之前，这种现象被称为宾语前置。宾语前置可分为几种情况。

1. 疑问句中，疑问代词作宾语，宾语前置。这条规律很严格，极少例外。例如：

① 吾谁欺？欺天乎？（《论语·子罕》）

② 君何患焉？（《郑伯克段于鄢》）

③ 卫君待子而为政，子将奚先？（《论语·子路》）

④ 沛公安在？（《鸿门宴》）

例①很有启发性："吾谁欺"具备两个条件（疑问句、疑问代词作宾语），宾语“谁”前置；“欺天乎”虽是疑问句，但因为宾语“天”不是疑问代词，所以不前置。

介词都是由动词虚化而来的，介词的宾语如果是疑问代词，也要置于介词前。例如：

① 百姓足，君孰与不足？（《论语·颜渊》）

② 何由知吾可也？（《齐桓晋文之事》）

③ 即不幸有方二三千里之患，国胡以馈之？（贾谊《论积贮疏》）

④ 微斯人，吾谁与归？（范仲淹《岳阳楼记》）

⑤ 何为其然也？（苏轼《前赤壁赋》）

介词“以”的宾语即使不是疑问代词，也常置于介词之前。例如：

① 楚国方城（山名）以为城，汉水以为池，虽众，无所用之。（《左传·僖公四年》）

②《诗》三百，一言以蔽之，曰“思无邪”。（《论语·为政》）

③ 其有不合者，仰而思之，夜以继日。（《孟子·离娄下》）

④ 楚战士莫不一以当十。（《史记·项羽本纪》）

例①的“方城以为城”，即以方城山为城。其余可类推。

2. 否定句中，有“不”“未”“毋”“莫”等否定词，代词宾语前置。例如：

① 不患人之不己知，患不知人也。（《论语·学而》）

② 老者衣帛食肉，黎民不饥不寒，然而不王者，未之有也。（《齐桓晋文之事》）

③ 我无尔诈，尔无我虞。（无：通“毋”，不要。虞：欺骗。）（《左传·宣公十五年》）

④ 每自比于管仲、乐毅，时人莫之许也。（《隆中对》）

例①很有启发性："不己知"具备两个条件（否定句、代词作宾语），宾语"己"前置；"不知人"虽是否定句，但宾语"人"不是代词，所以不前置。

这条规律不是很严格，有些否定句的代词宾语不前置。例如：

①知我者谓我心忧，不知我者谓我何求。（《诗经·王风·黍离》）

②有事而不告我。（《左传·襄公二十八年》）

③其未得之也，患〔不〕得之；既得之，患失之。（《论语·阳货》）

④诚欲杀我，则胡不覆之？（《吕氏春秋·至忠》）

3. 宾语前置，用"是""之"等复指前置宾语。例如：

①先君之好是继。（《左传·僖公四年》）

②宋何罪之有？（《公输》）

③谚所谓"辅车相依、唇亡齿寒"者，其虞、虢之谓也。（《左传·僖公五年》）

"先君之好是继"，即继先君之好；"何罪之有"，即有何罪；"其虞、虢之谓"，即其谓虞、虢。

如果代词作前置宾语，就只用"之"复指。例如：

①《说命》曰："学学半。"其此之谓乎！（《教学相长》）

②子是之不察，而察吾柑。（刘基《卖柑者言》）

有时在前置的宾语前面加上副词"唯（惟）"，构成"唯（惟）……是……""唯（惟）……之……"的格式。这种格式，既强调了宾语，又表示了专一性。例如：

①唯余马首是瞻。（《左传·襄公十四年》）

②吾少孤，及长，不省所怙，惟兄嫂是依。（韩愈《祭十二郎文》）

③当其取于心而注于手也，惟陈言之务去。（韩愈《答李翊书》）

这种格式，仍然保留在现代汉语中，如“唯利是图”“唯你是问”“唯命是从（听）”。

代词“是”常常直接放在动词或介词前作宾语。例如：

① 君子是则是效。(《诗经·小雅·鹿鸣》)

② 昭王南征而不复，寡人是问。(《左传·僖公四年》)

③ 伯夷、叔齐不念旧恶，怨是用希。(《论语·公冶长》)

④ 仲尼之徒无道桓文之事者，是以后世无传焉。(《齐桓晋文之事》)

“是则”，即遵循这个；“是效”，即效法这个；“是问”即责问这个；“是用”“是以”，都是“因此”的意思。

## 二、谓语的位置

谓语通常放在主语后面，这是古今汉语相同的。不过，为了表达的需要，古代汉语中，有些句子的谓语提到主语之前，这种现象称为谓语前置。谓语前置是为了突出它。这样的句子或表示感叹，或表示疑问，只是比正常的感叹句或疑问句的语气更强。例如：

① 异哉言乎！（范缜《神灭论》)

② 甚矣，汝之不惠！(《愚公移山》)

③ 快哉此风！（苏辙《黄州快哉亭记》)

④ 谁与哭者？(《礼记·檀弓上》)

⑤ 何哉，尔所谓达者？(《论语·颜渊》)

⑥ 子邪，言伐莒者？(《吕氏春秋·重言》)

译成主谓语序，分别是：这话奇怪啦！你太不聪明啦！这风太畅快啦！哭的人是谁呀？你所说的通达是什么呀？说攻打莒的人是你吧？

## 三、双宾语句

古代汉语中，经常带有两个宾语的动词主要有“赐”“予”“遗（wèi）”“授”“语”“告”“教”等。例如：

① 公赐之食。(《郑伯克段于鄢》)

② 秦亦不以城予赵，赵亦终不予秦璧。(《廉颇蔺相如列传》)

③ 秦昭王闻之，使人遗赵王书。(《廉颇蔺相如列传》)

④ 彼童子之师，授之书而习其句读者也。(韩愈《师说》)

⑤ 公语之故，且告之悔。(《郑伯克段于鄢》)

⑥ 成反复自念：得无教我猎虫所耶？(蒲松龄《促织》)

双宾语结构中，指人的宾语是间接宾语（又称近宾语），指物的宾语是直接宾语（又称远宾语）。上举诸例，译成现代汉语，仍然是双宾语句（“赐之食”译成“赏赐他食物”），不会产生误解。

容易产生误解的，是动词“为”带有双宾语的句子。例如：

① 不如早为之所。(《郑伯克段于鄢》)

② 为之驾，比门下之车客。(《冯谖客孟尝君》)

③ 故为之说，以俟夫观人风者得焉。(柳宗元《捕蛇者说》)

④ 故予与同社诸君子，哀斯墓之徒有其石也而为之记。(张溥《五人墓碑记》)

上举诸例中的“为之所”“为之驾”“为之说”“为之记”，译成现代汉语时，为了通顺，要译成介宾词组＋动宾词组：给他安排处所；给他准备车马；给他写了（这篇）说；给他们写了（这篇）记。如果据此认为“为之”是介宾词组，“为”是介词，那就错了。其实例句中的“为”是动词（其基本意义是“做”，可以随句意理解为相关的动词），带有两个宾语：“之”是指人的间接宾语；“所”“驾”

等是指物的直接宾语。

（原载于陈涛主编《古汉语常用字字典》附录一
《古汉语语法知识》，外语教学与研究出版社，
2011 年 9 月第 1 版）